· 全面深化改革研究书系 ·

中国城镇化
和谐与繁荣之路

URBANIZATION OF CHINA:
A ROAD TO HARMONY AND PROSPERITY

魏后凯 等 著

总　序

党的十八大以来，习近平总书记发表了一系列重要讲话，提出了许多富有创见的新思想、新观点、新论断，为我们在新的历史起点上实现新的奋斗目标提供了基本遵循。这一系列重要讲话是对党的十八大精神的深化和拓展，是对中国特色社会主义理论体系的丰富和发展，是在我国经济社会发展的决定性阶段坚持和发展中国特色社会主义的政治纲领，是全面阐述事关中国特色社会主义前途命运重大原则问题的马克思主义文献，是指导我们推进中国特色社会主义伟大实践、实现"两个一百年"奋斗目标和中华民族伟大复兴中国梦的行动指南。全面贯彻落实习近平总书记重要讲话，是我们当前和今后一个时期的重要工作。

贯彻落实习总书记系列讲话，要求我们不仅方向明确，也要路径清晰，不仅要快速推进，更要注重成效，蹄疾而步稳。当前，在全面深化改革上，依然存在改什么、怎么改以及孰先孰后的问题；具体到改革的各个领域、层次、板块，具体到改革的策略与方法，依然存在争议、误解甚至盲区；在贯彻落实习近平总书记重要讲话上，依然存在如何落实、具体路径等问题。为此，既需要在实践中大胆探索，也需要在理论上小心论证。而后者，为社会科学工作者乃至学术出版人提供了机遇，也是中国社会科学工作者义不容辞的使命。

中国社会科学院是党中央直接领导、国务院直属的国家哲学社会科学研究机构。长期以来，以中国社会科学院为代表的社会科学研究者，秉承学术为社会服务、为大众服务的宗旨，辛勤耕耘，努力进取，时刻关注重大现实理论问题研究，为党和国家的发展建言献策。在改革开放以来的每一个历史节点，从党的大政方针到具体制度的构建，中国社会科学院都发出了自己应有的声音，切实起到了党和国家重要思想库和智囊团的作用。在当前全面深化改革、跨越中国历史三峡的重要时刻，中国社科院尤其要发挥自身理论优势，为改革释疑解惑、谋划布局。

为全面贯彻落实十八届三中全会决定和习近平总书记系列重要讲话，由中国社科院牵头，社会科学文献出版社具体组织实施，推出"全面深化改革研究书系"。书系选取了16个专题，约请国内该领域重要学者主持撰写，形成系列丛书。我们的设想是：

1. 所有专题都必须是当前深化改革实践中的难点问题、

重点问题和关键问题。

2. 所有写作者必须是对这些问题深有研究的学者。他们不仅在理论上卓有建树，是某些重要理论观点甚至学派的创始人或者代表，还长期关注社会实践，参与党和国家某些重要政策的制定或论证。

3. 各专题的写作者对十八大精神和习总书记讲话的渊源以及理论与实践基础有深刻研究、深透认识。

4. 书系总体为应用对策研究，要求有观点、有论证、有调研、有数据、有方案，实证性突出。

根据上述标准，我们选取的 16 个专题是：改革开放与中国经验、经济体制改革、财政制度、企业绩效革新、人口问题、城镇化、国家治理现代化、依宪治国、文化市场、社会组织体制建设、生态文明建设、党的建设。这些专题覆盖了十八大报告所论及的经济建设、政治建设、文化建设、社会建设、生态文明建设、党的建设、军队建设七大方面中，除党的建设和军队建设外的五个主要方面，都属于改革中的关键点。各专题的写作者多数来自中国社科院，也有部分来自中央编译局、清华大学等国内重要研究机构与高校，全部是各该领域的顶尖级学者。这些学者已有的学术积淀，以及他们长期为党和国家政策制定担当智识支持的经历，保证了书系的权威性、实用性和指导性。从各专题的成稿情况看，作者问题意识强，对当前改革的难点和重点反映多，理论探讨深入。书中提出的对策方案，也有较强的可操作性。总体而言，书系内容扎实，讨论深入，对现实有参考意义，基本达到了我们的要求。当然，学无际涯，改革无止境，诚挚欢迎学界同道讨论批评。

书稿初成之际，得知书系入选新闻出版广电总局的"深入学习贯彻习近平总书记系列重要讲话精神主题出版重点图书"，并获得国家出版基金支持，不胜欣喜，也很受鼓舞。2014 年是中国的马年，也是全面深化改革的开局之年，正当扬鞭奋蹄，开启新程。

是为序。

王伟光

2014 年 2 月 5 日

摘　要

中国的城镇化起点低、速度快、规模大，改革开放以来城镇化率平均每年提高 1.02 个百分点，每年新增城镇人口 1596 万人，这种速度和规模在世界上都是罕见的。到 2013 年，中国城镇化率达到 53.7%，超过了世界平均水平。世界城镇化率由 30% 提高到 50% 平均用了 50 多年，而中国仅用了 15 年。但是，中国的城镇化质量不高，是一种典型的"不完全城镇化"，城镇化的快速推进是建立在资源能源高消耗、土地广占用、"三废"高排放的基础上，资源环境代价大，综合效益低，城镇化进程中不协调、不可持续、非包容性问题突出。为破解这些难题，必须立足中国国情，把中国特色的城镇化和新型城镇化有机结合起来，强调以人为本、集约智能、绿色低碳、城乡一体、"四化"同步、文化传承，积极探索具有中国特色的新型城镇化道路。多元、渐进、集约、和谐、可持续是中国特色新型城镇化的基本特征。这种中国特色的新型城镇化是实现中国社会和谐和全面繁荣的必由之路，也是将"中国梦"变为现实的根本举措。当前,中国城镇化正处于由速度型向质量型转变的战略转型期,核心是全面提高城镇化质量。为此,必须坚持以人为核心,分类有序推进农业转移人口市民化,不断减少城镇化的资源和环境代价,以综合承载力为依据,推动形成以城市群为主体形态、大中小城市和小城镇协调发展的城镇化规模格局,构建安全、有序、均衡、高效的多中心网络型城镇化空间格局,因地制宜地探索多元化的城镇化模式,着力提升城镇建设管理水平,建立完善城乡一体化的体制机制,以实现更高质量的健康城镇化目标。

Abstract

China's urbanization was at a low level 35 years ago, but now it is developing at a high speed and in a large scale. The urbanization rate has increased 1.02 percentage points and urban population has increased 15.96 million on average per year since the reform and opening up, both of which are rare in the world. By 2013, China's urbanization rate reached 53.7%, exceeding the world average. It took the world more than 50 years on average to promote urbanization rate from 30% to 50%, which took only 15 years in China. However, China's urbanization has a low quality, which is a typical "incomplete urbanization". The rapid progress of China's urbanization is built on huge consumption of resources and energy, wide occupied of land and high emissions of the three wastes (waste gas, waste water and industrial residue). The problems of high cost of resources and environment, low overall efficiency, and uncoordinated, unsustainable and non-inclusiveness in the process of urbanization are of increasing seriousness. Hence, China needs to explore a new urbanization road with Chinese characteristics actively, which must be based on China' national conditions, combining new urbanization and urbanization with Chinese characteristics organically and emphasizing human-oriented, intensive, intelligent, green and low carbon development, urban-rural integration, synchronization among industrialization, urbanization and agricultural modernization and cultural heritage. The new urbanization with Chinese characteristics has five principle features of diversification, gradualism, intensification, harmony and sustainability, which is an essential way for China to achieve social harmony and overall prosperity, and is also a fundamental road to realize the "Chinese Dream". Now the strategic transformation from quantity-oriented to quality-oriented is happening to current urbanization of China, the core of which is to improve the quality of urbanization comprehensively. Therefore, in order to realize a healthy urbanization with higher quality, we must adhere to the human-oriented policy, conducting citizenization of rural-urban migrants orderly and gradually, dwindling the costs of resources and environment, promoting a more reasonable urban size-hierarchy structure with coordinated development of large, medium and small cities and small towns leading by urban agglomerations based on comprehensive carrying capacity, building a safe, orderly, balanced and efficient urbanization spatial pattern with polycentric-network, exploring different urbanization modes based on the diversity of local conditions, enhancing and promoting the quality of urban construction and governance, and establishing and improving the urban-rural integration institutional mechanisms.

目 录
CONTENTS

目 录
CONTENTS

前　言

　　自改革开放以来，中国经济创造了一个又一个奇迹。其中，最为重要的主要体现在三个方面：一是保持了 30 多年的经济持续快速增长，1979～2013 年中国 GDP 年均增长率达到 9.8%；二是 35 年来成功解决了 5 亿人的脱贫问题，为世界扶贫工作做出了巨大贡献；三是城镇化的速度快、规模大，在世界上绝无仅有，全国城镇化率由 1978 年的 17.92% 提高到 2013 年的 53.73%，新增城镇人口达到 5.59 亿人。持续快速增长、消除贫困和大规模快速城镇化是中国经济奇迹的三大基石，也是中国模式的三个重要支撑。

　　中国的经验表明，城镇化是拉动经济持续快速增长和消除农村贫困的主要动力，也是实现中华民族伟大复兴的中国梦的重要途径。从根本上讲，保障城乡居民的平等权益和人口迁徙自由，让广大农民在自愿的基础上逐步离开农村，脱离农业，进入城市从事非农就业和安家落户，享受城市现代文明，过上更加富足幸福的城市生活，实现由农村型社会向城市型社会的转变，这是中国梦的重要组成部分，也是广大农民尤其是进城农民工不懈追求的梦想。

向城市迁移，追求美好的城市生活，也是世界各国广大农民的梦想。1950～2011 年，世界城市人口由 7.45 亿人增加到 36.32 亿人，城镇化率由 29.4% 提高到 52.1%。到 2011 年，较发达国家城镇化率已达 77.7%，其中美国为 82.4%，加拿大为 80.7%，日本为 91.3%，澳大利亚为 89.2%，英国为 79.6%，法国为 85.8%，基本完成了城镇化进程；而欠发达国家为 46.5%，至今仍处于快速城镇化时期。各国在追求"城市梦"的过程中，也付出了一些惨重的代价，如严重的城市贫困问题，大量贫民窟涌现，"城市病"流行，等等。

长期以来，进入城市享受更加美好的现代城市生活，一直是中国广大农民追求的梦想。在改革开放之前，受户籍制度等的限制，这种"进城梦"只能通过招工、提干、上学等少数途径实现。之后，随着改革开放的深入推进，进城务工经商的农民工迅速增长。1983 年，全国外出农民工总量约 200 万人，1989 年增加到 3000 万人，1995 年达到 7000 万人，2002 年达到 10470 万人，到 2013 年则达到 16610 万人。加上本地农民工，全国农民工总量已达 26894 万人。

这些农民工绝大部分在城镇就业和居住，一定程度上实现了"进城梦"，但由于现行体制的限制，他们在政治权利、劳动就业、子女教育、医疗卫生、社会保障等方面，并不能享受与城镇居民同等的待遇，其市民化程度较低，难以真正融入城市。初步测算，2012 年全国农民工市民化程度仅有 40% 左右，与城镇居民差距较大。因此，要实现广大进城农民工的"城市梦"，依然任重而道远。

中国人的"城市梦"，不单纯是让广大农民进入城市，实现"进城梦"。更重要的是，不仅要让农民"进得来"，而且要让他们"留得住""过得好"，使他们真正融入城市社会，把城市建成和谐幸福的美丽家园，实现更高质量的健康城镇化。实现这一"城市梦"，主要有三个标志：一是 80% 左右的人口居住在城镇，整体进入高级城市型社会；二是人口自由迁徙，进城农民享有平等的政治权利和各项社会福利，不存在歧视；三是人们居住在生态宜居的美丽城市，实现充分就业，生活富足，和谐幸福，没有贫民窟。

人口城镇化是实现"城市梦"的重要途径。未来中国的快速城镇化还将持续 20 年左右。预计到 2020 年，中国城镇化率将达到 60% 左右，城镇人口约为 8.4 亿人，由此中国将进入中级城市型社会；到 2030 年，中国城镇化率将达到 68% 左右，城镇人口将超过 9.5 亿人；预计在 2033 年前后，中国将越过城镇化率 70% 的拐点，由此结束城镇化快速发展的中期阶段，进入城镇化稳定发展的后期阶段；到 2040 年，中国城镇化率将达到 75% 左右，城镇人口约为 10.3 亿人，由此中国将进入高级城市型社会；到 2050 年，中国城镇化率将超过80%，逼近城镇化率 85% 的峰值或饱和度，城镇化水平处于相对稳定状态。这表明，再经过 30～40 年的积极努力，我们完全有能力实现中国人的"城市梦"，让 80% 左右的人口居住和生活在生态宜居、充分就业、生活富足、和谐幸福的美丽城镇家园中。

中国人口多，城乡区域差异大，能源、矿产、水和可建设用地等资源有限，这就决定了中国的城镇化不可能照搬任何国家和地区的模式，而应该从中国的国情出发，走具有中国特色的新型城镇化道路。中国特色新型城镇化道路是中国特色社会主义道路的重要组成部分，也是推进中国社会和谐和全面繁荣、实现中华民族伟大复兴的中国梦的根本路径。国际经验表明，如果中国不能和谐地实现更高质量的健康城镇化，数亿农民仍然滞留在农村从事农业耕作，进城的农业转移人口不能和谐地融入城市社会，那么要实现中国持续的全面繁荣和中华民族的伟大复兴，将是难以想象的。可以说，中国特色的新型城镇化是实现中国社会和谐和全面繁荣的必由之路，也是将"中国梦"变为现实的根本举措。

围绕这一主线和基本思路，全书的结构安排如下：第一章着重探讨中国城镇化的历程、基本特征以及面临的问题和挑战，并在此基础上对过去中国城镇化战略进行反思；第二章着重从本质上探讨中国特色新型城镇化的科学基础、科学内涵和基本特征，力求将中国特色城镇化与新型城镇化有机结合起来；第三章在分析中国城镇化战略转型的基础上，着重考察中国城镇化的趋势，以及近中期推进城镇化的目标和重点任务；第四章至第九章着重从不同层面，重点考察推进中国特色新型城镇化的主要路径，包括推进农业转移人口市民化、构建科学合理的城镇化规模格局、优化城镇化的空间布局、探索多元化的城镇化模式、加强城市建设和管理、完善城镇化体制机制。

　　本书是在2009年我主持的国家社科基金重大课题"走中国特色的新型城镇化道路研究"总报告基础上进一步深化完善形成的。根据近年来我在各种场合陆续发表或提交的文章、报告、建议以及倡导的观点，在苏红键和关兴良博士的协助下，完成了全部书稿。其中，关兴良参与了第一章、第二章、第六章等部分初稿的写作和资料整理，苏红键参与了第四章、第七章、第八章等部分初稿的写作和资料整理。在此表示感谢！

魏后凯

2014年5月11日

于中海－安德鲁斯

第一章

中国城镇化的历程与评价

改革开放以来，中国城镇化取得了举世瞩目的成就，城镇化水平显著提高，城市经济日益起支配作用，中心城市的作用日益凸显，城市基础设施与公共服务水平大幅提升，城镇居民生活条件极大改善，城市群迅速发育完善，城镇化的带动作用日益增强。然而，应该看到，近年来中国走的是一条传统的城镇化道路，城镇化的快速推进是建立在资源能源高消耗、土地广占用、"三废"高排放的基础之上，城镇空间蔓延失控，城镇体系不尽合理，城乡区域发展失衡，城镇化进程中的非包容性问题严峻，城镇建设缺乏特色、管理缺失等问题突出，实现更高质量的健康城镇化目标任重而道远。在新的科学发展理念下，必须避开传统城镇化的老路，寻求具有中国特色的新型城镇化道路，坚持推进多元化、渐进式、集约型、和谐型、可持续的城镇化模式。

第一节 城镇化的基本内涵和作用

城镇化是全球性的经济社会演变过程，是人类社会发展的必然趋势，也是各个国家实现工业化和现代化的必然途径，但同时也要认识到，城镇化有其自身的演变规律，它是经济社会发展的结果，通常要经历一个漫长的历史过程。

一 城镇化的界定及其内涵

"城镇化"，又称"城市化"，起源于拉丁文 Urbanization，最早提出这一概念可能要追溯到 1867 年西班牙工程师 A. Serda 的著作 *Basic Theory for Urbanization*。在后来的一百多年时间里，这一名词已经风行世界。20 世纪 70 年代后期，Urbanization 一词被引入中国学术界。由于中国词语的复杂性，Urbanization 在转译的时候，在"城市化"和"城镇化"的称谓上出现了不同的观点。一种观点认为，Urbanization 应译为"城市化"。该观点认为，Urbanization 的词头 Urban 的含义是"城市性"，小城镇并不具备完全意义上的"城市性"，故不宜译成"城镇化"（宋俊岭、黄序，2001；姜爱林，2003）。另一种观点认为，Urbanization 应译为"城镇化"。该观点认为 Urbanization 的词头 urban 既包括"城市"（City），又包括"镇"（Town）。该观点特别指出，中国"镇"的规模一般都很大，相当于国外小城市的规模，甚至还要大。特别地，中国是一个人口大国，城镇化的推进不仅是农村人口向"城市"（City）集聚，而且还要向数以千计的"镇"（Town）转移和集聚，因此，"城市化"不准确，不能概括中国农村人口向"城市"和"镇"转移、集中和集聚的客观现实，而"城镇化"更能反映中国的实际状况，符合中国国情（成德宁，2000；姜爱林，2003）。

　　事实上，Urban（城镇）是 Rural（乡村）的反义词，人类各种聚落类型除乡村居民点外，就是城镇居民点。城镇居民点粗分包括不同规模尺度的城市（City）和镇（Town），故 Urbanization 直译为"城镇化"是比较准确的（周一星，2007）。然而，在很多情况下，中国把"城市"和"镇"都统称为"城市"，如《城市规划法》明确指出："本法所称城市，是指国家按行政建制设立的直辖市、市、镇"，在日本则统称为"都市"。因此，Urbanization 也被翻译成"城市化"或者"都市化"。由此可以判断，"城市化"和"城镇化"的本质高度一致，中国地理学界和城市与区域规划学界于 1982 年在南京召开的"中国城镇化道路问题学术讨论会"上，明确指出"城市化"与"城镇化"为同义词，并建议以"城市化"替代"城镇化"，以避免误解①。然而，当前使用"城镇化"这一称

---

　　① 既不能把"城市化"片面理解为走"以大中城市为主导"的城市化道路；又不能把"城镇化"片面理解为走"以小城镇为主导"的城市化道路。

谓越来越普遍，很难完全统一叫法。考虑到在统一含义的基础上统一词语以及中国的国情特点和战略导向的需要，很多学者主张叫"城镇化"，这较为准确（辜胜阻，1993；周一星，2007）。2001 年 3 月公布的《国民经济和社会发展第十个五年计划纲要》中首次提出："要不失时机地实施城镇化战略"，这是国家文件首次使用"城镇化"一词，并延续至今。考虑到中国的国情特点，我们认为，"城镇化"更为准确，更符合中国逐步推进人口向"城市"和"镇"集聚的国情特征，同时也为了与国家的各种文件和报告保持一致，本书统一使用"城镇化"。

对于"什么是城镇化"，一直以来众说纷纭，莫衷一是。《不列颠百科全书》认为，城镇化是人口集中到城市或城市地区的过程，这种过程有两种方式：一是通过城市数量的增加，二是通过每个城市地区人口的增加。《苏联大百科全书》认为，城镇化是指城市在社会发展中作用日益增大的历史过程。城镇化影响人口的社会结构、就业结构、统计结构、人们的文化和生活方式、生产力的分配及居住模式。《人文地理学词典》认为，城镇化是指一个地区的人口在城镇和城市的相对集中。简单地说，城镇化是乡村变成城镇的一个复杂过程。然而，由于城镇化研究的多学科性和城镇化过程本身的复杂性，不同的学科都有各自的理解（周一星，2007）。人口学认为，城镇化是指农村人口不断涌向城市，是人口的地理迁移过程，是城市人口占总人口比重不断上升的过程，是乡村变为城市的过程。社会学认为，城镇化是人类文化教育、价值观念、生活方式、宗教信仰等社会演化过程，是在各个方面更加社会化的过程，是个人、群体和社会之间相互依赖加强的过程，是传统性逐渐减弱、现代性逐步增强的过程。经济学认为，城镇化是人口经济活动由乡村转向城市的过程，是农业资源非农业化的过程，是使经济从农业向非农业转变、生产要素向城市集中的过程。生态学认为，人类是一种高级生物群种，人类生态系统的形成、演化过程就是人类不断寻求最适宜生态位的过程，城镇化过程就是城市生态位更加优化于乡村生态位的过程。地理学认为，城镇化是在一定地域范围内发生的一种空间过程，是由社会生产力的变革引起的人类生活方式、生产方式和居住方式改变的一个综合性过程。2014 年 3 月发布的《国家新型城镇化规划（2014—2020 年）》，则把城镇化看成伴随工业化发展，非农产业在城镇集聚、农村人口向城镇集中的自然历史过程，认为城镇化是人类社会发展的客观趋势，是国家现代化的重要标志。

可以看出，不同学科对城镇化的理解是有差别的，但这种差别不是相互抵触而是互为补充的关系。我们认为，从综合的角度看，"城镇化"是指人口向城镇聚集、城镇规模扩大以及由此引起一系列经济社会变化的过程。城镇化的实质是经济结构、社会结构和空间结构的变迁。从经济结构变迁看，城镇化过程也就是农业活动逐步向非农业活动转化和产业结构升级的过程；从社会结构变迁看，城镇化是农村人口逐步转变为城镇人口以及城镇文化、生活方式和价值观念向农村扩散的过程；从空间结构变迁看，城镇化是各种生产要素和产业活动向城镇地区聚集以及聚集后的再分散过程（魏后凯，2005）。

二　城镇化的作用

城镇化通常要经历一个漫长的历史过程，涉及较大规模的人口迁移和社会变迁，对人口迁入地和人口迁出地都会带来经济、社会、文化乃至生态环境的影响。这种影响既有正面的，又有负面的。马克思和恩格斯（1972）指出，"物质劳动和精神劳动的最大的一次分工，就是城市和乡村的分离"。城市的产生，一直被认为是人类文明的象征。城镇化有助于城市的形成，不仅使人类文化的长期积淀得以保存免于流失，而且又促进了文明发展的飞跃。从这种意义上讲，城镇化是人类社会发展的必然趋势，是实现人类文明进步和国家现代化的必然途径。因此，城镇化具有十分重要的作用。然而，各个国家和地区在推进城镇化的历史进程中，也会出现收入差距拉大、环境污染等负面影响。但只要城镇化的速度适当、制度安排合理、政策措施得当，其正面意义会大大超过负面影响。具体来讲，城镇化不仅会刺激投资、扩大内需、带动就业和拉动经济增长，而且能够促进产业结构优化升级、加速人力资本积累和改善居民生活条件。可以说，城镇化具有多方面的综合效应，具体体现在以下七个方面。

一是城镇化对投资规模具有显著的刺激作用。在城镇化进程中，城镇的发展和规模的扩大，可直接拉动固定资产投资。为了满足新增城镇人口的消费需求，需要建住房、修马路、办学校、建医院、修水电、建公共服务设施等，这将带动房地产、城市基础设施、公共服务设施、能源、社会事业和其他相关产业的投资。一般认为，每新增 1 个城镇人口，大概需要 10 万元的投资。按照"十一五"时期的城镇化速度，城镇化水平每年提高 1.39 个百分点，吸纳 2153 万农民进城，由此带来的年投资规模将超过 2.1 万亿元。据国家统计局测算，2001～2011 年，城镇化率每提高 1 个百分点，就会拉动投资增长 3.7 个百分点。这种由城镇化引发的投资增长不仅可以缓解钢铁、水泥等行业产能过剩的压力，而且也能为新进入的城镇人口创造大量就业机会（梁达，2012）。

二是城镇化对扩大内需具有巨大的促进作用。内需是促进中国经济新一轮发展的重要引擎，而城镇化是扩大内需最大潜力之所在（李克强，2012）。随着城镇化的推进，更多的农业转移人口转化为城镇居民，从而使城镇消费群体不断扩大、消费结构不断升级、消费潜力不断释放。统计显示，城镇化水平越高的地区，城镇居民人均可支配收入和消费性支出也越高的倾向非常显著（见图 1-1）。2012 年全国城镇居民人均可支

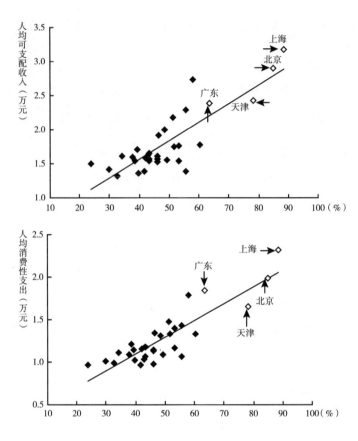

图 1-1 2010 年各地区城镇化水平与社会经济指标的关联性

资料来源：根据《中国统计年鉴》（2011）有关数据绘制。

配收入和人均现金消费支出分别为 24565 元和 16674 元，农村居民人均纯收入和人均消费支出分别为 7917 元和 5908 元，城镇居民与农村居民的收入比为 3.1∶1，消费支出比为 2.8∶1。按照当前城镇化的推进速度，每年将有 2000 万农民及家属要进入城镇，而城镇居民的消费水平是农村居民的 2.8～3.1 倍，将拉动最终消费增长 1.6～1.8 个百分点。此外，城镇化也会带动农村的发展和农民增收，农民收入的增长将会提升消费水平，把农村广阔的潜在消费需求变成现实的消费需求。因此，城镇化的推进将进一步开拓城市和农村两个市场，促进消费需求的进一步扩大。

三是城镇化将创造大量的就业机会。城镇的基础设施建设、交通运输和物流、制造业和服务业集聚等都需要大量的劳动力，特别是城镇劳动密集型加工业和第三产业，能创造大量的就业机会，不仅有利于转化农村剩余劳动力，而且也有利于吸收需要再就业的城市下岗职工，将已有的劳动力资源优势转化为经济优势，拉动中国经济持续稳定增长。统计显示，2000～2012年，中国第二、三产业就业人员由 36512 万人增加到 50931 万人，城镇化水平由 36.22% 提高到 52.57%，据此推算，城镇化水平每提高 1 个百分点，将带动第二、三产业就业人员增加880 万人。因此，大力推进城镇化将有助于吸纳农村剩余劳动力，缓解城乡就业压力，维系城乡社会稳定。

四是城镇化有助于拉动经济增长。城镇化本身并不是经济增长的要素，但它正是通过影响经济增长的决定性要素（物质资本、劳动力、人力资本和经济结构等）来拉动经济增长的（马兴杰、陈通，2009）。首先，城镇化会产生收入增加效应和投资需求效应进而增加资本投入；其次，城镇化会增加劳动力供给和提高劳动生产率；再次，城镇化有助于提高劳动力的先天素质、身体和智力素质、教育水平以及劳动力资源的优化配置和有效利用;最后,城镇化会导致产业结构和消费需求升级进而促进产业结构优化。有研究表明,城镇化对经济增长的贡献达到 5.0 个百分点,其中劳动力转移的贡献为 2.0 个百分点,规模优化的贡献为 2.4 个百分点,投资需求拉动经济0.6 个百分点(王小鲁、夏小林,2000)。

五是城镇化有助于产业结构优化升级。城镇化过程中人口的集聚、生活方式的变革、生活水平的提高,能够推动以教育、医疗、社保等为主要内容的生活性服务业发展。同时,伴随着城镇化进程中生产要素的优化配置、三次产业的联动、社会分工的细化,以商贸、餐饮、旅游等为内容的消费性服务业和以金融、保险、物流等为主要内容的生产性服务业都会得到联动发展。统计显示,随着城镇化水平的提高和经济实力的增强,中国城市产业结构调整优化的步伐也在加快。2005～2010 年,全国地级及以上城市市辖区三次产业增加值构成由 3.9∶50.2∶45.9 调整为 2.8∶49.8∶47.4。中心城市产业转型升级加快,高新技术产业所占的比重不断提升。2009 年,高新技术产业产值占工业总产值的比重,青岛市为 46.5%,苏州市为 34.2%,广州市为 30.0%,上海市高技术产业产值占规模以上工业总产值的比重则达到 23.3%。尤其是,高新技术产业开发区和经济技术开发区日益成为推动各地产业升级的重要引擎。

六是城镇化有利于人力资本积累和技术创新。一方面,城镇化为人们提供了较好的生活环境和较高的生活质量，提高了劳动力先天的身体和智力素质；另一方面，城镇化有利于人们获得良好的教育条件和职业技术培训的机会，从而提升了劳动力综合素质和劳动生产率。在城镇化进程中，伴随着生产方式的转变，人力资本的投资回报逐渐得到提升，进而刺激人们对人力资本进行投资，带来人力资本积累效应（时慧娜，2011）。同时，城镇化还有利于技术创新。一方面，城镇化可以集聚高素质人才，加快人力资本积累，从而引致更多的技术创新活动；另一方面，城镇化会带来创新产品和知识技术的外溢和扩散，进一步促进当地的技术创新，形成"创新—外溢（扩散）—再创新"的良性循环（仇怡，2013）。

七是城镇化有助于居民生活条件的改善。城镇化不仅是农村人口向城镇集聚的过程，而且是生产生活方式的转变。城市不仅是人口、经济活动的集聚中心，而且是人类物质财富和精神财富生产、积聚和传播的中心。城镇化可以让人们享受经济增长和社会进步的成果，是国家文明和现代化的标志。具体地讲，①城镇化有助于劳动生产率的提高，转变旧有的生产、生活方式，实现规模化和集约化经营，吸纳农村富余劳动力和实现农业产业化，提高农民的收入水平，改善生活质量；②城镇化有助于技术创新，提高资源利用效率，推进节能减排、生态环保，实现可持续发展，促进人与自然的和谐共存；③在城镇化的过程中，建造了优良的基础设施和公共服务设施，为城镇居民提供了适宜的工作、教育、医疗、卫生、娱乐等生产、生活条件，使其能够享受现代城市文明。

总之，城镇化会带来诸多方面的好处，是中国经济持续健康发展的强大引擎，也是加快产业结构转型升级的重要抓手、解决中国"三农"问题的重要途径和推动区域协调发展的有力支撑。正因为如此，中央城镇化工作会议和《国家新型城镇化规划（2014—2020 年）》都明确指出，中国正处于城镇化深入发展的关键时期，必须深刻认识城镇化对经济社会发展的重大意义，牢牢把握城镇化蕴含的巨大机遇，积极稳妥扎实有序推进城镇化。

第二节　中国城镇化的演变历程

根据城镇化推进的速度，大体可以把新中国成立 60 多年来城镇化的历程分为波浪起伏时期（1950～1977 年）、稳步推进时期（1978～1995 年）和加速推进时期（1996 年至今）三大时期（见图 1-2）。中国城镇化的阶段性、差异化演变历程受国内外发展环境、国家政策、城镇化路线和方针等的综合影响。

一　波浪起伏时期（1950～1977 年）

在改革开放之前，由于国家政策的变化，中国的城镇化进程呈波浪状推进。这一时期又可分为 6 个不同的阶段：一是

图 1 - 2　中国城镇化演变的阶段划分

资料来源：根据《中国统计年鉴》（各年度）和《2013 年国民经济和社会发展统计公报》绘制。

1950～1953 年的恢复和稳步推进阶段，这期间全国城镇化水平由 1949 年的 10.64% 增加到 13.31%，年均提高 0.67 个百分点；二是 1954～1955 年的停滞阶段，城镇化水平在 13.5% 左右徘徊；三是 1956～1960 年的城镇化大冒进阶段，在"大跃进"思想支配下，全国城镇化水平由 1955 年的 13.48% 迅速增加到 19.75%，年均提高 1.25 个百分点，超出了当时国民经济的承受能力；四是 1961～1963 年的反城镇化阶段，3 年内全国城镇化水平下降了 2.91 个百分点，平均每年减少 0.97 个百分点；五是 1964 年的恢复性增长阶段，当年城镇化水平急剧增加了 1.53 个百分点；六是 1965～1977 年的停滞和衰退阶段，这期间受"文化大革命"的影响，全国城镇化水平一直在 17.5% 左右徘徊，并呈现微弱下降的趋势。

总体来看，这个时期的中国城镇化进程较为缓慢，充满了曲折和坎坷。新中国成立后，经历了三年恢复和"一五"时期短暂的平稳发展、全国轰轰烈烈的三年"大跃进"和随后的国民经济调整时期，以及"文化大革命"、大小"三线"建设的停滞发展等阶段。在一系列因素的影响下，大起大落是该时期中国城镇化进程的主要教训（周一星，1995；刘勇，2011）。应该看到，这一时期城镇化进程的反复性和曲折性与中国社会经济发展基础薄弱，不稳定的国际、国内发展环境，照搬苏联模式，过于重视重化工业发展，忽视非生产性建设的工业化战略，急于求成、盲目冒进的"大跃进"政策方针以及对国际形势的严峻估计，工业发展遍地开花，忽视大城市的带动作用等因素密切相关（见表 1-1）。此外，自然灾害、中苏关系恶化等因素影响也较大。在一系列内外部因素的交织作用下，中国制定了固定户籍管理、限制人口流动、以分散为特征的三线建设、控制大城市规模、发展小城镇、取消城市规划等政策措施，这些为后来中国城镇化的推进奠定了基调（周一星，1995）。

二　稳步推进时期（1978～1995 年）

"文化大革命"结束后，特别是 1978 年以后，全国工作的重点开始转移到社会主义现代化建设上来，政治经济各方面都发生了革命性的变化，城镇化也重新走上了正轨（周一星，1995）。首先，明确提出了以经济建设为工作重心的重大战略；其次，中国工业化战略由以重化工为重点转变为以消费品轻工业为重点，城镇就业吸纳能力显著增强；最后，在固定户籍制度约束和乡镇企业兴起的背景下，"离土不离乡""进厂不进城"成为当时工业化的主要模式，工业在农村地区分散布局，小城镇由此开始繁荣并迅速在中国城镇格局中占据重要地位（周元、孙新章，2012）。但是，在改革开放初期，全国各地经济建设呈现极大的热情，导致投资与经济"过热"，而随后采取的紧缩性政策给经济发展带来了较大的冲击（见表1-1）。此外，小城镇的"遍地开花"和工业布局的分散化，导致土地资源浪费和生态环境恶化，大中城市规模受到控制，规模效应、集聚效应和辐射效应未能充分发挥，城镇就业人口吸纳能力有限。

总体来看，1978～1995年，是中国城镇化的稳步推进时期。在这一时期，随着改革开放的不断深入和工业化的快速推进，中国的城镇化水平也在稳步提升，由1977年的17.55%提高到1995年的29.04%，18年内城镇化水平提高了11.49个百分点，平均每年提高了0.64个百分点。其中，1978～1987年，全国城镇化推进的速度较快，年均提高0.78个百分点；而1988～1995年，由于受1989年治理整顿政策的影响，全国城镇化速度趋于放缓，平均每年提高0.47个百分点。总之，这一时期虽然全国城镇化在稳步推进，但由于工业化推进较快，加上历史时期各种矛盾的积累，城镇化严重滞后于工业化。

三 加速推进时期（1996 年至今）

自 1996 年以来，随着改革开放的不断深入和经济发展水平的稳步提升，中国开始步入工业化和城镇化加速推进时期（见表 1 - 1）。1996 年，中国城镇化水平越过 30% 的关口，达到 30.48%，2001 年中国人均 GDP 又越过 1000 美元大关。这标志着中国开始进入工业化和城镇化双加速时期。同时，通过对前一阶段分散化的农村工业化模式和城镇化道路的反思，大城市的规模效应、集聚效应和辐射效应日益受到学术界和政府部门的重视。2000 年 6 月中共中央、国务院颁布了《关于促进小城镇健康发展的若干意见》，指出"加快城镇化进程的时机和条件已经成熟"；《国民经济和社会发展第十个五年计划纲要》和《国民经济和社会发展第十一五年规划纲要》相继把推进城镇化提升为国家战略，明确指出"走符合中国国情、大中小城市和小城镇协调发展的多样化城镇化道路，有重点地发展小城镇，积极发展中小城市，完善区域性中心城市的功能，发挥大城市的辐射带动作用，把城市群作为推进城镇化的主体形态"。

正是在良好的宏观经济环境和国家城镇化战略的推动下，自 1996 年以来，中国城镇化步入了加速推进时期，1996～2012

表1-1　新中国成立以来城镇化进程三个阶段的特征、成就与弊端

阶段	特征	成就	驱动因子	弊端
波浪起伏时期（1950～1977年）	大起大落，城镇化进程缓慢	• 城镇化水平由1949年的10.64%提高到17.55%，年均提高0.25个百分点 • 城镇人口由1949年的5765万人增加到16669万人，年均增加389万人	• 急于求成，盲目冒进，大起大落，"大跃进"对城镇化进程影响深远 • 照搬苏联模式，过于重视重工业发展，忽视非生产性建设 • 发生了"文化大革命"，知识分子和干部下放劳动，知识青年上山下乡 • 对国际形势的估计过于严峻，"三线"建设以及提出"控制大城市规模，发展小城镇"的指导方针 • 自然灾害，中苏关系的恶化	• 重工业占绝对优势，轻工业和第三产业没有得到重视，经济结构失衡严重 • 以分散为特征的三线建设，工厂进山入洞，导致经济效率低下 • 大城市发展受到限制，小城镇发展缺乏实质性进展 • 形成了限制人口流动的固定户籍管理制度，为城乡"二元"结构埋下祸根 • 取消城市规划等措施，对城市建设影响深远
稳步推进时期（1978～1995年）	城镇化稳步推进，步入正轨	• 城镇化水平由1977年的17.55%提高到29.04%，年均提高0.64个百分点 • 城镇人口由1977年的16669万人增加到35174万人，年均增加1028万人	• 改革开放后，全国工作的重点转移到社会主义现代化建设上来，城镇化重新走上了正轨 • 全国工业化战略以重工业为重点，城镇就业吸纳能力显著增强 • 制定了"控大促小"的城镇化战略 • "离土不离乡"，"进厂不进城"成为当时工业化的主要模式，工业布局分散	• 改革开放初期，中国经济建设呈现极大的热情，"导致经济"过热"，而采取的紧缩性政策致经济较大冲击 • 小城镇的"遍地开花"导致土地资源浪费，规模不经济，生态环境破坏 • 大中城市的规模效应，集聚效应和辐射效应还未能充分发挥，城镇人口吸纳能力有限
加速推进时期（1996～2013年）	城镇化加速推进	• 城镇化水平由1995年的29.04%提高到53.73%，年均提高1.37个百分点 • 城镇人口由1995年的35174万人增加到73111万人，年均增加2108万人	• 经济快速增长，开始步入工业化和城镇化加速阶段 • 产业结构不断优化升级，二三产业比重持续上升，城镇就业吸纳能力不断增强 • 重视与鼓励大中小城市和小城镇的发展是城镇化战略的主旋律，构建大中小城市和小城镇协调发展的城镇体系，城市群建设开始成为中国城镇化的主体形态	• 城市经济高速增长，资源高度消耗，污染物大量排放，资源环境压力严峻 • 城镇空间盲目扩展与发展无序蔓延拉大 • 区域城乡发展差距不断拉大 • 城镇化进程中的不包容性问题突出 • 城镇建设缺乏特色，"千城一面"现象严重，重建设轻管理

年城镇化水平平均每年提高 1.37 个百分点，远高于 1950 ~ 1977 年平均每年提高 0.25 个百分点和 1978 ~ 1995 年平均每年提高 0.64 个百分点的速度。其中，在"十一五"期间，全国城镇人口由 2005 年年底的 56212 万人增加到 2010 年年底的 66978 万人，5 年内共新增城镇人口 10766 万人，平均每年增加 2153 万人；城镇化水平由 42.99% 提高到 49.95%，平均每年提高 1.39 个百分点。相比较而言，"十一五"时期全国平均每年新增城镇人口和城镇化速度与"九五"和"十五"时期基本持平，但远高于"七五"和"八五"时期的水平（见表 1-2）。

表 1-2 各时期中国城镇化速度比较

时 期	年 份	平均每年新增城镇人口（万人）	城镇化年均提高幅度（百分点）
"六五"时期	1981 ~ 1985	1191	0.86
"七五"时期	1986 ~ 1990	1020	0.54
"八五"时期	1991 ~ 1995	996	0.53
"九五"时期	1996 ~ 2000	2146	1.44
"十五"时期	2001 ~ 2005	2061	1.35
"十一五"时期	2006 ~ 2010	2153	1.39
"十二五"时期	2011 ~ 2013	2044	1.26

资料来源：根据《中国统计年鉴》（各年度）和《2013 年国民经济和社会发展统计公报》计算。

2011 ~ 2013 年，全国平均每年新增城镇人口 2044 万人，城镇化率年均增长 1.26 个百分点，其速度略低于"九五""十五"和"十一五"时期。这表明，中国的城镇化在经历了"九五"至"十一五"时期的高速推进后，"十二五"时期已有减缓的趋势。预计在今后一段时期内，中国城镇化的速度将逐步减缓，开始进入速度与质量并重的转型时期。

第三节　中国城镇化的基本特征

自改革开放以来，随着经济的高速增长和工业化的快速推进，中国城镇化呈现不断加快的趋势，城镇化水平显著提高，城市经济日益占据支配地位，城镇化的带动作用不断增强。这期间，中国仅用 30 年左右的时间就完成了英国等发达国家历经上百年才走过的进程，在世界上创造了又一个"中国奇迹"。与其他国家相比，中国的城镇化具有五个鲜明的特点。

一　城镇化起点低、规模大、速度快

中国城镇化的起点低，1980 年城镇化率仅有 19.4%，比世界平均水平低 20.0 个百分点，比欠发达地区还低 10.1 个百分点。1978～2013 年，中国城镇人口由 1.72 亿人增加到 7.31 亿人，城镇化率由 17.92% 提高到 53.73%，平均每年提高 1.02 个百分点，新增城镇人口 1597 万人。尤其是"九五"以来，各时期城镇化率年均提高幅度都在 1.25 个百分点以上，年均新增城镇人口都超过 2000 万人，这种速度和规模在世界上都是罕见的。1981～2010 年，世界城镇化率年均提高 0.41 个百分点，其中，发达地区为 0.25 个百分点，欠发达地区为

0.55 个百分点，而中国则高达 0.99 个百分点，远高于世界平均增速（见图 1-3）。2011 年，世界城镇化率为 52.1%，按照 2001～2011 年平均每年提高 0.5 个百分点的速度推算，预计 2013 年将达到 53.1%，这表明中国城镇化进程已经超过了世界平均水平。世界城镇化率由 30% 提高到 50% 平均用了 50 多年时间，而中国仅用了 15 年。

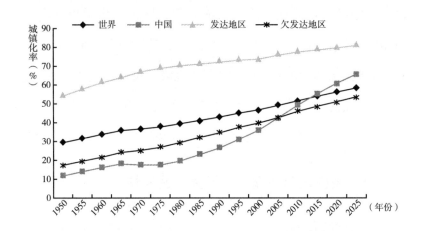

图 1-3　中国与世界其他国家城镇化进程比较

资料来源：根据 United Nations（2012）以及相关数据绘制。

二　城镇化水平呈现明显的地区差异

由于工业化和经济发展阶段不同，中国各地区城镇化水平差异较大，不同地区城镇化阶段也各不相同。总体上看，东部和东北地区城镇化水平较高，而中西部地区较低；东部地区城镇化加速较早，中西部地区加速较晚，而东北地区推进速度较

慢。到 2012 年，东部和东北地区城镇化率已达到 61.86% 和
59.60%，而中部和西部地区分别只有 47.19% 和 44.74%，西
部比东部和东北地区分别低 17.12 个和 14.86 个百分点（见表
1-3）。1978~2010 年，东部地区城镇化率平均每年提高 1.37
个百分点，而中部和西部地区分别年均提高 0.92 个和 0.86 个
百分点，东北地区仅年均提高 0.64 个百分点。这期间，东部
与西部地区间城镇化率差距由 1.95 个百分点扩大到 18.27 个
百分点；东部与中部地区间差距则由 1.65 个百分点扩大到
16.12 个百分点。然而，自 2010 年以来，东部地区城镇化增
速已开始放慢，而中西部地区仍处于加速之中，其城镇化速度
开始超过东部地区，东西部差距正朝着不断缩小的方向转变。

表 1-3　1978~2012 年中国四大区域城镇化率变化

年份	城镇化率（%）				时期	城镇化率年均增幅（百分点）			
	东部	东北	中部	西部		东部	东北	中部	西部
1978	15.73	37.01	14.08	13.78	—	—	—	—	—
1980	17.91	39.08	15.23	15.76	1978~1980	1.09	1.04	0.58	0.99
1985	28.00	45.98	19.57	20.16	1981~1985	2.02	1.38	0.87	0.88
1990	32.44	48.69	22.32	21.96	1986~1990	0.89	0.54	0.55	0.36
1995	39.29	51.37	26.99	25.97	1991~1995	1.37	0.54	0.93	0.80
2000	44.61	52.26	29.82	28.68	1996~2000	1.06	0.18	0.57	0.54
2005	51.78	55.15	36.55	35.36	2001~2005	1.43	0.58	1.35	1.34
2010	59.70	57.62	43.58	41.43	2006~2010	1.59	0.49	1.41	1.21
2012	61.86	59.60	47.19	44.74	2011~2012	1.08	0.99	1.81	1.66

　　注：东部地区包括河北、北京、天津、山东、上海、江苏、浙江、福建、广东、
海南 10 个省份；东北地区包括辽宁、吉林和黑龙江 3 个省份；中部地区包括山西、河
南、安徽、湖北、湖南、江西 6 个省份；西部地区包括内蒙古、广西、陕西、甘肃、
宁夏、青海、新疆、重庆、四川、贵州、云南、西藏 12 个省份。

　　资料来源：根据魏后凯（2014）和《中国统计年鉴》（2013）计算。

三 城市群已成为城镇化的主体形态

自《国民经济和社会发展第十个五年计划纲要》（以下简称"十五"计划）提出"要不失时机地实施城镇化战略"、《国民经济和社会发展第十一个五年规划纲要》（以下简称"十一五"规划）提出"要把城市群作为推进城镇化的主体形态"、《国民经济和社会发展第十二个五年规划纲要》（以下简称"十二五"规划）进一步提出"在东部地区逐步打造更具国际竞争力的城市群，在中西部有条件的地区培育壮大若干城市群"以来，在经济全球化、区域一体化与交通网络化的助推下，中国涌现出了一批大小不同、规模不等、发育程度不一的城市群。较典型的有长三角城市群、珠三角城市群、京津冀城市群、山东半岛城市群、辽中南城市群、海西城市群、哈大长城市群、中原城市群、长株潭城市群、武汉城市群、成渝城市群等。这些城市群作为国家参与全球竞争与国际分工的全新地域单元，已经成为引领和支撑中国经济高速增长的主导地区，主宰着中国经济发展的命脉（姚士谋等，2006；方创琳等，2011）。随着城市群的迅速兴起，目前中国已进入一个以城市群为载体的群体竞争新时代，城市群已经成为中国推进城镇化的主体形态和吸纳新增城镇人口的主要载体。据方创琳等（2011）的研究，中国发育成熟或达标的城市群共有15个，未达标、需要培育的城市群有8个，这23个城市群2007

年集中了全国 46.7% 的城镇、51.4% 的城镇人口和 78.8% 的 GDP 总量，其经济密度和人口密度分别是全国平均水平的 3.63 倍和 2.26 倍。其中，长三角、京津冀、成渝、珠三角、山东半岛、辽中南六大城市群承载了全国 31% 的城镇人口。

四 城市基础设施取得了飞速发展

城镇化进程的加快有效地拉动了全国经济增长，优化了城市产业结构，为国民积累了巨额社会财富，推动城市建设迈上新台阶，城市各项基础设施日趋完善，城市公共服务水平显著提升（方创琳，2009）。特别是，城市交通条件明显改善，城市人均拥有道路面积由 1981 年的 1.8 平方米提高到 2012 年的 14.4 平方米，每万人拥有公共交通车辆由 1986 年的 2.5 标台提高到 2008 年的 11.1 标台，城镇居民每百户拥有家用汽车由 1990 年的 0.03 辆提高到 2012 年的 21.5 辆。目前，全国已有 230 多个城市开辟了公交专用道（路），北京、天津、上海、广州、长春、大连、武汉、深圳、重庆、南京等城市开通运营了轨道交通，到 2012 年年末，全国 16 个城市已建成轨道交通线路 2006 公里，在建轨道交通线路 2060 公里。城市公用设施普及占有率大幅提高（见图 1－4），其中城市用水普及率由 1981 年的 53.7% 提高到 2012 年的 97.2%，燃气普及率由 11.6% 提高到 93.2%，城市污水处理率由 1991 年的 14.9% 提高到 2012 年的 87.3%，建成区绿地率由 1996 年的 19.1% 提高到 2012 年的 35.7%，建成区绿化覆盖率由 24.4% 提高到 39.6%，每万人拥有公共厕所维持在 3.0 座左右。城市建设取得的这些巨大成就，促进城市综合竞争力不断提升，城市功能不断完善，保障了城镇居民的生活水平。

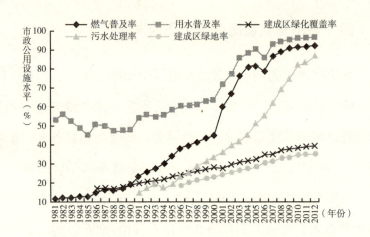

图 1 - 4　历年全国城市公用设施水平

注：自 2006 年起，用水和燃气普及率指标按城区人口（包括户籍人口和暂住人口）计算。

资料来源：根据《中国城市建设统计年鉴》（2012）绘制。

五　城镇化成为经济发展的重要引擎

城镇化既是经济社会发展的结果，又是促进经济增长和结构变迁的重要驱动力。中国改革开放以来的经济快速增长，是与城镇化的快速推进紧密相连的。快速城镇化带来了大量的投资和消费需求，促进了内需扩大和经济增长。从投资需求看，城镇人口的增加可以带来城镇基础设施、公共服务设施建设和房地产开发等多方面的投资需求。一般认为，每新增 1 个城镇人口，大概需要 10 万元的投资。据此推算，"九五"以来全国每年新增城镇人口带来的投资规模将超过 2 万亿元，这些投资是推动经济增长的重要力量。从消费需求看，大量农村劳动力向城镇转移，也扩大了消费需求。中国城镇化率每提高 1 个百分点，将有 1000 多万农民进入城镇，而 2012 年城镇居民的消费是农村居民的 2.8 倍，由此将明显拉动最终消费增长。同时，中国的城镇化还加速了人力资本积累，促进了技术创新和生产率提高，推动了产业结构优化升级（时慧娜，2012；魏后凯，2014）。而大量农村劳动力从第一产业向第二、第三产业转移，也有力地促进了中国经济的增长。据研究，劳动力部门转移对中国 GDP 增长的贡献大约为 16%～20%（世界银行，1997；蔡昉、王德文，1999）。此外，中国城镇化的快速推进还促进了基本公共服务的改善和城乡发展差距的缩小（中国发展研究基金会，2010）。

第四节　中国城镇化的问题及挑战

尽管近年来中国城镇化建设取得了较大成就，但应该认识到，改革开放以来，中国基本上走的是一条传统的城镇化道路，目前已日益暴露出一系列亟待解决的深层次矛盾，譬如片面强调"土地城镇化"，对人口、居民素质、生活质量的城镇化不重视；忽视城镇资源配置效率，高度消耗土地、能源、水等资源；

生产、生活、生态不协调；城乡分割；城镇缺乏特色；等等。总体而言，目前中国城镇化存在的问题主要是城镇化质量不高，是一种典型的"不完全城镇化"，呈现"四高五低"的态势，即高投入、高消耗、高排放、高扩张，低水平、低质量、低和谐度、低包容性、低可持续性。这些问题能否在新一轮发展中得以妥善解决，直接决定着中国城镇化的未来和前景。

一 农民市民化程度低，难度大

目前，中国的城镇化是一种典型的不完全城镇化。这种不完全性主要体现在大量进城务工的农民工、郊区就地转化的农转非居民以及城镇扩区后存在的大量农民，虽然常住在城镇地区，并被统计为城镇居民，但他们并没有真正融入城市，仍然游离在城市体制之外，处于非城非乡的尴尬境地，其生活和消费方式仍保留着农民的习惯和特征，市民化程度很低。从外来农民工市民化情况看，2013 年，全国农民工总量达到 2.69 亿人，其中外出农民工 1.66 亿人。这些外出农民工主要在城镇地区工作和居住，他们虽然被统计为城镇人口，但在劳动就业、工资福利、子女就学、社会保障、保障性住房购买等方面仍难以享受城镇居民同等待遇。从本地农民市民化情况看，近年来各城市郊区就地转化的农转非居民以及城镇扩区后存在的大量农民，其市民化程度也很低。特别是，行政区划调整（大量的撤乡并镇、撤县变区）、城镇辖区面积扩大导致城镇人口统计"虚高"。这些"城镇地区"的产业结构并未转型，缺乏产业支撑力，也基本上没有城镇的基础设施供应，实际上仍然是农村（陆大道，2007）。

考虑到这两方面因素，中国现有城镇人口统计中包含着大量农业户口人口，非本地户籍的常住外来人口占很大比重。2011年，全国户籍人口城镇化率仅有35%，户籍人口城镇化率与常住人口城镇化率的差距从2000年的10.5个百分点扩大到16.3个百分点。按照第六次人口普查数据，在全国市镇总人口中，农业户口人口所占比重高达46.5%，其中市为36.1%，镇为62.3%。目前，城镇农业户口人口已经成为中国城镇化的主体。1978～2010年，全国新增城镇人口4.93亿人，其中农业户口人口2.62亿人，占53.1%。这期间，全国城镇化率提高了31.76个百分点，其中城镇农业户口人口贡献了18.12个百分点（见表1-4）。也就是说，如果剔除农业户口人口的贡献，城镇化率实际仅提高13.64个百分点，平均每年仅提高0.43个百分点。这表明，目前中国农业转移人口市民化进程严重滞后，因此形成了城市中的"新二元"结构。既削弱了城镇化对内需的拉动作用，不利于产业结构升级和劳动者素质提高，又造成农业转移人口与城镇原居民之间各种权益的不平等，严重影响了社会和谐稳定，还加剧了人户分离，给人口管理带来难度。2010年，中国城镇人户分离已达2.26亿人，占城镇总人口的33.7%。

表 1 - 4   1978 ~ 2010 年中国城镇化率的分解

	总人口（万人）	城镇总人口		城镇农业户口人口	
		人数（万人）	占总人口比重（%）	人数（万人）	占总人口比重（%）
1978 年	96259	17245	17.92	4801	4.99
2010 年	133972	66570	49.68	30959	23.11
变化	+37713	+49325	+31.76 个百分点	+26158	+18.12 个百分点

资料来源：根据《中华人民共和国人口统计资料汇编》《中国 2010 年人口普查资料》《中国统计年鉴》（2011）计算。

二 资源高度消耗，利用效率低下

近年来，中国的城镇化是一种重外延扩张、轻内涵发展的粗放型城镇化，城镇化的快速推进是建立在资源能源高消耗基础上的，城镇化的资源环境代价高，城镇化效率低下。主要表现为：一是资源和能源消耗急剧增长。2001 ~ 2010 年，中国城镇人口年均增长 3.78%，但全国煤炭、石油、天然气年均增长 8.17%、6.69%、16.14%，分别是前者的 2.16 倍、1.77 倍、4.27 倍。中国城镇化水平每提高一个百分点，需要消耗煤炭 87.58 万吨标准煤、石油 21.44 万吨标准煤、天然气 8.08 万吨标准煤、城市建成区 1285 平方公里、城市建设用地 1283 平方公里。二是水资源严重供不应求。全国城市地区消耗水资源由 1978 年的 78.7 亿立方米急剧增长到 2010 年的 507.9 亿立方米，年均耗水增加 13.4 亿立方米。正因为如此，目前全国近 400 多座城市缺水，其中超过 200 座城市严重缺水。大部分缺水城市过度开采地下水，造成了地面加速沉降。目前，全国发生地面沉降灾害的城市已超过 50 座。华北、西北、华东地区的不少城市地下水水位不断下降，甚至出现了大面积的降水漏斗和地面沉降（魏后凯等，2012）。三是资源利用效率低下。尽管中国资源利用效率取得了长足的进步，万元 GDP 能耗由 1978 年的 15.68 吨标准煤减少到 2010 年的 0.81 吨标准煤，但与其他国家相比，中国的万元 GDP 能耗分别是世界平均水平的 2.3 倍、欧盟的 4.1 倍、美国的 3.8 倍、日本的 7.6 倍，甚至比一些经济欠发达国家都要高（见图 1 - 5）。就目前来看，中国长期积累的结构性矛盾的解决和粗放型经济发展方式的根本转变不可能一蹴而就，制约中国城镇化与经济发展的能源、水资源的压力还将加大。

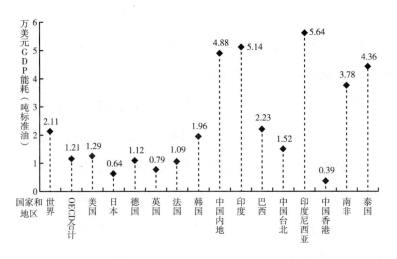

图 1 - 5 2009 年世界各国与地区能源产出比例的比较

资料来源：根据《中国能源统计年鉴》（2011）绘制。

三 污染物排放迅速增长，生态环境急剧恶化

长期以来，中国走的是一条"高消耗、高排放"的城镇化道路，目前正面临着资源和环境的双重约束。一是污染物排放量迅速增长。2001~2010年，全国工业固体废弃物产生量、工业废气排放总量、废水排放总量每年以11.4%、14.2%、4.0%的速度在增长。未来主要污染物的排放总量仍将处于较高水平，已经接近中国生态环境的最大容量。二是生态环境面临巨大压力。近年来，随着气候变化问题持续升温，国际社会对减排的呼声越来越高，各国的减排压力日益增大。中国政府已经明确承诺到2020年碳排放强度下降40%~45%，并将耕地保有量、资源和能源消耗、主要污染物排放等作为约束性指标，纳入《国民经济和社会发展第十二个五年规划纲要》。按照规划，到2015年，要确保18.18亿亩耕地不减少，单位工业增加值用水量降低30%，单位GDP能源消耗降低16%，单位GDP二氧化碳排放降低17%，主要污染物排放总量减少8%~10%。节能减排力度的加大，将标志着过去那种依靠高消耗、高排放、高扩张支撑高增长的传统粗放发展模式的终结。三是城市生态环境问题日益严峻。中国城市地区的大气污染、水体污染和垃圾污染问题十分严重。按照2012年修订的《环境空气质量标准》，全国有2/3的城市空气质量不达标。2011年，全国325个地级及以上城市（含部分地、州、盟所在地和省辖市）中，环

境空气质量超标城市的比例仍高达 11.0%；在监测的 468 个市
（县）中，出现酸雨的市（县）227 个，占 48.5%。全国城市污
水排放量在 1991～2011 年间增长了 37.4%，而县城则在 2001～
2011 年间增长了 84.1%。目前在全国城市的近 20%、县城的
30% 以及建制镇的绝大部分，污水没有经过有效处理，直接排
入江河湖海，导致水资源污染严重，城市饮用水安全受到威胁。
2011 年，在全国 200 座城市 4727 个地下水水质监测点中，较差
－极差水质的监测点比例高达 55.0%；全国 113 座环保重点城
市饮用水中有 9.4% 不达标。太湖和滇池的富营养化、湘江重金
属污染等问题更是触目惊心。此外，目前全国城市"垃圾围城"
愈演愈烈，城市生活垃圾累积堆存量达 70 多亿吨，占地 80 多
万亩，并且还以年平均 4.8% 的速度持续增长，全国 2/3 的大中
城市陷入垃圾包围之中。

四 城镇空间盲目蔓延扩张

在中国快速工业化与城镇化进程中，城镇空间存在盲目扩
展与无序蔓延的态势，甚至出现严重失控的局面（陆大道，
2007）。一是土地城镇化速度显著快于人口城镇化速度。2001～
2012 年，全国城市建成区面积和建设用地面积分别年均增长
6.08% 和 6.25%，而城镇人口年均增长仅有 3.72%。特别是在
"十五"期间，中国城市建成区和建设用地规模平均每年保持
7.70% 和 7.99% 的增速，远高于城镇人口年均 4.13% 的增速

（见表1-5）。这说明，近年来中国城市土地扩张与人口增长严重不匹配，土地的城镇化远快于人口的城镇化。

表1-5　中国城镇人口与城市建设用地面积年均增长比较

单位：%

年份	城镇人口	城市建成区面积	城市建设用地面积
2001~2005	4.13	7.70	7.99
2006~2012	3.43	4.94	5.02
2001~2012	3.72	6.08	6.25

注：2005年城市建设用地面积缺上海数据，系采用2004和2006年数据的平均值替代。

资料来源：根据《中国城乡建设统计年鉴》（2012）和《中国统计年鉴》（2013）计算。

二是城镇空间扩张呈现无序蔓延的态势。1981~1990年、1991~2000年、2001~2012年三个时期城市建成区面积分别增加5417.7平方公里、9583.6平方公里、23126.5平方公里，其中，2001~2012年年均增加1927.2平方公里，分别是前两个时期的3.58倍、2.01倍。就城市平均规模扩张来讲，1996~2012年，中国平均每个城市建成区面积由30.4平方公里扩大到69.4平方公里，平均每个城市建设用地面积由28.5平方公里扩大到69.6平方公里，分别增长了128.5%和144.1%（见图1-6）。从城镇建成区①的城镇人口密度来看，由2000年的

———————

① 城镇建成区=城市建成区+县城建成区+建制镇建成区，资料来源于各年城乡建设统计年鉴。

0.85 万人/平方公里下降到 2010 年的 0.73 万人/平方公里；人均城镇建成区面积由 2000 年的 117.1 平方米/人提高到 2010 年的 137.2 平方米/人，已远远超过城乡规划法规定的人均 80～120 平方米的标准，也已达到甚至超过发达国家的水平（陆大道、姚士谋，2007）。从某种程度上讲，近年来中国城市经济的高速增长主要是依靠土地的"平面扩张"来支撑的。

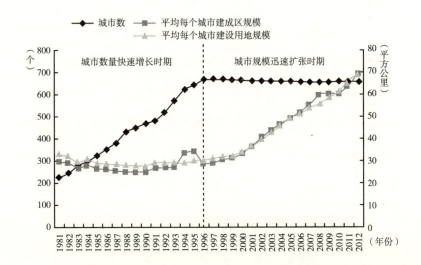

图 1-6　中国城市数和城市用地规模的增长情况

注：2005 年城市建设用地面积缺北京和上海数据，系采用 2004 和 2006 年数据的平均值替代。

资料来源：根据 2008～2012 年《中国城乡建设统计年鉴》中有关数据计算。

三是一些大城市纷纷掀起了撤县（市）设区和建设新（园）区的浪潮，而规划的软约束和规划界的利益驱动助长了这种大城市空间规模扩张冲动，存在一定的盲目性与无序性。

不少大城市新区的规划面积动辄数百平方公里，多的则达上千平方公里，如上海浦东新区为 1210.41 平方公里，天津滨海新区为 2270 平方公里，重庆两江新区为 1200 平方公里。在某些城市，产业园区的规划面积则超过了 100 平方公里。事实上，中国城镇空间快速"平面式"蔓延扩张，造成了大量耕地被侵占，耕地数量与质量均趋于下降。2008 年，全国因建设占用减少耕地 287.4 万亩，占年内减少耕地总面积的 68.9%（魏后凯、张燕，2011）。特别地，各类建设项目占用的大多是优质耕地，尽管国家实行严格的耕地"占补平衡"政策，但耕地占优补劣的现象较为严重。随着城市建成区的快速扩张以及各类花园式工业区如火如荼地建设，平原地区或居民点周围的优质高产良田面积大幅缩减，若不加以制止，将会突破 18 亿亩耕地红线，对中国粮食安全构成严重的威胁。

五　城镇体系不尽合理

中国的城镇包括直辖市、副省级城市、较大的市、地级市、县级市和建制镇等级别。不同级别城镇的资源配置权限、管辖权限不同，且严格服从行政级别的高低。这种下级城镇严格服从上级城市"领导"的城镇管理体制，有助于上下级城镇间的协调，但也带来了资源的集中配置。长期以来，由于行政等级因素对资源分配的影响，资源大量向直辖市、副省级城市、省会（首府）城市等大城市集聚，导致中国城镇规模体系两极化倾向突出，大城市规模不断膨胀，中小城市数量与人口比重下降，小城镇偏多，城镇体系缺乏中小城市的有力支撑。一是大城市规模急剧膨胀。中国城市发展中浓厚的行政色彩，导致资源配置不均衡，首都、直辖市、省会（首府）、计划单列市等高等级行政中心和大城市获得了较多的资源和发展机会，人口、产业大规模集聚，城市规模急剧膨胀，导致资源能源高度紧张、城市空间"摊大饼式"蔓延、交通拥堵、大气污染严重、宜居水平下降、社会矛盾加剧等突出问题。二是中小城市数量和人口比重下降，呈现相对萎缩态势。在大规模撤市设区和建设新区的热潮下，全国大城市数量不断增加，中小城市呈萎缩状态。2000～2012年，50万人以上大城市数量和人口比重都在不断增加，而中等城市人口比重以及小城市数量和人口比重都在不断下降。三是小城镇偏多，但规模偏小，实力偏弱。中国建制镇数量由1978年的2173个增加到2011年的19683个，年均增加500多个。但小城镇通常受大城市虹吸效应的影响以及发展机会被剥夺，加上小城镇本身缺乏产业支撑、基础设施建设滞后、公共服务水平跟不上等原因，小城镇自身的发展能力严重不足，小城镇规模实力偏弱。2011年，全国建制镇镇区总人口24653万人，镇区占地面积98909平方公里，镇区平均人口规模仅有1.25万人，镇区平均占地面积5.02平方公里。此外，中国城市之间的低水平同质化竞争、产业层次较低、产业结构同构化问题突出。概而言之，目前中国区域层面的城市（镇）存在定位不清、功能叠加、分工不明确等问题，核心城市与周边中小城市的关系更多体现为对周边资源的剥夺与极化效应，辐射与带动作用有限。未来应充分发挥不同规模城市的优势，逐步形成分工明确、功能互补、互动协作、更具竞争力的城镇体系。

六　城乡区域发展不均衡问题突出

区域发展不均衡集中体现在三个方面：一是城镇化水平的地区差异显著。由于自然条件和发展历史的原因，中国城镇化水平自东向西总体上呈现明显的阶梯状分布，空间差异性异常突出。从2012年各省份的城镇化水平来看，上海、北京、天津位列前三，前八位的省份全部位于东部和东北地区，城镇化水平最高（上海）与最低（西藏）之比高达3.93倍。前十位城镇化水平的均值为69.06%，后十位均值为40.38%，二者相差达到惊人的29个百分点。二是城市的空间分布不均衡。从城市数量来看，受自然条件与区域发展政策的影响，中国绝大多数城市主要分布在沿瑷珲－腾冲线的东南部地区，其中西部地区72%的国土面积仅分布了165座城市，城市数占全国的25.2%，城市人口仅占19.5%；东部地区10%的国土面积坐拥233座城市，城市数占35.6%，城市人口占48.8%（见表1-6）。从城市规模来看，中国非农业人口大于200万人的城市共有26座，其中14座（53.8%）分布于东部地区；非农

业人口小于 50 万的城市共有 495 座，其中 270 座（54.5%）
分布于中西部地区。中国城市数量与城市规模的分布均呈现显
著的空间集中性与不均衡性，造成局部地区资源环境的巨大压
力、能源与大宗商品的跨区域流动（加大社会经济的发展成
本）以及区域经济发展失衡。三是地区间城镇发展水平差距
较大。2010 年，西部城市人均工业增加值、人均固定资产投
资、人均城乡居民储蓄年末余额、人均地方财政一般预算内收
入和支出、人均社会消费品零售总额，仅分别相当于东部城市
的 30.4%、68.3%、44.3%、28.9%、45.2% 和 47.4%；上
海城镇居民人均可支配收入是甘肃的 2.41 倍。2005 ~ 2010 年，
东部与西部之间城镇居民人均可支配收入差距由 4592 元扩大
到 7467 元。

表 1 - 6　2012 年中国四大区域城市规模结构

项　目		合计	200 万人以上	100 万 ~ 200 万人	50 万 ~ 100 万人	20 万 ~ 50 万人	20 万人以下
全国	城市个数	655	26	39	95	250	245
	人口比重（%）	100.0	33.1	15.8	18.8	22.8	9.5
东部地区	城市个数	233	14	22	38	104	55
	人口比重（%）	48.8	20.2	8.9	7.7	9.9	2.1
东北地区	城市个数	89	4	5	14	26	40
	人口比重（%）	12.4	3.8	1.7	2.7	2.4	1.7
中部地区	城市个数	168	4	6	27	61	70
	人口比重（%）	19.3	3.6	2.5	5.2	5.4	2.7
西部地区	城市个数	165	4	6	16	59	80
	人口比重（%）	19.5	5.6	2.6	3.2	5.1	2.9

　　注：城市人口规模按非农业人口分组，人口数为非农业人口。
　　资料来源：根据《中国人口和就业统计年鉴》（2013）计算。

　　城乡发展不均衡突出表现为城乡收入差距高居不下。近年来，尽管中国城乡收入差距已经呈现下降的趋势，但2012年全国城镇居民人均可支配收入与农村居民人均纯收入之比仍高达3.10∶1（见图1-7）。考虑到农民纯收入中包括了相当部分的实物收入，剩下的现金收入中还有一部分要购买农具、化肥、农药、种子等生产资料。如果扣除这两部分，从与可支配收入对等的角度来比较，城镇居民实际可支配收入将是农村居民的4~5倍。在国际上，一般把基尼系数0.4作为警戒线，如果基尼系数超过0.4，表明财富过度集中、贫富差距过大，容易引发社会不稳定。中国的基尼系数自20世纪90年代以来一直在高位运行，据国家统计局公布的数据，2003~2012年，中国居民的基尼系数一直在0.47~0.49，2008年达到最高的

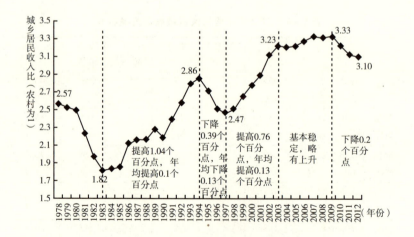

图1-7　1978~2012年中国城乡居民收入差距变动趋势

资料来源：根据各年度《中国统计年鉴》的数据整理。

0.491 后，近年才开始逐步回落，2012 年仍高达 0.474。基尼系数过高，这是一个十分危险的信号。显然，居高不下的城乡居民收入差距已经成为中国城镇化建设与社会经济和谐发展的强力约束。

七 城镇化进程中的非包容性问题严峻

随着城镇化的不断推进，中国城镇发展中的非包容性问题也日益突出，这具体表现在居民收入增长与经济增长不同步、社会阶层分化日益严重、城镇贫困问题日趋严峻、区域剥夺问题日趋突出等方面。

一是居民收入增长与经济增长不同步。长期以来，中国依靠投资的超高速增长，虽然带来了政府财政收入的超高速增长以及 GDP 的高速增长，但并没有带来居民收入和消费水平的同步增长。城乡居民收入和消费水平增长严重滞后于 GDP 增长，而 GDP 增速又远慢于投资和财政收入增速。2001～2010年，中国依靠年均 23.0% 的固定资产投资增长，实现年均20.0% 的财政收入增长和 10.5% 的 GDP 增长，但只带来了年均 9.7% 的城镇居民家庭人均可支配收入增长、8.0% 的居民消费水平增长和 7.0% 的农民人均纯收入增长。这期间，固定资产投资和财政收入增速几乎比 GDP 增速高 1 倍，而 GDP 增速又比城镇居民收入增速高 0.8 个百分点，比居民消费水平增速高 2.5 个百分点。

　　二是社会阶层分化日益严重。第一，城乡居民的二元分化不断扩大。2010 年，中国全社会固定资产投资的 86.8% 投向了城镇，而城镇人口即使包括进城农民工在内也不到总人口的一半，这造成近年来农村居民收入增速低于城镇居民 2.7 个百分点（2001~2010 年），广大农民并没有同步分享到经济高速增长的成果。更为突出的是，在广大的农村地区失地农民问题、农村主体老弱化问题、留守妇女儿童问题日益严峻，给社会不安定留下了重大隐患。第二，农民工为城市发展做出了巨大贡献，却成为城市里的"二等"公民。目前，中国数目庞大的农民工群体为中国城市发展做出了巨大的贡献，但至今在就业、收入、教育、医疗、文化等方面仍然受到诸多歧视，难以真正融入城市社会中。受"一城两制"政策歧视，农民工成为城市里的"二等"公民和边缘人（陆学艺，2000）。第三，伴随城市内部"新二元"结构的出现，城镇居住空间分异现象逐渐加剧。一方面，少数高收入阶层集中居住在豪华高档楼盘或别墅，形成了所谓的富人居住区。另一方面，在老城区、城乡接合部、城市边缘区形成了大量条件恶劣的棚户区和城中村。城市居住空间分异的加剧，必然会造成空间隔离，诱发一系列社会矛盾，不利于和谐社会建设（魏后凯，2011a）。

　　三是城镇贫困问题日趋严峻。目前，中国城镇贫困人口主要包括贫困的在职职工、离退休人员、下岗失业人员、"三无"人员以及其他外来的农民工（梁汉媚和方创琳，2011）。

据国家统计局对全国 65655 户城镇居民家庭的抽样调查，2011
年全国 10% 的最低收入户人均可支配收入只有平均水平的
31.5%，其中 5% 的困难户只有 24.8%，10% 的最高收入户人
均可支配收入是最低收入户的 8.6 倍，是困难户的 10.9 倍。
日趋严重的城镇贫困已成为困扰中国健康城镇化与社会经济可
持续发展的重要问题（唐钧，2002）。

　　四是区域剥夺问题日趋突出。在城镇化快速推进的过程
中，由于机会和利益分配不均，衍生出一系列经济"剥夺"
现象。借助政策空洞和行政强制手段，一些强势群体和强势区
域侵占甚至掠夺弱势群体和弱势区域的资源、机会和权益，转
嫁资源消耗和环境污染的代价。如大城市对中小城市资源和机
会的侵占，各类开发区、旅游度假区和大学城建设对农田的侵
占和农民利益的剥夺，房地产开发和"城中村"改造对老百
姓和城市居民生存空间的剥夺，发达地区对落后地区资源和发
展机会的剥夺，农民工输入地区对输出地区的剥夺，等等。区
域剥夺问题将导致空间开发失调，资源配置失衡，政策调控能
力受限甚至失效，和谐社会建设步伐延缓，最终导致富者更
富，贫者更贫（方创琳、刘海燕，2007）。

八　城镇建设缺乏特色，管理缺失

　　在推进城镇化的过程中，受财力有限、对地方特色和文化
认识不足以及急于求成、急功近利等思想的影响，各地城镇建

设"千篇一律"，缺乏特色和个性，城镇质量和品位不高。一方面，许多城市大拆大建，对当地特色文化、文物、标志性建筑和特色村镇保护不力。在城镇改造中，片面追求速度和新潮，忽视传统文化的传承创新，拆除了不少具有文化底蕴、历史故事的"老建筑"、老街区；在新农村规划中，往往模仿城市的功能进行建设，造成具有地方特色的古祠堂、古建筑、古园林、古村落遭到不同程度的破坏，甚至消失殆尽。另一方面，建筑、小区设计崇洋媚外，对民族、本土文化不自信，造成新城建设"千城一面""万楼一貌"。当前，由于存在浮躁情绪，加上对现代化、国际化的误解，一些城市急于求成，盲目崇拜模仿外来建筑文化，片面追求"新、奇、特"的建筑表现形式，导致一些建筑存在雷同现象，"千面一孔"、缺乏特色。此外，各地在推进城镇化过程中，片面追求经济目标，贪大求全，大搞形象工程，盲目扩大建设用地规模，规划调控乏力，城镇管理严重滞后。

第五节　对中国城镇化战略的反思

城镇化是农业国向工业国跨越的必由之路，也是人类社会发展的客观趋势和国家现代化的重要标志。中国的城镇化虽然取得了令人瞩目的成就，但同时也存在诸多矛盾与问题。因此，对过去的城镇化战略进行深刻反思，认真总结经验教训，顺应客观规律，加快城镇化战略转型，积极稳妥扎实有序推进城镇化，将具有十分重要的理论和现实意义。

第一，过去中国的城镇化并不是完全"以人为核心"的城镇化。城镇化本质上是由传统、落后的农业社会向现代、文明的工业社会和信息社会演进的过程，是社会生产生活方式的根本转变。然而，当前中国城乡居民收入和消费水平增长严重滞后于经济增长速度；城乡居民的二元分化不断扩大，广大农民没有同步分享城镇化成果；农业转移人口市民化进程严重滞后，造成农业转移人口与城镇原居民之间各种权益的不平等。也就是说，过去中国城镇化没有把"享受现代城市文明、共享城镇化成果"放在第一位。显然，这是一种典型的不完全城镇化。如果不尽快解决人的问题，这种不完全的城镇化将难以为继，甚至有可能会诱发社会动乱，成为不稳定的因素。要实现由"不完全"城镇化向"完全"城镇化转型，核心是增加城乡居民收入，缩小城乡差距，建立多元化的成本分担机制，加快推进农民市民化进程，使城市居民和农村居民能够平等地分享城镇化的成果和利益。

第二，从推进方式上看，过去中国的城镇化是一种典型的粗放外延模式，城镇化的高速推进是建立在资源能源高消耗、土地广占用、"三废"高排放的基础上，资源环境代价大，综合效益低。显然，这种粗放外延模式是不可持续的，越来越难以为继。从本义上讲，城镇化的过程也就是产业和要素集聚以及资源集约利用的过程。当前，中国城镇化进程中存在的高消耗、高排放、高扩张现象，主要是由城镇化推进所采取的粗放外延模式引起的。为此，必须尽快实现城镇化模式转型，积极探索出一条资源消耗少、环境友好、集约高效的可持续城镇化道路。

第三，从推进过程看，过去中国的城镇化没有处理好各方面的关系。总体上讲，中国的城镇化呈现"五重五轻"的特点，即重城镇化速度、轻城镇化质量；重城市建设、轻管理服务；重生产发展、轻生活享受；重经济增长、轻社会公平；重开发建设、轻文化保护。因此，在今后推进城镇化的过程中，妥善处理好速度与质量、建设与管理、生产与生活、经济与社会、开发与保护的关系，对于探索具有中国特色的新型城镇化道路至关重要。

第四，从推进机制看，中国的城镇化还缺乏体制机制的有力支撑。中国城镇化体制机制尚不健全，现行城乡分割的户籍管理、土地管理、就业管理、社会保障以及财税金融、政区管理制度，导致了城乡二元的利益格局，城乡居民难以享受均等化的基本公共服务；制约了农业转移人口市民化，阻碍了城乡发展一体化进程；扭曲了地区资源配置，加剧了区域发展差距和城镇化格局失衡。应该看到，当前城镇化面临的体制机制障碍，是造成中国城镇化深层次矛盾的主要原因，阻碍了城镇化健康发展。为此，要围绕中国特色新型城镇化的核心任务和发展目标，突破城乡二元体制障碍，加快统筹城乡综合配套改革步伐，建立完善户籍登记管理制度、土地管理制度、就业管理制度、社会保障制度和政区管理制度，促进城乡区域要素自由流动、平等交换和公共资源优化配置，实现人口城镇化和土地城镇化、城镇化和市民化的协调推进，全面提高城镇化质量。

总之，未来中国的城镇化必须尽快实现转型，回避传统城镇化的老路，积极探索集约型、城乡融合型、和谐型和可持续城镇化模式，走具有中国特色的新型城镇化道路，着力提高城镇化质量，减少城镇化的资源和环境代价，为建设具有中国特色的社会主义奠定坚实的基础。

第二章

中国特色新型城镇化的本质

近年来，学术界对中国城镇化道路的探讨，经历了从中国特色的城镇化道路到新型城镇化道路，再到中国特色的新型城镇化道路的重大转变。显然，中国特色的城镇化与新型城镇化并非是相互分割的，而是一个有机联系的整体。为此必须将二者有机结合起来，积极探索具有中国特色的新型城镇化道路。本章深入阐述了中国特色新型城镇化的科学基础，认为中国特色新型城镇化强调以人为本、集约智能、绿色低碳、城乡一体、"四化"同步和文化传承，并将其基本特征归纳为"多元、渐进、集约、和谐、可持续"11个字。

第一节　中国特色新型城镇化的科学基础

近年来，国内学术界沿着两条不同的路径对"中国特色的城镇化"与"新型城镇化"分别进行了深入探讨。关于

"中国特色的城镇化道路"，早在20世纪80年代中期就已经提出。2002年11月召开的中共十六大明确提出："坚持大中小城市和小城镇协调发展，走中国特色的城镇化道路"。2007年10月召开的中共十七大进一步将"中国特色城镇化道路"与"中国特色自主创新道路""中国特色新型工业化道路""中国特色农业现代化道路"和"中国特色社会主义政治发展道路"并列为"中国特色社会主义道路"的基本内容，并明确指出："走中国特色城镇化道路，按照统筹城乡、布局合理、节约土地、功能完善、以大带小的原则，促进大中小城市和小城镇协调发展"。关于中国特色的城镇化的内涵，目前学界的观点尚不一致。简新华（2003）认为中国特色的城镇化道路应该是一条城镇化与工业化和现代化适度同步发展，城镇化的形式多元化、大中小城市和小城镇协调发展，市场推动和政府导向、自上而下城镇化与自下而上城镇化相结合，城镇发展方式多样化和合理化、以内涵方式为主的城镇化路子。肖金成等（2008）认为中国特色城镇化道路的基本内涵可以概括为与中国人口多、耕地少的基本国情相适应，按照统筹城乡、布局合理、节约土地、功能完善、以大带小的原则，实现大中小城市和小城镇的合理布局与协调发展、资源环境可持续发展、与农村现代化同步发展、适应不同区域特点的多元化发展，形成资源节约、生态良好、经济高效、社会和谐的城镇发展新格局。马凯（2012）在国家行政学院2012年秋季开学典礼暨省部级领导干部和市长"推进城镇化建设"专题研讨班开班式上指出,中国特色城镇化道路应当是一条以科学发展观为指导,坚持集约发展、多元形态、"三化"同步、两手结合、以人为本的新型城镇化道路。可以看出,"中国特色城镇化道路"就是既符合城镇化的普遍规律,又符合人多地少的基本国情和文化传统,从中国发展的特殊阶段和大国特征出发的城镇化(牛凤瑞,2010)。综合来看,中国特色城镇化道路至少应具有以下五方面的内涵(周干峙,2009;牛凤瑞,2010;伍江,2010;高新才等,2010)。一是从中国人多地少、人均资源相对不足这一特定国情出发,城镇化应走土地集约利用和城镇高密度、高效益的集约化之路;二是从中国显著的自然条件差异、区域发展不平衡以及资源禀赋不均衡特点出发,不同地区的城镇化应该走差异化之路;三是从中国人口基数大,城镇化水平每提高1个百分点,需要解决1000多万人口的就业难题出发,城镇化应该快慢适度,积极稳妥推进,并着力解决农业转移人口市民化问题,走渐进式的城镇化之路;四是从中国的大国特征和初级阶段特点出发,城镇化的推进应强调多元并举,充分发挥各种主体的作用,探索不同的模式和路径,逐步形成大中小城市和小城镇协调发展的合理格局,走多元化之路;五是从社会主义的本质要求出发,要达到"消除两极分化,实现共同富裕"的目标,应该走城乡融合型的城镇化之路,使城乡居民共享城镇化的成果。

　　"新型城镇化"，也不是新概念。2007 年 5 月，温家宝同志提出"走新型城镇化道路"；2013 年中央经济工作会议进一步提出"走集约、智能、绿色、低碳的新型城镇化道路"。学术界对此也早有探究。罗宏斌（2010）认为，新型城镇化是指坚持以人为本，以新型工业化为动力，以统筹兼顾为原则，推动城市现代化、城市集群化、城市生态化、农村城镇化，全面提升城镇化质量和水平，走科学发展、集约高效、功能完善、环境友好、社会和谐、个性鲜明、城乡一体、大中小城市和小城镇协调发展的城镇化路子。张占斌（2013）认为新型城镇化道路的内涵和特征包括四方面：一是"四化"协调互动，推动产城融合，实现城乡统筹发展和农村文明延续的城镇化；二是人口、经济、资源和环境相协调，倡导集约、智能、绿色、低碳的城镇化；三是构建与区域经济发展和产业布局紧密衔接的城市格局，推进大中小城市与小城镇协调发展的城镇化；四是实现人的全面发展，推进具有包容性、和谐式的城镇化。倪鹏飞（2013）认为新型城镇化是以科学发展观为指导方针，以人口城镇化为核心内容，以信息化、农业产业化和新型工业化为动力，以"内涵增长"为发展方式，以"政府引导、市场运作"为机制保障，走可持续发展道路，建设城乡一体的城市中国。仇保兴（2012a）认为新型城镇化区别于传统城镇化，要重点解决六个方面的突破：从城市优先发展的城镇化转向城乡互补协调发展的城镇化、从高能耗的城镇化转向低能耗的城镇化、从数量增长型的城镇化转向质量提高型的城镇化、从高环境冲击型的城镇化转向低环境冲击型的城镇化、从放任式机动化的城镇化转向集约式机动化的城镇化、从少数人先富的城镇化转向社会和谐的城镇化。可以看出，新型城镇化是针对传统城镇化存在的问题与弊端提出来的。过去，中国选择了城市与重工业优先的发展战略，并为此建立了农产品统购统销制度、城乡户籍制度和人民公社制度等制度体系，一方面从农业和农村抽取国家工业化积累，另一方面限制农村人口进入城镇。这一战略的实施虽然取得了一定的成效，但却割裂了工业化、城镇化与农业现代化的协调互动关系，形成了典型的城乡二元结构（王永苏等，2011）。归纳而言，相对传统城镇化，新型城镇化具有新的科学内涵（仇保兴，2010a；罗宏斌，2010）：一是要推动城镇化由偏重数量规模增加向注重质量内涵提升转变；二是要由偏重经济发展向注重经济社会协调发展转变；三是要由偏重城市发展向注重城乡一体化协调互补发展转变。

由此可见，近年来学术界对"中国特色的城镇化"与"新型城镇化"的研究基本上是从不同的路径来展开的，处于割裂状态。显然，"中国特色的城镇化"，既可以是新型的城镇化，又可以是传统的城镇化，只要它具有"中国特色"；而"新型城镇化"的某些模式和做法，既可能符合中国的国情特点，又可能只适合于某些发达国家和地区，只要它是"新型的"。事实上，"中国特色的城镇化道路"和"新型城镇化道路"并非是分割的，而是具有有机联系的整体。为此，必须把二者有机结合起来，积极探索具有中国特色的新型城镇化道路（魏后凯，2010a）。一方面，在探索中国特色的城镇化道路过程中，必须抛弃传统的城镇化思维，在科学发展观指引下，走新型城镇化之路；另一方面，在探索新型城镇化过程中，必须立足中国国情，从实际出发，体现中国特色，而不能崇洋媚外，照搬照抄国外的模式和做法。

正因为如此，中共十八届三中全会明确指出："坚持走中国特色新型城镇化道路，推进以人为核心的城镇化，推动大中小城市和小城镇协调发展、产业和城镇融合发展，促进城镇化和新农村建设协调推进。"这是中央首次在党和政府文件中提出"走中国特色新型城镇化道路"。事实上，这种具有中国特色的新型城镇化道路就是从中国的国情出发，符合科学发展观要求，符合多元、渐进、集约、和谐、可持续的城镇化道路。它不仅要具有中国特色，而且是一种符合科学发展观，强调以人为本、集约智能、绿色低碳、城乡一体、四化同步的新型城镇化道路，是走中国特色社会主义道路的重要组成部分（魏后凯，2014）。

2013年12月召开的中央城镇化工作会议明确指出："走中国特色、科学发展的新型城镇化道路，核心是以人为本，关键是提升质量，与工业化、信息化、农业现代化同步推进。"

2014 年 3 月 16 日发布的《国家新型城镇化规划（2014—2020年）》进一步明确指出："中国城镇化是在人口多、资源相对短缺、生态环境比较脆弱、城乡区域发展不平衡的背景下推进的，必须从社会主义初级阶段这个最大实际出发，遵循城镇化发展规律，走以人为本、四化同步、优化布局、生态文明、文化传承的中国特色新型城镇化道路。"这是对中国特色新型城镇化道路的官方定义。

综合而言，学术界对"中国特色的城镇化"与"新型城镇化"的认识经历了由割裂状态向有机联系整体的转变，体现了学术界对中国特色新型城镇化道路研究的不断深化并达成共识，而政府管理部门对城镇化的认识也经历了类似的发展历程。毫无疑问，中国正处于经济转型升级、城镇化深入发展的关键时期，如果继续延续过去传统粗放的城镇化模式，将会带来产业升级缓慢、资源环境恶化、社会矛盾增多等诸多风险，为此要紧紧围绕全面提高城镇化质量，走"以人为本、城乡一体、四化同步、优化布局、生态文明、文化传承"的中国特色新型城镇化道路，这已成为当前学术界和政府部门的共识。

第二节　中国特色新型城镇化的科学内涵

中国特色的新型城镇化道路，是中国特色的城镇化道路和新型城镇化道路的有机统一，它是一种符合中国国情和科学发展观要求，强调以人为本、集约智能、绿色低碳、城乡一体、四化同步、文化传承的新型城镇化道路，是走中国特色社会主义道路的重要组成部分。以人为本是中国特色新型城镇化的核心和本质要求。推进中国特色的新型城镇化，必须坚持以人为核心，以增进人民福祉为目标，把广大人民群众的需要和根本利益贯穿到城镇化建设的全过程和各个领域。集约、智能、绿色、低碳是新型城镇化的重要特征，推进新型城镇化建设就是采取新的模式和方法，促进城镇化向集约、智能、绿色、低碳的方向转型。城乡一体、四化同步、文化传承则是中国特色新型城镇化的基础和重要前提。推进城镇化不单纯是城镇的建设问题，还涉及城乡发展一体化以及工业化、城镇化、信息化、农业现代化相互协调、文化传承的问题。要在城乡一体化、四化同步和文化传承的前提下，有序推进城镇化建设，促进城乡共同发展、共同繁荣。具体地讲，大体可以概括为以下六个方面。

一　以人为本

走中国特色新型城镇化道路，必须坚持以人为本，以增进城乡居民福祉为出发点和落脚点，高度关注民生和社会问题，加快推进农业转移人口市民化进程，促进城乡居民机会均等和成果共享，走平等、包容、安全的和谐型城镇化之路。一要加快推进农业转移人口市民化进程，消除户籍歧视、城乡歧视和区域歧视，促进农业转移人口享有子女教育、公共就业、基本养老、基本医疗、保障性住房等城镇基本公共服务。二要赋予进城农民与城镇居民平等的权益，赋予农民更多的财产权利，农民进城不能以放弃农村的财产权益为代价。这些财产包括农民在农村拥有的住房、宅基地、土地承包经营权、集体资产股份等。随着农村人口向城镇的集中，在以人为核心的新型城镇化格局下，农民的减少以及随之进行的产权交易，将有助于增加农民收入，促进农业规模化经营，刺激农村经济增长，由此破解"三农"问题。三要加大精神文明建设的力度，提高进城农民的科学文化素质，使城市文明、城市生活方式和价值观念深入人心，以此促进城镇化的健康发展。

二 集约智能

走中国特色新型城镇化道路，必须立足中国国情，以科学发展观为指引，推动城镇化由追求数量向追求质量转变、由粗放型向集约型转变、由不可持续向可持续发展转变，实现更高质量的健康城镇化。一是降低城镇化的资源代价。坚持节约资源的基本国策，大力推广城市节能、节材、节水、节地技术，提倡节能节地型建筑，培育节约型生产、生活方式和消费模式，建立高效集约节约利用资源的长效机制，走紧凑节地、高效节约的集约型城镇化道路，减少城镇化过程中的资源消耗，提高城镇资源配置效率。二是科学确定各类城镇建设密度。研究制定各项集约指标和建设标准，强调紧凑、集中、高效的城镇建设模式，充分挖掘城镇土地潜力，集约节约利用土地，促使城镇从粗放发展向集约发展转变，形成紧凑、高效的城镇用地格局，建设紧凑型城镇、紧凑型社区、紧凑型园区、紧凑型村庄，防止城市过度蔓延和无序发展。三是加强城镇化建设的智能化水平。坚持城市建设与智慧系统建设相结合的基本理念，综合利用现代科学技术，积极推动城镇化与信息化深度融合，加快智慧城市、智慧社区、智慧园区建设，完善智慧型产业体系和交通体系，强化城市智慧管理，依靠智能技术和智慧管理破解"城市病"，智慧地推进城镇化建设。

三　绿色低碳

走中国特色新型城镇化道路，必须把生态文明理念全面融入城镇化进程，推动形成绿色低碳的生产生活方式和城市建设运营模式。一是必须尊重自然规律，坚持生态环境保护优先，充分利用自然山体、河流、湖泊、森林、农田等，构建开放的城镇生态廊道和生态网络。二是科学确定开发强度，划定生态红线，合理布局生产空间、生活空间和生态空间，建设可持续宜居的美丽城镇，创造一个生产发展、生活富裕、生态优美的良好人居环境。中央城镇化工作会议也提出要"让城市融入大自然，让居民望得见山，看得见水，记得住乡愁"。三是着力推进绿色发展、循环发展、低碳发展，节约集约利用土地、水、能源等资源，强化环境保护和生态修复，减少对自然的干扰和损害。四是积极推广节能环保、绿色低碳技术，加快构筑绿色生产和消费体系，推进生态城市、园林城市、森林城市、环保模范城市和"阳光城市"建设，推动形成与资源环境承载能力相适应的城镇化格局，促进城镇发展与生态环境保护深度融合，走绿色、低碳、环保、宜居的可持续城镇化之路。

四　城乡一体

走中国特色新型城镇化道路，必须打破城乡分割，推动城乡融合互动和一体化，积极探索城乡融合型的新型城镇化模式。一要推进城乡规划布局一体化。就是要打破城乡界限，树立城乡统筹发展的理念，把城市与乡村作为一个有机整体，开展全域规划布局，推进城乡规划编制和管理一体化。二要推进城乡基础设施一体化。必须统筹规划，加大农村基础设施建设力度，积极推进城镇基础设施向农村延伸、辐射和覆盖，建立完善城乡一体的基础设施网络，促进城乡基础设施一体化进程。三要推进城乡产业发展一体化。就是要打破城乡分割的二元体制，把城市产业和农村产业作为一个整体统筹考虑，整合城乡各种资源，沟通城乡之间的产业联系，促进城市生产要素向农村流动，引导城市产业和企业向农村延伸，实现城乡产业互补互促、相互融合、共生互荣。四要推进城乡公共服务一体化。就是要加快农村公共服务体系建设，推动城市公共服务向农村延伸，实现城乡基本公共服务均等化，逐步缩小城乡公共服务水平差距。五要推进城乡环境保护一体化。就是要把农村生态环境保护摆在同等重要的位置，对城市与农村生态环境进行统一规划、建设和管理，全面改善和提高城乡生态环境质量。六要推进城乡社会治理一体化。就是要统筹城市与农村社会治理，改进社会治理方式，完善社会治理和服务体系，加快推进城乡社会融合，及时化解各种社会矛盾和不和谐因素，推动形成城乡一体化的社会治理新格局。

五　四化同步

走中国特色新型城镇化道路，必须推动信息化和工业化深度融合、工业化和城镇化良性互动、城镇化和农业现代化相互协调，促进工业化、信息化、城镇化、农业现代化同步发展。其中，工业化是支撑，城镇化是载体，信息化是手段，农业现代化是基础，必须把城镇化与工业化、信息化和农业现代化紧密结合起来，实现四化同步和互动发展的新格局。一是信息化和工业化深度融合。要大力发展以电子信息技术为代表的高科技，提升信息化水平，改造和提升传统产业，推动产业转型升级，不断提升工业化质量和水平。二是工业化和城镇化良性互动。一方面要充分发挥城镇化对拉动投资和扩大内需的带动作用，为工业化提供市场需求和空间载体；另一方面利用工业化对推动产业发展、提供就业岗位的作用，提升城镇化规模和水平。推动工业化与城镇化的互动发展，既为工业化创造了机会，又为城镇化提供了动力源泉。三是城镇化和农业现代化相互协调。一方面要把推进城镇化作为吸纳农村剩余劳动力的容器，实现农业的装备现代化，提高农业生产效率，为农业现代化创造条件和提供市场；另一方面又要大力推进农业现代化建设，增强农业抗风险能力，保障国家粮食安全，为城镇化的推进提供支撑和保障。城镇化和农业现代化是相辅相成的关系，二者的相互协调，有助于治理"城市病"和"农村病"，最终实现城乡共同繁荣。

六 文化传承

走中国特色新型城镇化道路，必须传承中国的悠久历史和灿烂文化，发展有历史记忆、文化脉络、地域风貌、民族特点的美丽城镇，形成符合实际、各具特色的城镇化发展模式。一是注重城镇特色和品质。在城镇建设中，坚决杜绝盲目崇拜模仿外来建筑文化，要突出地域风貌、民族特色，要弘扬传承本土文化，建设具有中国地域风貌和文化特色的城镇；要突出本地区的自然历史文化禀赋，体现区域差异性，提倡形态多样性，防止千城一面、建筑雷同，同时也要避免片面追求"新、奇、特"的建筑表现形式。在城镇改造中，要避免大拆大建，对具有当地文化特色、历史故事的文物、"老建筑"、老街区要严格保护，传承传统文化。二是建设各具特色的美丽乡村。建设社会主义新农村是推进中国特色新型城镇化的重要内容。在建设农民幸福生活的美好家园的过程中，一方面要加强农村基础设施和服务网络建设，提升自然村落功能，方便农民生产生活，另一方面要保留乡村原有的风貌、民族文化和地域特色，特别是那些有历史、艺术、科学价值的传统村落、少数民族特色村寨和民居，尽可能不改变村庄原始风貌，延续乡村的历史文脉。

总之，走中国特色的新型城镇化道路，就是在科学发展观的指导下，立足中国人多地少、人均资源不足、城乡区域差异大的基本国情，坚持以人为本、集约智能、绿色低碳、城乡一体、四化同步、文化传承，走多元、渐进、集约、和谐、可持续的中国特色新型城镇化道路，逐步形成资源节约、环境友好、经济高效、社会和谐的城镇化健康发展新格局。

第三节 中国特色新型城镇化的基本特征

中国特色新型城镇化的基本特征，大体可以归纳为 11 个字，即多元、渐进、集约、和谐、可持续。

一 多元

中国是一个民族多元、文化多元、发展条件和发展水平多元的国家，未来中国城镇化的推进应该从国情出发，因地制宜地走多元的城镇化道路。

一是水平多元，形成多种城镇化阶段共存的格局。中国地域辽阔，各地区发展的主客观条件差异极大，其城镇化所处阶段亦呈现很大的差异性。2012 年，中国城镇化水平超过 50%，达到 52.57%，总体上处于城镇化由加速向减速转变的阶段，但各省区市发展极不平衡。京津沪三个直辖市城镇化水平已超过 80%，广东、辽宁、浙江、江苏 4 省城镇化水平已超过 60%，而西藏不足 30%，云南、甘肃、贵州不足 40%，各地区城镇化阶段存在显著差异（见图 2 - 1）。其中，京津沪已处于城镇化后期，西藏仍处于城镇化初期，其他省份均处于城镇化中期。

二是规模多元，形成大中小城市与小城镇协调发展的格局。中国国土面积大，人口多，各地区条件不同，既需要建设一批综合性的大城市、特大城市乃至超大城市，充分发挥中心城市的辐射和带动作用，又需要建设数量众多的专业化特色中小城市和小城镇，充分发挥其门槛低、与广大农村联系紧密的纽带作用，由此形成大中小城市和小城镇合理分工、协调发展、等级有序的城镇规模结构。

三是模式多元，不同地区采取差异化的城镇化战略。各地区由于发展阶段和条件的不同，其城镇化推进应采取不同的战略模式。在珠三角、长三角、京津冀、长江中游等地区，重点

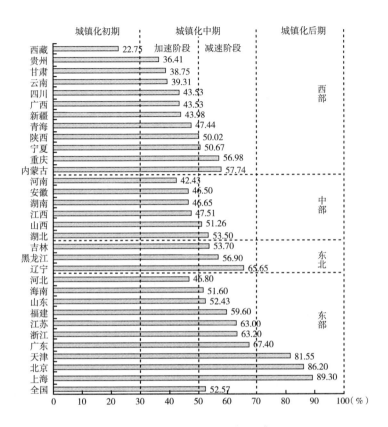

图 2-1 2012 年中国各省份城镇化水平比较

资料来源：根据《中国统计年鉴》（2013）计算。

是建设大都市区和城市群，提高城市群的可持续发展能力，推进区域经济的一体化；而在西南和西北一些落后地区，重点是培育发展中心城市，推进特色镇和中心镇的建设。在云南、贵州等地区，由于山地多、平地少，必须探索一种适合山地特点的新型城镇化模式即"山地城镇化"，而不可能照搬珠三角、长三角等地的模式。

四是动力多元，多种力量共同推动城镇化进程。从政府与市场关系看，既需要打破城乡分割、区域壁垒，促进人口和要素自由流动，充分发挥市场在资源配置中的决定性作用，又需要积极发挥政府的规划引导作用；从产业支撑看，既需要实行工业化与城镇化互动，充分发挥工业对城镇化的拉动作用，又需要大力发展和提升服务业，发挥服务业对城镇化的推动作用；从经济成分来看，无论是公有制经济还是私营经济、个体经济等非公有制经济，都是推动城镇化建设的重要力量；从城乡关系看，城市对农民具有强烈的吸引力，这种吸引力产生聚集力，农民向往城市形成城镇化的动力。

二　渐进

城镇化是一个漫长的历史过程。中国要实现这一目标，必须走渐进式的城镇化道路。为此，各地在推进城镇化的过程中，一定要从本地的实际情况出发，积极引导农业转移人口向城镇地区合理有序流动，科学把握城镇化推进的速度和节奏。城镇化的规模和速度要与地区经济发展水平相适应，与城镇综合承载力和人口吸纳能力相适应，防止出现超越承载能力和发展水平的城镇化"大冒进"。"大跃进"时期中国城镇化的"大冒进"就是一个深刻的教训。

一是城镇化的速度和规模要适度。鉴于中国农村人口数量多、耕地保护任务重、城镇就业压力大，且资源环境承载力日益趋紧的基本国情，中国城镇化的速度和规模必须适度，既要考虑国家财力和经济发展水平，又要考虑城镇的综合承载能力和人口吸纳能力。城镇化建设要保持适度投资规模，城镇空间扩张要适度，绝不能以牺牲耕地、粮食和农业为代价来片面推进城镇化，要把城镇化推进与农业现代化和新农村建设有机结合起来。

二是城镇化水平要与经济发展水平相适应。一个国家和地区的城镇化水平是与其经济发展水平高度相关的。城镇化滞后或者超前于经济发展，都会带来一系列经济社会问题。改革开放初期，中国的城镇化曾严重滞后于工业化和经济发展，但近年来随着城镇化的快速推进，中国城镇化严重滞后于工业化和经济发展的局面已经得到较大改观。2010 年，中国人均 GNI 仅相当于世界平均水平的 46.8%（The World Bank，2011），但城镇化水平已经达到世界平均水平。应该看到，前些年中国城镇化的快速推进是建立在进城农民没有市民化的基础之上的，而这种市民化过程需要今后若干年才能完成。

三是城镇化规模要与城镇的承载能力和吸纳能力相适应。城镇综合承载能力既包括资源环境的承载能力，又包括城镇基础设施的承载能力，而城镇人口吸纳能力则主要由城镇提供的就业机会和产业支撑能力决定。城镇化的合理规模必须综合考虑城镇的承载能力和吸纳能力，并在二者之间寻求一种平衡。

有吸纳能力但缺乏承载能力，或者有承载能力但缺乏吸纳能力，都不利于城镇化的健康发展。目前，中国已经成为名副其实的世界制造业大国，许多产品产量都居世界首位，工业特别是制造业吸纳就业的能力明显下降。未来中国城镇就业和人口吸纳更多地需要依靠服务业驱动。因此，城镇化的推进必须适应经济发展转型和产业结构升级的需要，而不能超越经济特别是产业发展的支撑能力。近年来，中国城市就业问题突出，表明城镇化速度和规模已经超出了产业发展及其规模的支撑能力（陆大道，2007）。

三　集约

中国耕地资源有限，人均资源占有量少，经济发展和城镇化的资源约束趋紧。面对资源约束趋紧的严峻形势，中国应积极探索高效集约节约利用资源，走紧凑节地、高效节约的集约型城镇化道路，减少城镇化过程中的资源消耗，提高城镇资源配置效率。

一是高效集约节约利用土地。中国人多地少，土地资源，尤其是耕地资源极其宝贵。近年来，尽管中国城镇单位土地面积的产出显著提高，但城镇建成区人均土地面积却快速增加，土地利用较为粗放，闲置、浪费严重。城镇政府过度依赖土地财政驱动，热衷于城镇的外延扩张，借开发区建设盲目"圈地"，开发商借机大量"囤地"，造成土地城镇化快于人口城镇化，耕地资源大量减少。为了确保 18 亿亩耕地红线和保障国家粮食安全，必须扭转城镇化过程中的土地资源浪费现象，高效集约节约利用土地，走节地型的城镇化之路。

二是节约集约利用资源。现阶段，中国城镇化的快速推进是建立在粗放型发展模式的基础上，主要依赖资源、能源和资金的高投入，科技含量不高，资源、能源利用效率低下，浪费现象十分严重。与此相对应的是，中国大部分资源十分匮乏，耕地、森林、天然草地和水资源的人均占有量都不超过世界平均水平的一半，石油、天然气、煤炭、铁矿石、铜和铝等重要矿产资源的人均可采储量，远低于世界平均水平。面对资源约束，必须高度重视集约节约利用资源，加快节能、节地、节水、节材型城镇建设，走资源节约型的城镇化之路。

三是推进紧凑型的城镇化。要科学合理确定各类城镇建设密度，研究制定各项集约指标和建设标准，优先发展公共交通，鼓励绿色低碳出行，倡导混合用地模式，优化城镇空间结构，提高公共设施的可达性，减少出行时间，保护社会和文化的多样性，推动形成紧凑、高效的城镇用地格局，建设紧凑型城镇、紧凑型社区、紧凑型园区、紧凑型村庄，缓解城市蔓延和无序发展问题，走集约、紧凑、高效的紧凑型城镇化之路。

四是促进人口与产业协同集聚。城市是人口、要素和产业的综合集聚体，具有协同集聚效应。近年来，在城镇化过程中，各地想方设法招商引资、集聚产业，却不太愿意吸纳外来人口，一些地方则是要"地"不要"人"，要"人手"不要"人口"，导致人口分布与产业分布严重不匹配。为此，必须树立协同发展的理念，在考虑资源和环境承载能力的前提下，依靠产业集聚吸引人口集聚，促进人口与产业协同集聚，使人口分布与产业分布相协调，人口、经济与资源和环境承载能力相适应，充分发挥城镇的协同集聚效应。

四　和谐

当前，中国城镇化进程中的不协调性和非包容性突出，既容易诱发各种社会问题，又不利于和谐社会的建设。城镇化涉及城与乡、原居民与新移民、经济与社会等方方面面，必须妥善处理好各方面关系，缓解各种矛盾和冲突，促进城乡居民机会均等和成果共享，走平等、包容、安全的和谐型城镇化之路。

一是机会均等。长期以来，中国实行城乡分割的二元户籍制度，城乡居民的发展机会严重不平等。直至今日，由于户籍制度障碍，进入城镇的农民工在民主权利、就业机会、子女教育、社会保障、购车购房等方面仍不能完全享受与城镇原居民同等的待遇，其发展机会严重不平等。因此，必须加快户籍制度改革，禁止各地新出台的各项有关政策与户口性质挂钩，并对现有各种与户口性质挂钩的政策进行一次全面清理，取消按户口性质设置的差别化标准，使现有政策逐步与户口性质脱钩，这样通过新政策不挂钩、旧政策脱钩，逐步剥离户籍内含的各种权利和福利，实现公民身份和权利的平等（魏后凯，2013a），为农民进城创造平等的发展机会，使他们能站在同样的起跑线上，面对相同的环境和规则。

二是成果共享。目前，中国城乡居民收入和公共服务差距过大，城镇居民收入差距增加，社会阶层和居住空间分异加剧，农民工合法权益难以得到保障，这种状况不符合社会主义本质的根本要求。要保障城镇化的成果让城乡全体居民共享，就必须加快农民工市民化进程，实现城镇基本公共服务常住人口全覆盖，同时加大对城中村、棚户区、边缘区等整治力度，高度关注城市贫困人口和低收入群体，消除城市中的新二元结构。在此基础上，构建城乡统一的社会保障制度和均等化的公共服务制度，实现基本公共服务城乡常住人口全覆盖。从长远发展看，要推动形成全国基本公共服务的均等化，使无论居住在城市还是乡村，无论是东部还是西部地区的居民，均能普遍享受一致的义务教育、基本医疗卫生服务、社会保障和安全等。除此以外，还应实现城乡和各区域居民拥有大体一致的生活质量，让广大民众分享城镇化的成果（总报告编写组，2011）。

三是安全保障。城市由于人口密集、经济活动集中、生态系统较为脆弱，其安全保障问题是新型城镇化建设的重要方面。第一，加强城市（镇）的防灾减灾能力。加快城市（镇）减灾防灾体系建设，加强灾害评估、应急预案、防灾演练、场地建设和物资储备方面的综合能力，提高城镇居民的防灾减灾自救意识。第二，确保城镇居民的生产安全。对危险、有毒的生产性行业，如煤矿、化工厂、冶炼厂、鞭炮厂等，应引起高度重视。第三，确保城镇居民的生活安全。加强城镇的基础设施建设，健全法律法规体系，减少因城镇系统的非正常运行导致的恶性事件、食品安全事件、交通安全事件的发生。

五　可持续

未来中国城镇化的推进绝不能以耕地大量减少、牺牲粮食和破坏生态环境为代价，走"先污染、后治理"的老路，必须着力提高城镇化质量，更加重视耕地和生态环境保护，加快构筑绿色生产和消费体系，促进城镇经济发展与生态环境保护深度融合，建设美丽城镇，走绿色、低碳、环保、宜居的可持续城镇化之路。

一是城镇化与农业现代化相协调。随着城镇化的快速推进，城镇空间扩展必然造成大量耕地被占用。虽然国家采取了占补平衡的办法，但由此导致的耕地质量下降的确是一个不争的事实。为此，在推进城镇化的过程中，必须坚持最严格的耕地保护制度，建立健全耕地保护补偿机制，确保耕地"占补平衡"，并保证耕地数量与质量不下降。特别地，根据制定的基本农田保护目标，建立基本农田保护的激励和约束机制，全面提升基本农田保护水平，严守我们的"吃饭田"，保障国家粮食安全，促进城镇化与耕地保护、农业现代化相协调。

二是城镇化与生态环境保护相协调。伴随着城镇化的快速推进，城市空间迅速扩展，导致农田、水域等自然生态消失，湿地面积锐减，生物多样性减少，而道路广场、公共设施和各种人工建筑的蔓延，使一些城镇化地区正在转变为钢筋水泥的丛林。今后在推进城镇化的过程中，必须高度重视生态建设和环境保护，充分利用自然山体、河流、湖泊、森林、农田等，构建开放的城市生态廊道和生态网络，同时推行清洁生产，发展循环经济，减少"三废"排放，加强环境治理，促进城镇化与生态环境保护相协调，提高城镇化的可持续性。

三是建设可持续宜居的美丽城镇。城市不仅是经济活动空间，而且是居住、娱乐休闲空间，需要处理好生产空间、生活空间和生态空间的比例关系。进入城市时代后，城镇居民将更加强调生活质量，注重改善城镇人居环境，这样就需要在城镇地区创造更多更好的休闲空间、公共空间、绿色空间。因此，推动城镇发展绿色转型，建设可持续宜居的生态城镇、生态社区、生态园区、生态建筑，创造一个生产发展、生活富裕、生态优美的良好人居环境，推动城镇空间的生态化、宜居化，将成为可持续城镇化的重要内容。

第三章

中国城镇化推进的战略思路

当前，中国城镇化正处于由加速推进向减速推进转变、由追求数量向追求质量转变、由粗放型向集约型转变、由城乡分割型向融合共享型转变的重要战略转型期。在新时期，要加快户籍制度改革，有序推进农民工市民化进程，注重城镇特色培育和品质提升，减少资源环境的消耗代价，促进城乡共享融合发展，提高城镇化质量和水平，同时依托综合交通运输网，以城市群和中心城市为中心，实行多中心网络开发战略，构建"四横四纵"的重点轴带体系，优化城镇化空间布局，走具有中国特色的新型城镇化道路。

第一节　中国城镇化已进入战略转型期

在"十二五"时期乃至今后较长一段时期内，中国的城镇化究竟是继续加速还是向减速转变？这是一个值得深入研究的重大战略问题。目前流行的观点认为未来中国的城镇化仍将处于一个加速推进的时期，有的同志甚至提出，未来中国的城镇化将处于一个"高潮期"。之所以会得出这种判断，其理论依据是，根据 Northam 城镇化的 S 型曲线理论，通常认为30% ~ 70%的区间属于城镇化的加速时期（简新华、黄锟，2010）。实际上，这是一个理论上的认识误区。我们认为，未来中国城镇化将进入减速时期，城镇化推进的速度会逐渐放慢。

首先，30% ~ 70%的城镇化水平区间，是一个快速推进的时期而不完全都是加速时期（周一星，2005；周一星，2006）。有学者用严格的数学模型验证了 S 型曲线拐点处的城镇化速度最大加速度为零，之前速度逐渐加大，之后速度逐渐减小（陈彦光、周一星，2007；王建军、吴志强，2009）。在30% ~ 70%的区间，虽然城镇化会呈现快速推进的趋势，但50%的城镇化水平是一个重要的转折点或者拐点。以此为界，可以把城镇化快速推进阶段分为加速和减速两个时期（见图3 - 1）。其中，30% ~ 50%的区间为加速时期；50% ~ 70%的区间为减速时期。如果在50% ~ 70%的区间城镇化也呈现加速推进的话，那么就不可能顺利转入到70%以后的稳定发展阶段。

其次，从发达国家经验看，当城镇化水平超过50%以后，城镇化将出现逐渐减速的趋势。例如，美国1880年城镇化水平为28.2%，1920为51.2%，1960年达到69.9%。在加速期（1880 ~ 1920年），城镇化水平年均提高0.58个百分点，而减

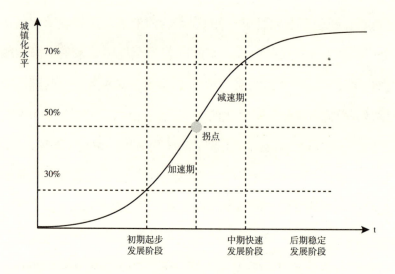

图 3 - 1　城镇化演进的 S 型曲线示意图

资料来源：作者自绘。

速期（1920～1960 年）下降到 0.47 个百分点，比前一时期下降 0.11 个百分点（见图 3 - 2）。

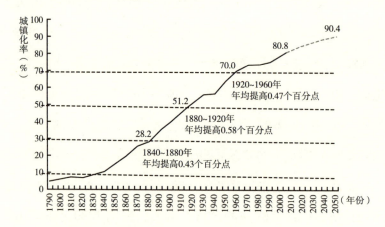

图 3 - 2　1790～2050 年美国城镇化率的变化

注：图中虚线部分为预测数据。

资料来源：根据 United Nations（2012）以及相关数据绘制。

最后，近年来中国城镇化速度已经出现逐渐放缓的趋势。在"九五"计划时期，中国城镇化水平平均每年提高 1.44 个百分点，"十五"时期平均每年提高 1.35 个百分点，"十一五"时期平均每年提高 1.39 个百分点，而"十二五"时期，已开始出现下降的迹象，前 3 年年均提高 1.26 个百分点（见表 1-2）。在东部一些发达地区，近年来城镇化减速的趋势十分明显。如浙江省在 30%～50% 的区间（1984～2001 年），城镇化率年均提高 1.37 个百分点，而之后的 2001～2012 年已经下降到 1.18 个百分点，由此可以看出这种减速趋势。与此不同的是，江苏省城镇化率虽然已经越过 50% 的拐点，但城镇化进程仍处于加速之中。江苏省在 30%～50% 的区间（1993～2005 年），城镇化率年均提高 1.75 个百分点，之后的 2005～2012 年城镇化增速则达到 1.84 个百分点（见图 3-3）。这是因为在改革开放初期，江苏省的工业化主要是依靠乡镇企业推动的，当时采取了"离土不离乡""进厂不进城"的工业分散化、非城镇化做法，导致江苏省改革开放以来城镇化进程严重滞后于工业化。近年来江苏省城镇化进程的加速，事实上带有一定的"补课"性质。

统计数据显示，2011 年中国城镇化水平首次超过 50%，达到 51.27%，由此可以判断中国目前已进入城镇化减速时期。在今后一段时期内，中国仍将处于城镇化的快速推进时期，但相比较而言，城镇化水平每年提高的幅度将会有所减

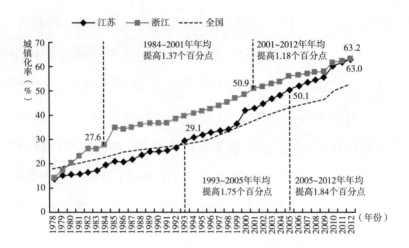

图 3 - 3　1978 年以来浙江省和江苏省城镇化水平变化

资料来源：根据《中国统计年鉴》以及浙江和江苏省统计年鉴有关数据绘制。

缓。也就是说，未来中国的城镇化将处于减速而不是加速时期。预计今后一段时期中国城镇化水平年均提高幅度将保持在 0.8～1.0 个百分点，很难再现"九五""十五"和"十一五"时期平均每年提高 1.35～1.45 个百分点的增幅，继续保持这样的高速扩张态势难度很大。

第二节　中国城镇化的趋势及目标

目前，学术界对当前中国城镇化速度是否适度分歧较大。主要有两种观点：一是认为城镇化速度过快，应当适当控制；二是认为城镇化发展缓慢且滞后，应当加快城镇化进程。对于中国未来城镇化的速度和趋势预测，大体有三种观点（简新华、黄锟，2010），即低速城镇化（年均提高 1 个百分点以内）、中速城镇化（年均提高 1 ~ 1.5 个百分点）和高速城镇化（年均提高超过 1.5 个百分点）。应该看到，很多学者对中国未来城镇化速度的预测是基于对当前城镇化速度的判定基础上的，预测的结果也是相去甚远，甚至截然相反。譬如，陈书荣（2000）认为国情不同，中国城镇化不宜追求发达国家的高指标、高比例，并将中国城镇化界定在 2050 年 60% 左右；王大用（2005）认为，中国城镇化已取得的成就是在严格的户籍制度的阻遏下实现的，今后没有了制度因素的限制，城镇化进程势必要加速，即每年将提高 1.44 个百分点甚至更快。有些学者则认为中国城镇化的推进应该注重质量而不是一味追求速度（周一星，2005）。下面，我们着重探讨未来中国及四大区域的城镇化趋势，并对未来中国城镇化的目标进行分析。

一 2050 年中国城镇化水平预测

自改革开放到 2013 年，中国城镇化水平提高了 35.81 个百分点，年均提高 1.02 个百分点。尤其是"九五"时期以来，城镇化加速推进，城镇化率年均提高 1.37 个百分点。针对近年来城镇化的高速推进态势，有学者认为，中国城镇化脱离了循序渐进的原则，出现了"冒进式"城镇化现象（陆大道、姚士谋，2007），城镇化速度应该适当控制，年均提高

0.6~0.8 个百分点是比较合理的（周一星，2005）。我们认为，未来中国城镇化仍处于快速推进时期，城镇化速度从"十一五"时期年均提高 1.39 个百分点骤然下降到 0.6~0.8 个百分点是不现实的，对中国经济持续稳定增长也是不利的。考虑到中国仍处于城镇化快速推进阶段，国家将实施城镇化战略作为重要抓手，今后一段时期内中国的城镇化将会稳步快速推进，个别年份城镇化速度仍将会达到 1 个百分点甚至更快。

按照联合国经社理事会发布的《世界城镇化展望 2011》，2010~2050 年世界城镇化水平将以年均 0.39 个百分点的速度增长，其中，发达国家为 0.21 个百分点，欠发达国家为 0.45 个百分点，亚洲国家为 0.50 个百分点，非洲国家为 0.46 个百分点，中国为 0.70 个百分点。其中，2010~2020 年、2020~2030 年、2030~2040 年和 2040~2050 年中国将分别以年均 1.18、0.77、0.47 和 0.39 个百分点的速度推进（United Nations，2012）。我们采用经验曲线法、经济模型法和联合国城乡人口比增长率法对中国未来城镇化趋势进行了预测（见表 3-1）。综合以上三种方法，我们认为，在"十二五"和"十三五"期间，在国际国内环境保持相对稳定的情况下，中国城镇化水平将年均提高 1 个百分点左右，城镇化速度大幅度下降的可能性不大，但也很难再现"九五"时期以来年均提高 1.39 个百分点的增长奇迹。2020~2030 年，中国城镇化推进速度将基本保持在比较理想的水平,即年均提高 0.8 个百分点左右;2030 ~ 2050 年城镇化速度将明显放缓,年均提高 0.6 ~ 0.8 个百分点的可能性比较大。基于以上判断,我们认为 2020 年、2030 年、2040 年、2050 年中国城镇化水平将分别达到 60%、68%、75% 和 82% 左右。

表 3 - 1　2020 ~ 2050 中国城镇化水平预测结果

单位:%

预测模型和部门	2011 年	2020 年	2030 年	2040 年	2050 年
联合国预测	49.2[a]	61.0	68.7	73.4	77.3
经验曲线法	51.3	59.1	69.5	78.1	85.0
经济模型法	51.3	61.1	69.6	77.2	84.8
城乡人口比增长率法	51.3	60.8	66.0	70.8	75.1
综合预测	51.3	60.3	68.4	75.4	81.6

注:a 为 2010 年数据。

资料来源:联合国预测结果来自 United Nations (2012),其余结果来自魏后凯(2014)。

二　不同区域的城镇化水平预测分析

目前中国各地区所处的城镇化阶段差别显著,城镇化水平高低不一。从四大区域的城镇化水平来看,1978 年东北地区的城镇化水平最高,为 37.0%,东部、中部、西部三大区域的城镇化水平接近,分别为 15.7%、14.1% 和 13.8%。然而,经过改革开放后 30 多年的发展,四大区域的城镇化格局发生了重大转变,城镇化水平的差距不断扩大。东部地区最早受益于改革开放，随着民营资本、外商投资持续向珠三角、长三角和京津冀地区汇集，城镇化快速推进，其中"六五"期间城镇化水平年均提高 2.02 个百分点，"七五"期间略有下降，年均增长0.89 个百分点，"八五""九五""十五"和"十一五"期间年均增长保持在 1 个百分点以上。2010 年，东部地区城镇化水平首次超过东北地区，达到 59.7%，成为中国城镇化最迅速的地区。东北地区工业发展起步较早，1978 年城镇化水平就超过了37%，此后城镇化进程缓慢，年均增幅在 1 个百分点以下，成为全国城镇化最慢的区域。中西部地区的城镇化水平在改革开放初期与东部地区相差无几，随后东部地区借改革开放之东风先行一步，中西部与东部地区的城镇化水平差距不断拉大。尽管随着西部大开发战略和中部崛起战略的实施，"十五"和"十一五"期间中部和西部地区城镇化水平年均增幅均超过 1 个百分点，2010 年城镇化水平分别达到 43.6% 和 41.4%，但与东部地区的差距分别扩大到 16.1 个百分点和 18.3 个百分点。

由此可见，当前中国各区域处在不同的城镇化阶段，要求全国所有区域保持相同的城镇化速度推进显然是脱离实际的（周一星，2006）。可以预见，中国四大区域由于发展阶段和条件的差异，未来城镇化推进速度和水平也将呈现不同的格局。总体上看，中国四大区域城镇化水平的差距将不断缩小，东部地区的城镇化速度将在未来几年内明显下降，东北地区的城镇化将继续平缓推进，中部和西部地区的城镇化速度将保持

在较高水平，成为中国推进城镇化的主战场。在此，我们以
1978～2010年中国四大区域的城镇化水平为依据，采用城乡
人口比增长率法对2015年、2020年、2030年、2040年和
2050年中国四大区域的城镇化趋势进行了预测。

首先，以珠三角和长三角为核心的东部地区重现了韩国和
日本的城镇化奇迹。1982～2000年，广东城镇化率年均提高
幅度超过2个百分点，浙江、江苏、上海分别在1.3、1.4、
1.5个百分点以上（周一星，2006）。但是，未来几年东部地
区城镇化速度肯定是要下降的。实际上，近年来长三角、珠三
角等东部发达地区城镇化已经出现减速的态势。预测结果表
明，东部地区将是最先基本完成城镇化的区域，到2020年、
2030年、2040年、2050年，东部地区城镇化率将分别达到
66.7%、73.0%、77.6%和81.7%（见图3-4）。

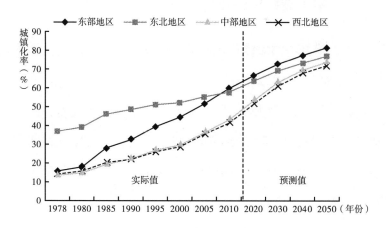

图3-4　中国四大区域城镇化演变及趋势预测

资料来源：根据魏后凯（2014）中有关数据绘制。

其次，东北地区城镇化将继续保持较平缓的增速，"十二五""十三五"期间城镇化率年均仅提高 0.6 个百分点，其后还将下降，2030 年后城镇化率年均提高仅约 0.39 个百分点。2020 年、2030 年、2040 年、2050 年东北地区城镇化率将分别达到 63.6%、69.2%、73.3% 和 77.0%。

最后，中西部地区城镇化仍将处于加速推进阶段。在"十二五"和"十三五"期间，中西部地区城镇化仍将保持年均提高 1 个百分点左右的速度高速推进，2020 年之后中西部地区城镇化率增速将高于东部和东北地区。2020 年、2030 年、2040 年、2050 年中部地区城镇化率将分别达到 53.5%、63.2%、69.9% 和 73.9%，西部地区将分别达到 51.4%、61.2%、68.0% 和 72.2%。

三　中国城镇化的目标

2013 年，中国城镇化水平为 53.73%，已经超过世界平均水平，并越过了城镇化率 50% 的拐点。这表明，当前中国已进入城镇化战略转型期，未来城镇化速度将逐步放慢，由加速推进向减速推进转变。未来推进城镇化建设，必须坚持速度与质量并重，把着力点放在全面提高城镇化质量上，实现更高质量的健康城镇化目标。

首先，中国城镇化水平的"天花板"和上限值为 85% 左右，预计在 2050 年前后达到。世界城镇化的经验告诉我们，城镇化水平不会无限制地提高，大部分国家和地区的城镇化水平最终都维持在 80% ~ 90%，一些特殊的国家和地区（如新加坡、摩纳哥）的城镇化水平可以达到 100%。中国作为世界上人口最多的国家，要达到 100% 的城镇化水平是不现实的。一是中国是人口大国，考虑到粮食安全和生存需要，必须有一部分人仍然从事农业生产，这是国家安全的必然要求；二是随着物质生活水平的提高，很多人仍然希望居住在农村，享受农村"山、水、林、湖、田"的田园风光；三是世界上还没有一个国土广袤、人口众多的国家实现完全城镇化，这是不符合世界城镇化规律的。我们认为，中国城镇化水平的饱和度为 85% 左右①，按照我们的预测，将会在 2050 年前后接近这个"天花板"，届时将基本完成城镇化，中国的城乡人口结构、土地结构、空间结构将逐步稳定下来。

其次，中国未来要实现更高质量的健康城镇化目标。具体来讲，一是城镇化速度保持适度。2013 ~ 2030 年，城镇化速度保持在 0.8 ~ 1.0 个百分点；2031 ~ 2050 年保持在 0.6 ~ 0.8

① 城镇化水平并非越高越好，考虑到保障国家粮食安全、居民居住意愿以及合理的城乡人口和空间比例，城镇化水平存在一个峰值或者饱和度。对中国而言，这个峰值可能在 85% 左右（魏后凯，2013c）。但也有研究认为，这个峰值在 70% 左右（国家人口和计划生育委员会流动人口服务管理司，2012）。

个百分点。二是市民化与城镇化同步。力争在 2025 年前基本解决农业转移人口市民化，实现市民化与城镇化同步推进。三是城镇化格局日趋合理。逐步形成分工明确、功能互补、等级有序的城镇体系和布局合理、集约高效、适度均衡的空间格局，实现大中小城市和小城镇协调发展。四是城镇可持续性全面提升。城镇特色不断凸显，城镇品质日益提高，大幅减少城镇化的资源环境代价，实现低消耗、低排放、高效率、可承载的可持续城镇化目标。五是新型城乡关系逐步形成。实现城乡要素自由流动、平等交换和公共资源均衡配置，形成"以城带乡、城乡一体"的新型城乡关系。

最后，中国已经制定了到 2020 年的新型城镇化指标体系。这一指标体系突出了以人为核心，强调以人为本和集约、智慧、绿色、低碳等新型城镇化的特征。按照《国家新型城镇化规划（2014—2020 年）》，到 2020 年，全国常住人口城镇化率达到 60% 左右，户籍人口城镇化率达到 45% 左右，百万以上人口城市公共交通占机动化出行比例达到 60%，城镇可再生能源消费比重达到 13%，城镇绿色建筑占新建建筑比重达到 50%，人均城市建设用地控制在 100 平方米以内（见表 3－2）。同时，国家还明确提出，到 2020 年要解决约 1 亿进城常住的农业转移人口落户城镇、约 1 亿人口的城镇棚户区和城中村改造、约 1 亿人口在中西部地区的城镇化。

表 3 - 2 国家新型城镇化主要指标

指　　标		2012 年	2020 年
城镇化水平	常住人口城镇化率(%)	52.6	60 左右
	户籍人口城镇化率(%)	35.3	45 左右
基本公共服务	农民工随迁子女接受义务教育比例(%)		≥99
	城镇失业人员、农民工、新成长劳动力免费接受基本职业技能培训覆盖率(%)		≥95
	城镇常住人口基本养老保险覆盖率(%)	66.9	≥90
	城镇常住人口基本医疗保险覆盖率(%)	95	98
	城镇常住人口保障性住房覆盖率(%)	12.5	≥23
基础设施	百万以上人口城市公共交通占机动化出行比例(%)	45 *	60
	城镇公共供水普及率(%)	81.7	90
	城市污水处理率(%)	87.3	95
	城市生活垃圾无害化处理率(%)	84.8	95
	城市家庭宽带接入能力(Mbps)	4	≥50
	城市社区综合服务设施覆盖率(%)	72.5	100
资源环境	人均城市建设用地(平方米)		≤100
	城镇可再生能源消费比重(%)	8.7	13
	城镇绿色建筑占新建建筑比重(%)	2	50
	城市建成区绿地率(%)	35.7	38.9
	地级以上城市空气质量达到国家标准的比例(%)	40.9	60

注：＊为 2011 年数据。
资料来源：《国家新型城镇化规划（2014—2020 年）》。

第三节　新型城镇化建设的重点任务

推进中国特色新型城镇化，必须从根本上改变过去那种重速度、轻质量的做法，坚持速度与质量并重，加快完全城镇化的进程，全面提高城镇化质量，把城镇化快速推进与质量提升有机结合起来，促使城镇化从单纯追求速度型向着力提升质量型转变，从不完全城镇化向完全城镇化转变（魏后凯，2011b）。具体来看，今后一段时期内中国推进城镇化的核心任务包括六个方面，即分阶段稳步推进农业转移人口市民化、提升城镇产业支撑能力和综合承载能力、降低城镇化推进的资源环境成本、优化城镇化的空间格局、加强城镇化管理以及创新城镇化的体制机制。

一　分阶段稳步推进农业转移人口市民化

快速推进农业转移人口市民化，解决不完全城镇化问题，是全面提高城镇化质量的关键。中共十八大报告明确指出要"有序推进农业转移人口市民化，努力实现城镇化基本公共服务常住人口全覆盖"；2013 年中央城镇化工作会议把"推进农业转移人口市民化"作为推进城镇化六大任务中的首要任务；《国家新型城镇化规划（2014—2020 年）》花了三个章节的篇幅专门论述了"有序推进农业转移人口市民化"的目标、任务和对策。推进中国特色新型城镇化，要按照"多层统筹、区域协调、分类指导、农民主体"的原则，分阶段积极推进农业转移人口的市民化进程，逐步让农业转移人口在社会保障、就业和转岗培训、公共服务、保障性住房、子女教育等方面享受市民同等待遇，实现"有信用、有保障、有岗位、有资产、有组织"的市民化目标。当前，要重点加快农业转移人口信息系统和信用体系建设，实行城乡平等的就业制度，建立城乡普惠的公共服务制度，推动形成城乡统一的社会保障、社会福利和户籍管理制度，尽快将农民工工伤保险、医疗保险、养老保险全部列入强制保险范围，并在住房、子女教育、卫生等领域加大向农业转移人口倾斜的力度，使广大农业转移人口能够和谐地融入城市、共享城镇化的利益和成果。同时，考虑到市民化的巨额成本，要把农村产权制度改革与农业转移人口市民化有机结合起来，建立由政府、企业、个人等共同参与的多元化成本分担机制，鼓励和推进让农民带资进城。

二 提升城镇产业支撑能力和综合承载能力

一方面，要实行工业驱动与服务业驱动并举，加快发展高端制造业和生态型高效都市产业，大力发展现代服务业和劳动密集型产业，推动制造业与服务业深度融合，强化城镇化的产业支撑，为城镇居民提供稳定充足的就业机会，实现充分就业和安居乐业目标。实行产业发展与人口集聚并举，以产业集聚带动人口集聚，以人口集聚确定城镇合理规模，构建"人产城"融合一体的新型发展格局。既要防止出现功能单一、缺乏产业支撑的"睡城"，形成"有城无业"现象；又要避免建设无人居住、缺乏人气的"空城""鬼城"，造成资源浪费。另一方面，要加快城镇交通、水电、通信、住宅及教育、科技、文化、卫生、体育、养老等基础设施建设，提高城镇尤其是中小城市和小城镇公共服务能力和水平，增强各级各类城镇对人口的设施承载能力。通过建立规范的投融资平台和多元化的投融资机制，积极引导外商投资和民间资本进入城镇基础设施和公共服务建设领域。加强对北京、上海等特大城市的"城市病"治理，建立完善区域大气污染联防联控机制，构建一体化的快速交通体系和安全监控体系，推动中心区人口、产业和功能向周边地区转移扩散，不断优化大都市区空间结构，提升其资源和环境承载能力。

三　减少资源环境的消耗代价，降低城镇化推进成本

当前，必须改变粗放型城镇化模式下重速度轻效益、重数量轻质量、重外延扩张轻内涵发展的状况，着力提高城镇化效率，推进以"低能耗、低污染、低排放"和"高效能、高效率、高效益"为基本特征的新型城镇化进程。一是尊重资源承载力和生态环境容量。城镇的人口规模和开发强度要与区域的综合承载能力相适应，其经济发展要以自然生态结构和正常功能不受损害及人类生存环境质量不下降为前提，避免和防止对资源的过度开发、低效开发和破坏性开发。二是加快产业结构转型升级，提高土地资源的利用效率。坚持以人为本的科学发展理念，把人的需要放在首位，按照生活、生态、生产的优先次序，合理确定城市的用地结构和比例，调控城市用

地的价格，并设置各类城市工业用地比重的最高限度。要逐步增加城市居住和生态用地的比例，严格执行城市工业用地招拍挂制度，不断提高工业用地效率。三是注重城镇化和经济发展的质量。按照减量化（Reduce）、再利用（Reuse）、再制造（Re-manufacture）和再循环（Recycle）的 4R 原则，积极推进城镇循环经济发展，努力提高资源综合利用效率，严格控制经济发展中的生态环境成本，同时推进城镇产业转型升级，调整优化城镇空间结构，提高综合经济效益，促进城镇经济效益、社会效益和生态环境效益的有机统一。

四　优化城镇化的规模格局和空间形态

当前，中国城镇规模结构和空间分布不合理，与资源环境承载能力不匹配，主要表现为城镇化进程中的两极化倾向比较严重，部分特大城市主城区人口压力偏大，中小城市集聚产业和人口不足，小城镇数量多、规模小、服务功能弱；城镇空间分布不均衡，城市人口过密或过疏日益严峻，产业集聚与人口分布不协同一致，东部一些城镇密集地区资源环境约束趋紧，中西部资源环境承载能力较强地区的城镇化潜力有待挖掘。推进中国特色新型城镇化，必须构建科学合理的城镇化规模格局，优化城镇化的空间形态。一方面，要制定科学的城市规模等级分类标准，巩固并发挥城市群的主体形态作用，优化发展大城市和特大城市，加快发展中小城市，继续有重点地支持小城镇发展，推动形成以城市群为主体形态，大中小城市和小城镇合理分工、协调发展、等级有序的城镇化规模格局，有效遏制城镇增长的两极化倾向。另一方面，要加快推进中西部地区城镇化进程，加强中西部地区产业体系建设，严格控制城镇化的空间增长红线，实行多中心网络开发战略，构建"四横四纵"的重点轴带体系，推动城镇化由空间集聚向空间均衡方向发展，形成城镇化与资源环境承载能力相匹配的空间格局。到 2030 年，逐步培育形成世界级、国家级和区域级三级城市群体系，使之成为吸纳农业转移人口的主要载体。同时，依托综合交通运输网络，以城市群为载体，以主要中心城市为节点，重点建设沿长江、陇海－兰新、沪昆、青西（青岛－西宁）等横向轴线和沿海、京广、京深、包南（包头－南宁）等纵向轴线，推动形成集约高效、适度均衡的"四横四纵"网络开发总体格局。

五　切实提高城镇现代化管理水平

中国城镇管理服务水平不高，"重城市建设、轻管理服务"的现象十分普遍，城市空间无序开发，人口过度集聚，交通拥堵，大气、水污染严重，公共安全事件频发，公共服务供给能力不足等问题日益凸显。推进中国特色新型城镇化，必须转变"重建轻管"的传统观念，提高城镇现代化管理水平。一是实现专业管理向综合管理转变。条块分割、各自为政、职责交叉、管理粗放、缺乏协调是当前中国城市管理面临的突出问题,传统的专业管理模式越来越难以适应错综复杂的城市巨系统管理问题(周干峙,2002;翟宝辉等,2011;宋刚、唐蔷,2007)。未来要加强城市综合管理,通过建立相应的综合管理部门和协调机制,实现城市管理子系统的良好运行,并保障城市管理子系统与城市系统总体发展目标的协同一致。二是实现集权式管理向参与式管理转变。要逐步改变政府"大包大揽"的管理模式,畅通城市管理部门同市民之间的沟通渠道,建立双向传递和交流机制,全面引导业主委员会、物业管理机构、驻区单位以及志愿者队伍等社会组织参与社区服务和社会管理,全面提高社会参与式管理水平。三是坚持日常管理与应急管理并重。一方面,要加强"骑车人的烦恼、打车难、残疾人出行难、公交站点问题、城管怎么管、停车难、停车收费乱"等与人民生活息息相关问题的日常管理;另一方面,要建立城市应急管理体系,加强城市避难场所、医疗卫生、应急物流和交通等应急基础设施建设,建立灾害监测和预警体系,完善突发公共事件应急预案和应急保障体系,确保城市应急管理体系对自然灾害、事故灾难、公共卫生事件和社会安全事件等突发事件起到预警、制约乃至根除的作用。四是大力推行网格化管理,提高城市管理效率。网格化管理模式是依托统一的城市管理以及数字化平台,将城市管理区域按照一定的标准划分为单元网格,实施主动式、闭环式、精细化和动态即时的现代城市管理模式。网格化管理能够降低城市管理成本，极大地提高城市管理效率，提高城市管理的民主化水平，规范城市管理行为，是提升城镇现代化管理水平的重要手段。

六　加强城镇化的体制机制创新

推进城镇化建设，必须破除城乡二元结构，打破条块分割，加快户籍、土地、就业、公共服务等综合配套改革步伐，建立完善城乡统一的户籍登记管理制度、土地管理制度、就业管理制度、公共服务制度和行政管理制度，全面推进基本公共服务均等化，实现城乡居民生活质量的等值化。要建立城乡统一的土地交易平台和建设用地市场，实现城乡建设用地"同地、同权、同价"。完善基本公共服务供给管理制度，提高教育医疗资源的可获得性和社会保险的参保率，推进惠及各类群体的保障性住房政策。尽快制定颁布科学合理的城市型政区设置标准，积极探索中国特色的市镇体制，建立符合社会发展要求的政区体系。

第四章

推进农业转移人口市民化

自改革开放以来，伴随着工业化和非农化的快速推进，大量农村人口从农业生产中转移出来，进入城镇工作、学习、生活和居住，使中国的城镇化水平快速提高。然而，由于户籍制度改革严重滞后，加上城乡分割的社会保障和公共服务制度，进入城镇的大量农业转移人口虽然被统计为城镇人口，但并没有与城镇居民享受同等的就业和福利待遇，市民化程度低，由此在过去长期形成的城乡二元结构未得到根本消除的情况下，又在城市内部产生了以农业转移人口和城镇居民为主体的新二元结构，严重影响了社会和谐发展和城镇化质量的提高。为尽快破解这种双重二元结构，中共十八大报告明确提出要"加快改革户籍制度，有序推进农业转移人口市民化，努力实现城镇基本公共服务常住人口全覆盖"；2013年中央经济工作会议又进一步提出，要把有序推进农业转移人口市民化作为重要任务抓实抓好；2013年年底中央城镇化工作会议将农业转移人口市民化作为城镇化的首要任务。在新形势下，如何采取有效的政策措施，有序推进农业转移人口市民化，已成为当前积极稳妥推进城镇化、着力提高城镇化质量的重点与难点所在。

第一节　农业转移人口市民化的界定与内涵

"农业转移人口市民化"最早出现在 2012 年年底中共十八大报告中，与"十二五"规划中提出的"稳步推进农业转移人口转为城镇居民"一脉相承。

要深刻理解农业转移人口市民化，首先需要明确农业转移人口的内涵。从广义来看，农业转移人口具有两方面的含义：一是指从农村转移到城镇的人口，二是指从农业转移到非农产业的人口。这两方面的含义既密切相关，又有所不同，但二者都以进城务工经商人员为主体。其中，农村转移到城镇的人口除了进城务工经商人员之外，还包括其随迁家属、城郊失地农民①以及因教育、婚嫁等其他原因进入城镇的农村人口；从农业转移到非农产业的人口除了进城务工经商人员之外，还包括经过其他途径进入城镇就业和在农村从事非农产业的人员。从狭义来看，农业转移人口主要是指在本地乡镇企业或进入城镇

① 指因城市建设承包地被征用、完全失去土地的农村人口。

从事非农产业的农业户口人口，它是对"农民工"概念的替代。自中央提出农业转移人口市民化之后，学术界的研究重点仍主要集中在进城外来农民工方面，如金三林（2013）、金中夏和熊鹭（2013）、张桂文（2013）等。相对于失地农民和本地农民工而言，外来农民工的市民化难度更大，而且外来农民工是农业转移人口的主体，因而我们把重点放在外来农民工上。

对农业转移人口市民化的界定，虽然不同学者的表述有所不同，但总体上差异不大。有人认为，农业转移人口市民化是指农业转移人口在实现职业转变的基础上，获得与城镇户籍居民均等一致的社会身份和权利，能公平公正地享受城镇公共资源和社会福利，全面参与政治、经济、社会和文化生活，实现经济立足、社会接纳、身份认同和文化交融（金三林，2013）。也有人认为，农业转移人口市民化是指农业转移人口在城市获得工作并最终获得城镇永久居住身份、平等享受城镇居民各项公共服务而成为城市市民的过程（金中夏、熊鹭，2013）。还有人认为，农业转移人口市民化，就是指农村人口在经历生产生活地域空间的转移、户籍身份的转换、综合素质的提升、市民价值观念的形成、职业与就业状态的转变、生活方式与行为习惯的转型后，真正融入城市生活，被城市居民所接受的过程和结果（邱鹏旭，2013）。

综合以上各种观点，我们认为农业转移人口市民化就是农业转移人口转变为市民的过程，也即变农民为市民的过程。具体而言，是指从农村转移到城镇的人口，在经历城乡迁移和职业转变的同时，获得城镇永久居住身份、平等享受城镇居民各项社会福利和政治权利成为城镇居民的过程。农业转移人口市民化并不仅仅意味着将农业户口改为城镇户口，而是包含着多方面的丰富内涵。它是农业转移人口在取得城镇户籍的基础上，在政治权利、劳动就业、社会保障、公共服务等方面享受城镇居民（市民）同等待遇，并在思想观念、社会认同、生活方式等方面逐步融入城市的过程。因此，实现农业转移人口市民化将是一个漫长的历史过程。其主要标志如下。

一是社会身份的转变。目前，大量进城农业转移人口虽然被统计为城镇常住人口，但其户籍依然是农业户口，"农民"的身份并没有改变。即使他们已经在城镇就业甚至居住，但仍然被以"农民工"相称，这一称呼带有明显歧视性质。因此，实现农业转移人口市民化，必须加快户籍制度改革，让进城农业转移人口逐步在城镇落户，使其获得城镇永久居住身份，成为城镇居民中的一员。

二是政治权利的平等。长期以来，中国城乡居民的政治权利是与户籍紧密挂钩的。目前，大量进城农业转移人口在城镇地区基本上没有选举权、被选举权、社区管理等权利，其与城镇居民在政治权利上严重不平等。实现农业转移人口市民化，就必须赋予农业转移人口与城镇居民同等的政治参与权，包括选举权、被选举权、参政议政、工会组织以及社区管理等权利。

三是公共服务全覆盖。当前，中国的公共服务和社会保障政策基本上是与户籍挂钩、城乡区域分割的，导致进城农业转移人口往往不能享有平等的公共服务和社会保障权益。实现农业转移人口市民化，就是要确保进城农业转移人口与城镇居民享受均等的就业、子女教育、医疗卫生、社会保险、住房保障、社会救助等方面的公共服务和社会保障权益，促进基本公共服务向城镇常住人口全覆盖转变，消除对农业转移人口在公共服务方面的歧视。

四是经济生活条件改善。农业转移人口受工作能力、教育水平、资本积累等方面限制，收入水平、生活质量等往往较低，在经济生活条件方面与城镇居民差距较大。实现农业转移人口市民化，就必须不断提高农业转移人口的收入水平，帮助其改善居住和生活条件，逐步缩小与城镇居民之间的差距，促进其生活和消费方式由农民向市民转变。只有实现这种生活方式的转变，才能促使农业转移人口真正融入城市生活。

五是综合文化素质提高。农业转移人口受教育程度低，职业培训欠缺，综合文化素质不高，与现代市民的要求具有较大的差距。这种文化素质差距不仅影响农业转移人口的职业选择，加大收入差距，影响城市归属感，而且使部分城镇居民对农业转移人口产生偏见。为此，要实现农业转移人口的市民化，需要帮助农业转移人口提高工作技能、文化教育水平等方面的综合素质。

六是广泛的社会认同。要把农业转移人口转变为市民，使其真正融入城市社会，还必须获得广泛的社会认同。一方面，进城农业转移人口对城市要有归属感，在心理和观念上实现自我认同，并把自己看成城市居民的一部分；另一方面，社会对农业转移人口的心理歧视和偏见逐步消除，使其在全社会得到广泛的他人认同。只有同时实现这种自我认同和他人认同，进城农业转移人口才能与城市原居民融为一体。

第二节　当前中国农业转移人口市民化状况

不同于欧美发达国家和地区，改革开放以来中国的人口城镇化与农业转移人口市民化基本上是分离的，或者说是不同步的，导致中国农业转移人口在快速向城镇地区集聚的同时，市民化进程严重滞后，进城农业转移人口与城镇原居民之间的矛盾加剧，城镇内部的新二元结构日益凸显。因此，对当前中国农业转移人口的增长状况和市民化进程进行客观分析和评估，是选择切实可行的市民化路径的重要前提和基础。

一　中国农业转移人口的增长状况

自改革开放以来，中国农业转移人口增长迅速，到2012

年，全国农民工总量已达 26261 万人，占全国总人口的
19.4%，占城镇常住人口的 36.9%。现阶段，中国农业人口
转移仍处于快速稳定增长阶段。总体来看，受中国宏观经济和
政策的影响，农业转移人口中外出农民工增长表现出明显的阶
段特征，大体可以分为 5 个阶段（见图 4 - 1）。

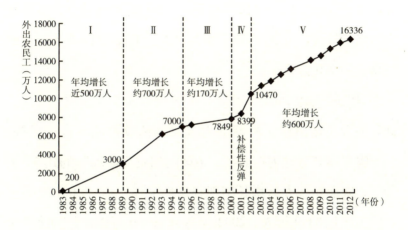

图 4 - 1　中国外出农民工增长阶段与趋势

资料来源：1983 年、1989 年和 1993 年数据源自国务院研究室课题组
（2006），1996 年、2006 年数据源自两次全国农业普查数据，2008 ~ 2011 年数
据源自国家统计局（2012），其余年份为国家统计局调查数据。

第一阶段为 20 世纪 80 年代的就近转移期。改革开放初
期，农村家庭联产承包责任制解放了大量农村劳动生产力，大
量农民进入乡镇企业务工，开创了"离土不离乡"的农村劳
动力转移模式，外出农民工从 1983 年的约 200 万人增长到
1989 年的 3000 万人，年均增长约 500 万人。

第二阶段为 20 世纪 90 年代前期的跨省转移期。随着沿海

地区经济快速发展创造了大量的就业机会，以及邓小平"南方谈话"以后中国向市场经济的快速转轨，农业转移人口大幅增加，至1995年外出农民工达7000万人，年均增长近700万人。

第三阶段为20世纪90年代后期的缓慢增长期。在农民进城务工、城镇新增劳动力就业、下岗失业人员再就业等城镇就业压力下，一些城市对招用农民工采取限制性措施，农业转移人口增幅放缓，到2000年全国外出农民工仅7849万人，年均仅增长约170万人。

第四阶段为2001~2002年的补偿性反弹期。在"十五"计划关于"取消对农村劳动力进入城镇就业的不合理限制，引导农村富余劳动力在城乡、地区间的有序流动"的政策①引导下，农业转移人口增长出现补偿性反弹，其中2001年外出农民工达到8399万人，2002年达到10470万人，分别比上年增长550万人和2071万人。

第五阶段为2003年以来的快速稳定增长期。在连续性政策的鼓励和引导下，农业人口转移进入稳步增长阶段，到

---

① 在国家"十五"计划纲要发布之前，2000年年初劳动部办公厅提出《关于做好农村富余劳动力流动就业工作的意见》，同年6月中共中央、国务院发布《关于促进小城镇健康发展的若干意见》，7月劳动部等部委和国务院发展研究中心发出《关于进一步开展农村劳动力开发就业试点工作的通知》，均提出要促进农业人口转移、取消农民进城就业的不合理限制，之后2001年年底国家计委要求在2002年2月底前取消面向农民工的七项收费，这些政策和规划共同促成了2001~2002年农业转移人口的补偿性增长。

2012 年外出农民工达 16336 万人，年均增长约 600 万人。自
2003 年农业人口转移进入稳步增长阶段以来，城镇中外来农
民工（按 95.6% 估算①）占城镇人口的比重基本稳定，平均约
为 21.5%，2012 年为 21.9%；城镇中外来农民工对城镇化率
的贡献以平均每年 0.37 个百分点的速度增长，从 2002 年的
7.8 个百分点提高到 2012 年的 11.5 个百分点。

二　农业转移人口市民化程度估算

从以往的研究来看，目前专门对中国农业转移人口市民化
程度的估算还很少。现有关于市民化程度的研究主要有王桂新
等（2008）、刘传江等（2009）、郧彦辉（2009）等对农民
（或农民工）市民化的评价指标体系的研究及相应的实证研
究，还有就是最近关于农业转移人口市民化内涵和标准的研究
（金三林，2013；等）。王桂新等（2008）以上海为例，分别
从居住条件、经济生活、社会关系、政治参与和心理认同 5 个
维度考察了农民工的市民化特征，结果发现农民工市民化程度
总体上已达到 54% 的水平，这一研究较为全面，但是忽略了
基本公共服务这一重要维度，数据为上海农民工的抽样调查数
据（1026 份），并不能代表中国整体的农民工市民化水平。刘

---

① 2009 年，全国外出农民工中有 95.6% 在城镇就业（国家统计局农村司，
2010）。

传江等（2009）从生存职业、社会身份、自身素质、意识行为四个方面建立指标体系，结果显示新生代农民工的市民化程度为45.53%，第一代农民工的市民化程度为42.03%，这一研究同样忽略了基本公共服务这一重要维度，数据为武汉市2005年的调查数据而且样本数量很小（第一代农民工有效样本为304个，第二代农民工有效样本为132个），缺乏代表性。郧彦辉（2009）从经济收入、人口素质、生活方式、行为取向及思维理念等方面构建了一个比较全面的指标体系，但并没有进行现状评价，而且也没有考虑到基本公共服务问题。相对而言，最近的研究对农业转移人口市民化的内涵和标准的界定更加全面（金三林，2013；等），但都没有建立相应的评价指标体系，也缺乏对中国农业转移人口市民化进程的总体评价。

除社会身份转变和社会认同外，我们从政治权利、公共服务、经济生活条件、综合文化素质四个方面出发，构建了农业转移人口市民化程度综合指数，用以评价农业转移人口在市民化各个方面与城镇居民（市民）的差距。首先选取相应的指标并运用专家打分法对相关指标赋权，构建农业转移人口市民化程度综合评价指标体系，同时选取相应的标准值，在计算每项指标差距的基础上，通过加权计算出农业转移人口市民化的实现程度。其中，每个指标的差距情况计算公式为：$p_i = x_i / X_i$，p_i 表示单个指标的差距情况，x_i 为实际值，X_i 为标准值。农业转移人口市民化程度综合指数计算公式为：$P = \sum_1^n p_i \times$

w_i，其中 P 表示农业转移人口市民化程度综合指数，w_i 表示指标权重。各个分项市民化程度的计算公式为：$P_j = \sum_{j1}^{jk} p_{ji} \times w_i / \sum_{j1}^{jk} w_i$，其中 P_j 表示第 j 分项市民化程度，p_{ji} 为第 j 分项第 i 个指标的状况，w_i 为第 i 个指标的权重，$\sum_{j1}^{jk} w_i$ 为第 j 分项总权重。

表 4 - 1 显示了综合指数的评价指标体系、相应权重及对 2011 年和 2012 年中国农业转移人口市民化程度的评价结果。总体来看，2012 年中国农业转移人口市民化程度综合指数为 39.63%，农业转移人口在公共服务、经济生活、文化素质等方面与城镇居民的差距基本与 2011 年的评价结果 39.56%（魏后凯、苏红键，2013）持平。

表 4 - 1   2012 年农业转移人口市民化程度综合评价

标准	指　标	2012 年进程				2011 年进程
		权重	标准值	数值 x_i	进程 p_i	
公共服务方面（44.49%）	1. 子女接受公办教育比重	10	1	40.08%	40.08%	39.20%
	2. 签订劳动合同比重	10	1	43.90%	43.90%	43.80%
	3. 城镇社会保险参与率					
	3.1 养老保险参与率	10	42.75%	14.30%	33.45%	33.82%
	3.2 工伤保险参与率	5	26.71%	24%	89.87%	92.19%
	3.3 医疗保险参与率	10	75.36%	16.90%	22.43%	24.38%
	3.4 失业保险参与率	2	21.39%	8.40%	39.27%	38.65%
	3.5 生育保险参与率	3	21.68%	6.10%	28.14%	27.86%
	4. 住房保障[a]					
经济生活方面（50.21%）	5. 月平均工资	10	3897 元	2290 元	58.76%	58.83%
	6. 自购住房或独立租赁比重	10	1	14.10%	14.10%	15.00%
	7. 人均月消费支出[b]	5	1862 元	1032 元	55.42%	55.42%

续表

标准	指标	2012 年进程				2011 年进程
		权重	标准值	数值 x_i	进程 p_i	
文化素质方面（38.30%）	8. 高中/中专及以上文化人口比重	5	50.00%	26.50%	53.00%	50.99%
	9. 大专及以上文化人口比重	10	25.20%	7.80%	30.95%	27.96%
	10. 工作技能水平[a]					
政治权利方面（37.20%）	11. 选举权与被选举权[a]					
	12. 参与社区管理[a]					
	13. 党团员参加党团组织活动比重[b]	10	1	37.2%	37.20%	37.20%
农业转移人口市民化程度综合指数（$\sum_1^n p_i \times w_i$）		39.63%				39.56%

注：（1）a 为数据缺乏。（2）b 为缺乏新数据，维持原有进程的指标。（3）标准值以 2012 年城镇居民相关指标的平均值为标准，其中：城镇社会保险参与率标准值为各类社会保险参保人数与城镇人口之比；月平均工资和人均月消费支出的标准值为城镇单位就业人员平均工资和平均每人现金消费支出；高中/中专及以上文化人口比重和大专及以上文化人口比重标准值分别为城镇就业人员中高中及以上文化人口比重合计和城镇就业人员中大专及以上文化人口比重合计。

资料来源：根据 2012～2013 年《中国统计年鉴》、2012～2013 年《中国人口和就业统计年鉴》、2011 年和 2012 年全国农民工监测调查报告计算。

在 2011 年评价中，部分指标如党团员中参加党团组织活动比重等来自典型调查数据。由于最新数据的缺乏，我们将这些指标剔除，侧重从公共服务、经济生活、文化素质三个方面来进行综合评价，每个指标的权重不变，按 100% 折算出总体进程。数据结果显示（见表 4-2），2009～2011 年，中国农业转移人口市民化的进程按照每年 1.5 个百分点的速度推进；2012 年，三个方面可得数据的相关指标总体进程止步不前，降低了 0.47 个百分点。

表 4－2　2009～2012 年部分市民化指标进程

单位：%

指标		进程			
		2009 年	2010 年	2011 年	2012 年
公共服务	1. 子女接受公办教育比重	—	—	39.2	40.08
	2. 签订劳动合同比重	42.80	42.00	43.80	43.90
	3. 城镇社会保险参与率				
	3.1 养老保险参与率	20.82	24.75	33.82	33.45
	3.2 工伤保险参与率	94.42	99.88	92.13	89.87
	3.3 医疗保险参与率	19.60	22.14	24.37	22.43
	3.4 失业保险参与率	19.79	24.54	38.60	39.27
	3.5 生育保险参与率	13.64	15.75	27.85	28.14
经济生活	4. 月平均工资	52.74	55.50	58.83	58.76
	5. 独立租赁或自购住房比重	17.90	16.90	15.00	14.10
文化素质	6. 高中/中专及以上文化人口比重	63.69	59.63	51.00	53.00
	7. 大专及以上文化人口比重	—	—	27.96	30.95
总体进程		37.07	38.57	40.53	40.06

　　注：由于 2009 年和 2010 年的农民工子女接受公办教育和大专及以上文化人口比重缺乏，考虑可比性，该表中总体进程的评价采用第 2 至第 6 项指标加权，每个指标的权重不变，按 100% 折算出总体进程。

　　资料来源：根据 2012～2013 年《中国统计年鉴》、2012～2013 年《中国人口和就业统计年鉴》、2009～2012 年《全国农民工监测调查报告》计算。

　　第一，农业转移人口享受基本公共服务权利的比重较小。从农业转移人口子女教育、就业、医疗、社会保险等方面的指标来看，2012 年农业转移人口在公共服务方面享受的权益平均仅为城镇居民的 44.49%，比 2011 年的 45.20% 降低了 0.71 个百分点。在子女教育方面，随着 2003 年国务院颁布《关于进一步做好进城务工就业农民子女义务教育工作的意见》，外出农民工随迁子女在输入地全日制公办学校上学的比重 2012

年达到80.15%，但考虑到有50%左右的留守儿童在老家接受教育，农民工子女在输入地接受公办教育的比重大体为40.08%。在就业方面，根据国家统计局（2013）的调查数据，2012年外出受雇农民工与雇主或单位签订劳动合同的比重为43.90%，比2011年提高0.1个百分点。在社会保险方面，2003年出台的《工伤保险条例》使农民工的工伤保险参保率较高，2012年为24%，与城镇人口工伤保险参与率标准值（26.71%）非常接近，但在养老和医疗保险方面的差距较大；2012年，外出农民工养老保险、医疗保险、失业保险、生育保险的参与率分别为14.3%、16.9%、8.4%、6.1%，而同期城镇人口的参保率分别为42.75%、75.36%、21.39%、21.68%。如果将外出农民工的参保比例与城镇就业人员的参保比重进行比较的话，相应的市民化实现程度要降低3～4个百分点。

第二，农业转移人口的经济生活条件仅为城镇居民平均水平的一半。从农业转移人口月平均工资、居住状况、人均消费支出等指标来看，2012年，衡量农业转移人口经济生活条件的指数为50.21%，比2011年降低0.56个百分点，为城镇居民平均水平的一半。根据国家统计局（2013）的调查数据，2012年外出农民工月平均收入为2290元，仅相当于城镇单位就业人员月平均工资的58.76%。外出农民工中独立租赁或自购住房方面，该比重表现出逐年下降的趋势，从2009年的

17.9％降低到 2012 年的 14.10％，其中独立租赁的占 13.5％，自购住房的仅 0.6％，大部分人居住在雇主或单位提供的集体宿舍（32.3％）、工地或工棚（10.4％）、生产经营场所（6.1％）以及与他人合租住房（19.7％）。人均消费支出方面，由于缺乏新的数据，按照 2011 年的进程进行推算。

第三，农业转移人口的综合文化素质和工作技能较低。这里主要以不同学历人口比重来衡量文化素质，结果表明以受教育程度衡量的农业转移人口的综合文化素质仅为城镇居民平均水平的 38.30％，比 2011 年的 35.63％ 有所提高。2012 年，外出农民工中高中/中专及以上文化人口比重为 26.5％，同期城镇就业人口中该类人口比重为 50.0％；外出农民工中大专及以上文化人口比重为 7.8％，同期城镇就业人口中该类人口比重为 25.2％。另外，2012 年，农民工中接受过农业技术培训的约 10.7％，接受过非农职业技能培训的约 25.6％。

第四，农业转移人口的政治参与水平很低。考虑到在户籍制度约束下，农业转移人口在选举权、被选举权和社会管理等方面基本没有参与机会，根据数据的可获得性，选取"党团员中参加党团组织活动比重"作为衡量农业转移人口政治参与水平的参考指标。根据国务院发展研究中心课题组（2011）的调查数据，"党团员中参加党团组织活动比重"约为 37.20％。

三 对中国不完全城镇化率的估算

城镇化的实质就是变农民为市民也即市民化的过程。在中国，由于户籍制度等的限制，市民通常是指在城镇居住且拥有本地非农业户口的城镇居民。拥有城镇户口、居住在城镇、从事非农就业是确定市民的三个重要标准。长期以来，中国户籍制度将居民分为农业户口和非农业户口，非农业户口人口能享受城镇诸多权利和福利待遇，而进城农业转移人口虽然被统计为城镇常住人口，但目前并不能完全享受市民待遇。因此，在资料可得的情况下，大体可以用本地城镇非农业户口人口占总人口比重来度量城镇化率中已完全实现市民化的部分。全国第六次人口普查资料显示，截至 2010 年年底，城镇中的本地非农业户口人口大约 3.56 亿人，城镇非农业户口人口占总人口的比重仅为 27.0%，低于当年城镇常住人口比重 23 个百分点（见表 4-3 和图 4-2）。

分地区来看，城镇非农业户口人口比重最高的地区是东北地区，为 45.5%，其中辽宁、黑龙江、吉林分别为 47.6%、45.4%、42.2%，分别居全国第 4~6 位，仅次于东部地区的 3 个直辖市；东部地区城镇非农业户口人口比重为 28.3%，其中上海、北京和天津分别居第 1~3 位，分别为 59.3%、59.0% 和 49.0%，其他省份均较低。中西部地区城镇非农业户口人口比重最低，分别只有 23.3% 和 23.2%，西藏、云南、

表 4 - 3 2010 年各地区城镇常住人口比重与非农业户口人口比重比较

地　　区	城镇常住人口比重（％）	城镇非农业户口人口比重（％）	差值（百分点）	地　　区	城镇常住人口比重（％）	城镇非农业户口人口比重（％）	差值（百分点）
全　　国	50.0	27.0	23.0	重　　庆	53.0	32.0	21.0
东　　部	59.7	28.3	31.4	内 蒙 古	55.5	34.6	20.9
东　　北	57.7	45.5	12.2	湖　　北	49.7	28.9	20.7
中　　部	43.5	23.3	20.2	云　　南	34.7	14.1	20.7
西　　部	41.4	23.2	18.2	山　　西	48.0	27.8	20.3
广　　东	66.2	27.5	38.7	安　　徽	43.0	23.0	20.0
浙　　江	61.7	23.2	38.5	河　　南	38.5	18.6	19.9
福　　建	57.3	20.8	36.6	江　　西	43.7	24.4	19.3
天　　津	79.4	49.0	30.4	青　　海	44.7	26.4	18.3
上　　海	89.3	59.3	29.9	贵　　州	33.8	16.6	17.1
江　　苏	60.2	31.4	28.9	宁　　夏	48.0	31.2	16.7
山　　东	49.7	22.3	27.4	四　　川	40.2	24.6	15.7
北　　京	85.9	59.0	26.9	辽　　宁	62.1	47.6	14.5
河　　北	43.9	19.8	24.2	甘　　肃	35.9	23.0	13.0
海　　南	49.7	27.0	22.7	新　　疆	42.8	31.1	11.7
广　　西	40.0	17.6	22.4	吉　　林	53.4	42.2	11.2
湖　　南	43.3	22.0	21.3	西　　藏	22.7	11.9	10.8
陕　　西	45.7	24.6	21.1	黑 龙 江	55.8	45.4	10.3

　　注：城镇常住人口比重根据《中国 2010 年人口普查资料》表 1 - 2、表 1 - 2a、表 1 - 2b 相关数据计算；城镇非农业户口人口比重根据《中国 2010 年人口普查资料》表 1 - 5、表 1 - 5a、表 1 - 5b 相关数据计算。表中的城镇非农业户口人口系按被登记人户口簿上常住人口的非农业性质划分，包括其他地区流入的非农业户口人口。由于非农业户口在流动人口中只占 20% 左右，加上这些外来非农业户口人口已经在其他城镇享受了相关权益，在后面分析中我们忽略了这种差异。

贵州、广西和河南则是最低的 5 个省份，其中有 4 个省份位于西部地区。

　　一般来说，没有实现市民化的城镇化是一种不完全的城镇化。可以把城镇常住人口比重与城镇非农业户口人口比重的差

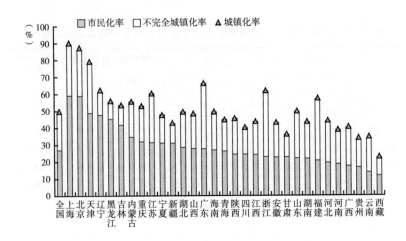

图 4 - 2　2010 年各地区市民化率与城镇化率情况

资料来源：根据《中国 2010 年人口普查资料》计算与绘制。

值称为不完全城镇化率，即未完全实现市民化的城镇常住人口
占总人口的比重。2010 年，中国不完全城镇化率大约为 23%。
分地区来看，东部地区不完全城镇化率最高，达 31.4%，东
部地区所有 10 个省份恰好居全国前 10 位，其农业转移人口市
民化任务艰巨；中部和西部地区分别为 20.2% 和 18.2%，东
北地区不完全城镇化率最低，只有 12.2%，新疆、西藏、甘
肃等西部省份及东北三省较低。

采用户籍人口城镇化率进行估算要更为准确一些。2012
年，中国户籍人口城镇化率为 35.29%，比常住人口城镇化率
低 17.28 个百分点。这二者之间的差额大约有 2.34 亿人。显
然，这些没有城镇户籍的城镇常住人口或者统计在城镇常住人
口中的农业转移人口，绝大部分都没有完全实现市民化。根据

前面的估算，如果按城镇常住人口中的农业转移人口市民化程度平均为 40% 推算，2012 年中国真实的完全城镇化率只有42.2%[1]，比国家统计局公布的常住人口城镇化率低 10.4 个百分点。其差额部分就是完全没有市民化的城镇常住农业转移人口，折算起来全国大约有 1.41 亿人。

第三节　农业转移人口市民化面临的障碍

当前，有序推进农业转移人口市民化，主要面临着成本障碍、制度障碍、能力障碍、文化障碍、社会排斥和承载力约束六个方面的障碍。

一　成本障碍

农业转移人口市民化的成本主要是指农业转移人口到城镇定居生活并获得相应福利待遇和均等化公共服务等所需进行的各种经济投入。从投入来源看，一般可分为公共成本（政府成本）、个人成本和企业成本三部分。其中，公共成本主要是政府为农业转移人口提供各项公共服务，社会保障和基础设施新、扩建等而需要增加的财政支出。个人成本主要指农业转移人口及其家庭在城镇定居所需支付的生活费用和发展费用。在

---

[1]　$35.29\% + 17.28\% \times 40\% = 42.2\%$。

企业方面，根据国家劳动合同法规定，企业必须为所聘员工提供必要的劳动条件、劳动保护、福利报酬，并依法为劳动者缴纳社会保险。公共成本和个人成本是农业转移人口市民化的主要成本障碍。据测算，在中国东、中、西部地区的城镇，农民工市民化的人均公共成本分别为 17.6 万元、10.4 万元和 10.6 万元，全国平均约为 13 万元，其中需要在短期内集中投入的约 2.6 万元，另加每年约 2400 元的投入；人均个人支出成本分别为每年 2.0 万元、1.5 万元和 1.6 万元，全国平均约为每年 1.8 万元；除此之外，绝大多数农民工还需要集中支付一笔购房成本，在东、中、西部城镇这笔费用平均分别为每人 12.6 万元、8.4 万元和 9.1 万元，全国平均约为每人 10 万元，约合每户 30 万元（单菁菁，2013）。

较高的市民化成本不仅给政府带来一定的财政压力，而且给大部分农业转移人口带来难以承受的经济压力，严重阻碍了市民化进程。对政府来说，虽然一次性投入的人均成本并不算高，但考虑到农业转移人口总量大，再加上持续性投入问题，必然降低地方政府推进市民化的积极性，尤其是在一些大城市地区。就当前约 2.4 亿存量农业转移人口来说，政府共需集中投入约 6.2 万亿元（未考虑市民化意愿等因素），略高于 2012 年全国公共财政收入的一半，除此之外每年还需支付约 0.6 万亿元的持续性投入，考虑到巨大的公共成本总量，市民化问题对政府而言只能长期谋划、逐步解决。就个人而言，大部分农业转移人口的收入并不足以支付市民化之后的生存和发展成本。2011 年，外出农民工年均收入约为 2.5 万元，考虑抚养比（34.4%）之后仅仅勉强维持每年 1.8 万元的人均个人支出成本，这样的话，对于大部分农业转移人口来说，将很难承受年均支出成本之外的购房成本。

二 制度障碍

自"十五"计划提出"打破城乡分割体制"以来，国家出台了一系列促进农业转移人口在城镇就业和居住的政策，但由于制度变革涉及较大的成本和利益问题，农民工进城就业并享受市民待遇的政策支持体系依然没有建立，农业转移人口市民化的制度障碍依然根深蒂固，主要体现在户籍制度及其附属的公共服务和社会保障、土地制度等方面。

1. 现行户籍及其附属社会福利政策对市民化的障碍

城乡二元的户籍制度及其附属的社会福利制度是横在农业转移人口和市民身份之间的根本制度障碍。虽然国家出台了一系列推进户籍制度改革的政策，并开展了城乡统筹试点工作，但户籍制度改革一直缺乏实质性进展。户籍制度改革之所以举步维艰，主要是户籍背后隐含着各种公共服务和社会福利，实现市民化后无差别的社会福利待遇将给地方政府带来较大的财政压力。即使目前大部分省份已经统一城乡户籍，但原城乡人口在最低生活保障、保障性住房、社会保险、退伍兵安置、交通事故赔偿等方面的待遇差别依然存在。

以北京市为例，城乡居民在低保、社会保险、交通事故赔偿标准等方面均存在较大的差距，在子女教育方面也存在着资源分布不均导致的不公平性（见表4-4）。①在城乡低保方面，2014年起，北京市城镇户籍居民低保标准为650元/月，农村户籍居民为560元/月，正在争取统一城乡低保，非北京市户籍常住人口不能享受城镇低保；②居民社会保险方面，

表4-4　北京市城乡居民、非本市居民享受权益比较

主要指标		本市城镇户籍	本市农村户籍	外埠城镇户籍	外埠农村户籍
城乡低保标准(元/月)		650	560	—	—
居民社会保险(元/月)	养老保险	城乡居民养老保险(统一)			
	医疗保险	城镇居民基本医疗保险	"新农合"		
城镇职工社会保险(元/月)	"五险"	缴费标准基本一致			
	住房公积金	336	—	—	—
保障性住房	经济适用住房	收入条件	—	—	—
	限价商品住房	收入条件	征地拆迁农民	—	—
	廉租住房	收入条件	—	—	—
	公共租赁住房	收入条件	征地拆迁农民	符合一定条件	—
子女义务教育		免试,按户籍或居住地就近入学		提供相关证明就近入学	
交通事故死亡、伤残赔偿标准值(元)		40321	18337	提供北京市居住证明,可按北京市居民标准赔偿	
义务兵优待金(元)		25000	25000		

注：城乡低保标准根据北京市民政局相关规定（2014年1月起开始实施）整理；社会保险（五险一金）最低缴纳标准根据北京市人力资源和社会保障局关于2013年北京市城镇职工社保缴费比例及缴费基数整理；保障性住房政策根据"首都之窗"北京市政府门户网站《北京市保障性住房政策指南》整理；子女义务教育规定根据《北京市教育委员会关于2013年义务教育阶段入学工作的意见》（京教基二〔2013〕9号）整理；交通事故死亡、伤残赔偿标准城乡居民分别按照北京市上一年度城镇居民人均可支配收入或者农村居民人均纯收入标准，分别为上一年度城镇居民人均可支配收入、农村居民人均纯收入；义务兵优待金标准根据《关于调整部分优抚对象抚恤补助标准和义务兵优待金标准的通知》（京民优发〔2014〕15号）（2013年夏秋季征兵开始执行）整理。

北京市已经在"新农保"制度的基础上，建立了城乡居民养老保险制度，实现了缴费与待遇的城乡一致，但医疗保险方面存在城镇居民医疗保险和"新农合"的区别，"新农合"的个人缴费更低、补贴更多、待遇更好；③城镇职工社会保险方面，北京本市与外埠户籍职工在养老、医疗、工伤等方面单位和个人每月缴纳的最低标准基本一致，但只有本市城镇户籍职工才法定缴存住房公积金，而本市农村户籍和外埠户籍人口属于选择性缴存住房公积金，外埠户籍人口选择性缴存生育保险；④保障性住房方面，基本只对本市城镇户籍居民开放，限价房和公租房对符合条件的征地拆迁农民开放，只有公共租赁住房向符合条件的非本市户籍常住人口开放①；⑤子女义务教育方面，北京本市户籍居民为免试就近入学，外埠户籍居民需要开具相应的证明②，但往往手续繁杂；⑥交

---

① 指外省份来京连续稳定工作一定年限，具有完全民事行为能力，家庭收入符合规定标准，能够提供同期暂住证明、缴存住房公积金证明或社会保险证明，本人及家庭成员在北京市均无住房的人员。产业园区公共租赁住房主要用于解决引进人才和园区就业人员住房困难。

② 根据《北京市教育委员会关于2013年义务教育阶段入学工作的意见》，非本市户籍的适龄儿童、少年，因父母或其他法定监护人在本市工作或者居住需要在本市接受义务教育的，由其父母或其他法定监护人持本人在京暂住证、在京实际住所居住证明、在京务工就业证明、户口所在地乡镇政府出具的在当地没有监护条件的证明、全家户口簿等证明，证件，经居住地所在街道办事处或者乡镇人民政府审核确认后，到居住地所在区县教委确定的学校联系就读；学校接收有困难的，可申请居住地所在区县教委协调解决。

通事故赔偿方面，本市城乡居民根据城乡各自的人均收入标准计算赔偿额，外埠居民需要提供相应的常住地证明再确定相应的标准；⑦义务兵优待金方面，北京市于2008年开始实施城乡统一的优待金标准，但还有很多地区并没有统一。

2. 现行土地制度对市民化的障碍

土地制度也是阻碍农业转移人口市民化的重要制度障碍。第一，从征地补偿标准来看，现有征地补偿标准较低，土地补偿款难以弥补市民化成本，低价征地高价出售又抬高了房地产价格，增加了农业转移人口的居住成本。第二，从农村集体土地流转来看，对农村集体土地流转的限制，不仅使农业转移人口无法获得土地及房产的增值收益，不能为其定居城市提供财力支持，还导致农村土地资源的严重浪费。第三，现阶段中国许多地区实行的"土地换社保、宅基地换房产"改革难以得到农民的积极配合。随着土地增值潜力的不断增长，农业转移人口放弃土地获得市民身份的机会成本越来越高。据国务院发展研究中心课题组（2011）的调查，73%的农民工希望进城定居后能保留承包地，67%的农民工希望能保留宅基地。第四，当前城镇建设用地增加与农村建设用地减少相挂钩的政策，没有与吸纳农业转移人口的数量结合起来，造成人口输入地与输出地之间人口与土地资源配置的严重失衡（张桂文，2013）。

三　能力障碍

农业转移人口市民化的能力障碍主要体现在，农业转移人口往往缺乏职业技能培训，工作技能相对不足，限制了他们所能从事的职业和工种，工资收入较低难以负担在城镇定居的成本，也很难满足部分城市积分入户的条件。

农业转移人口综合能力较低主要有两方面原因：一是受教育程度较低。据国家统计局（2012）调查，2011年外出农民工中，初中及以下学历的占74.5%。二是缺乏工作技能培训。2011年，既没有参加农业技术培训又没有参加非农职业技能培训的农民工占68.8%（国家统计局，2012）。特别是，长期以来农民工就业主要集中在制造业、建筑业和传统服务业中的无技术或半技术工种，有的甚至被称为"世界工厂里无法标准化的'机器'"（《南方都市报》特别报道组，2012），这些工种的技术要求较低、工作岗位培训不足，从而导致农民工在职业选择、职业技能提升等方面陷入恶性循环——职业选择狭隘导致职业技能提升机会缺乏，而职业技能较低又导致职业选择的狭隘。

这种能力的缺乏对市民化的障碍主要表现在两个方面：一是长期从事传统行业，工作技能较低，导致农业转移人口收入较低，难以承受较高的城镇定居、生活和发展成本。2011年，全国外出农民工月平均收入不到城镇单位就业人员的60%；

农民工家庭人均工资收入为 10508 元, 仅相当于城镇居民人均消费支出的 69%。由于工资水平低, 农民工难以承担举家定居城市的生活成本, 不得不让老、妇、幼留守农村, 形成规模庞大的留守老人、留守妇女、留守儿童。二是受教育程度和工作技能较低, 使大部分农业转移人口被挡在"积分入户"的门槛之外。例如, 广东省是最早开展积分入户的省份, 到 2011 年, 广州、深圳、珠海、东莞、中山等城市先后开展了积分入户工作。在广州,"文化程度及技能"方面的评分, 博士、硕士、大学本科分别被记为 100 分、90 分、80 分, 而初中、高中毕业学历分别仅被记为 5 分和 20 分; 深圳积分入户的最低教育程度为高中学历, 相应的积分与广州类似。由于受教育水平和工作技能等方面的限制, 农业转移人口能够达到合格线的很少。2010 年, 深圳市能够达到 100 分合格线的农业户籍农民工仅占合格总人数的 14% (《南方都市报》特别报道组, 2012)。

四 文化障碍

由于中国长期处于城乡隔离状态, 在断裂的社会中, 城乡之间已经越来越具有两个时代或两个文明的含义, 这种差异突出地表现在社会两部分居民受教育的程度甚至价值观和文明程度上 (阿马蒂亚·森、王燕燕, 2005; 李贵成, 2013)。这种城乡割裂的文化, 形成了农业转移人口市民化的文化障碍。具体体现在以下两个方面。

一是农业转移人口对缺乏城市生活的适应性与归属感。从生活适应性来看，农业转移人口在农村出生、成长，形成了农民特有且根深蒂固的生活方式和价值观念，这种文化影响的持久性和稳固性使农民进城后往往会产生不适应。从城市归属感的角度来看，农业转移人口大多缺乏对城市居民的群体归属感。文化与行为方式的不同、经济生活差距以及部分城镇居民的偏见等是造成其城市归属感缺失的重要原因，它们导致农业转移人口与城市原居民两大群体间存在隔阂、疏离，甚至摩擦和冲突，形成城市内部的新二元结构。据一项关于农民工自我身份界定的调查，选择"城市市民"的人数只有19.31%，选择"农民"的人数占57.93%，选择"边缘人"的人数占22.51%（梅建明，2006）。对广州、深圳、东莞等地新生代农民工的调查则表明，63%的外来务工人员不同程度的存在"我不属于这里"的感觉（张丽艳、陈余婷，2012）。

二是部分城镇居民对农业转移人口的偏见。这种偏见主要源自长期以来的城乡二元制度，这种二元制度使部分城市居民形成了城市中心主义的心理优越感。具体表现为：部分城镇居民对农民工怀有偏见，刻板地将他们视为"外地人""乡巴佬"，认为他们素质低下，"小农意识"强烈，不属于现代化发展的城市，在思想和行为上都表现出排斥性（李贵成，

2013）；个别农民工的扰民、违法犯罪、不遵守社会公德等行为，导致部分城镇居民对农民工整体产生偏见。

五 社会排斥

城镇居民对新进入者的社会排斥也是农业转移人口市民化的重要障碍。社会排斥概念源自 20 世纪六七十年代法国对贫困问题和社会不平等的研究。所谓"社会排斥"，原先是指大民族完全或部分排斥少数民族的种族歧视和种族偏见，这种偏见和歧视建立在一个社会有意达成的政策基础上——"主导群体已经握有社会权力，不愿意别人分享之"（唐钧，2009）。当前，城镇对农业转移人口的社会排斥主要表现为显性的制度排斥和隐性的观念排斥。前者主要体现为在户籍、就业、教育、医疗、社会保障等方面对农业转移人口的歧视；后者则表现为在思想观念、社会认同等方面对农业转移人口的偏见和不公。在中国城镇化进程中，各种形式的城市进入门槛实际就是一种典型的社会排斥。尤其是，各城市在接受农业转移劳动力的同时，却排斥作为社会成员的外来人口享受城市的各种权益。不少地方户籍制度改革以人才为中心展开，采取"选拔式"方式，仅允许少数"高端人才"和有贡献的外来务工人员落户，有的甚至设置诸多不公平的严苛标准，要"人手"不要"人口"。这实际上是一种狭隘的地区主义。

六　承载力约束

农业转移人口市民化还面临着城市承载力约束的障碍。由于资源配置的行政化倾向，加上公共服务、就业机会和工资水平的悬殊差异，中国城镇化进程中的农业转移人口高度集中在大中城市。据国家人口和计划生育委员会流动人口服务管理司（2012）的数据，全国吸纳流动人口较多的 50 个城市，集聚了 60% 以上的流动人口。农业转移人口向大中城市高度集聚，导致城市规模结构出现严重失调。特别是，在北京、上海、广州等巨型城市，人口的大规模集聚与城市有限的承载力之间的矛盾日益凸显。以首都北京为例，其人口增长一直处于急剧膨胀状态。从北京前几次总体规划来看，北京市常住人口规模往往很快超过规划控制目标。1983 年规划至 2000 年控制在 1000 万人，1986 年达到 1000 万人；1990 年规划至 2010 年控制在 1250 万人左右，实际上 2000 年已经达到 1382 万人；2005 年规划至 2020 年控制在 1800 万人，2010 年就已超过。虽然北京市采取多种措施控制人口增长，但北京常住人口总量一直以每年 50 万人左右的速度持续增长，交通拥堵、空气污染、水资源短缺等问题日益严峻。对北京市承载力的研究结果表明，北京市承载力在 1800 万人以内，目前的人口规模基本处于超载、不可持续状态（冯海燕等，2006；童玉芬，2010；石敏俊等，2013）。

据此，近年来北京市通过严格行政管理手段控制人口规模，主要体现在严格的户籍政策、购房购车限制等方面，这些限制政策严重阻碍了北京市近 800 万外来人口的市民化进程。其他特大城市也开始根据"合理承载量"制定相应的人口政策，设置并提高"城市门槛"，有选择地吸纳农业转移人口。事实上，城市承载力并非是绝对不变的，它是随着经济转型、产业升级、技术进步、交通条件和空间结构改善而不断变化的。诚然，城市人口规模不能无限制膨胀，其发展受到资源环境承载力和基础设施容量的约束。但是，从公民权益平等的角度看，我们也不能以此为由把城市承载力不足作为阻碍市民化的借口。

第四节　中国需要市民化的农业转移人口估算

按照国家统计局的统计口径，城镇人口是指居住在城镇包括城区和镇区半年以上的常住人口。由于现有城镇人口中包含大量没有完全市民化的农业转移人口，因此中国的城镇化是一种典型的不完全城镇化，或者说是"半城镇化"。要实现这种不完全城镇化向完全城镇化的转型，切实提高城镇化质量，关键是有序推进农业转移人口的市民化进程。在研究提出推进市民化的总体思路之前，首先必须对中国需要市民化的农业转移人口数量做出准确的估计。未来中国需要市民化的农业转移人口，既包括现有常住在城镇但还没有完全实现市民化的农业转移人口，又包括未来随着城镇化推进新增加的农业转移人口。前者为存量部分，后者为增量部分。

一　需要市民化的农业转移人口存量估算

需要实现市民化的农业转移人口存量，可以采取不同的方法进行估算。

一是按农民工总量估算。2011 年，全国农民工总量为 25278 万人，其中外出农民工为 15863 万人，本地农民工为 9415 万人（国家统计局，2012）；2012 年，全国农民工总量为 26261 万人，其中外出农民工为 16336 万人，本地农民工为 9925 万人。在外出农民工中，有 95.6% 是在各级城市和建制镇就业（国家统计局农村司，2010）。这些外出农民工定居城镇意愿强烈，在即使不放开户口的情况下，79.5% 的农民工都选择留在城镇（国务院发展研究中心课题组，2011）。如果按照外出农民工 95% 在城镇就业，80% 希望留在（定居）城镇，并假定本地农民工 40% 在镇区就业或希望在镇区居住，那么需要市民化的农民工总量，2011 年约为 1.58 亿人，2012 年约为 1.64 亿人。这还不包括农民工的家属。事实上，在现有统计的城镇人口中，农民工及其家属约占 27.5%。据此推算，2011 年约为 1.90 亿人，2012 年约为 1.96 亿人。其中，有相当部分没有完全市民化。

二是按流动人口总量估算。2011 年，全国流动人口总量为 2.30 亿人，2012 年达到 2.36 亿人。根据 2011 年流动人口动态监测调查，在全部流动人口中，农业户口的占 85.9%，非农业户口的占 13.7%，其余户口待定（国家人口和计划生育委员会流动人口服务管理司，2012）。按照 85% 的农业户口和 80% 的城镇定居意愿估算，2011 年全国需要市民化的农业转移人口约为 1.56 亿人，2012 年约为 1.60 亿人。

三是按城镇农业户口人口估算。由于户籍制度改革严重滞后，中国现有的城镇人口统计中包含有大量的农业户口人口。按照第六次全国人口普查数据，2010 年在全国市镇总人口中，农业户口人口所占比重高达 46.5%，其中市为 36.1%，镇为 62.3%。根据全国农民工调查监测数据推算，2010 年全国外出农民工约为 1.53 亿人。这样，在城镇人口统计包含的农业户口人口中，外来农民工和本地农民估计各占 50% 左右。考虑本地农民中仍有相当部分从事农业活动，或者市民化意愿不高（假定为 50% 左右），外出农民工中有 20% 左右可能返乡，估计真正需要市民化的农业转移人口占城镇总人口的 30% 左右。据此推算，2011 年全国需要市民化的农业转移人口约为 2.07 亿人，2012 年约为 2.14 亿人。

四是按城镇户籍人口估算。2011 年，中国户籍人口城镇化率仅有 35%，户籍人口城镇化率与常住人口城镇化率的差距从 2000 年的 10.5 个百分点扩大到 16.3 个百分点。由于城镇居民各项权利和福利大都以户籍作为载体，因此大体可以常住在城镇的非本地户籍人口来粗略估算需要市民化的人口规模。2011年，中国城镇常住人口中非本地户籍人口大约为2.2亿人。若按农业户口人口85%估算，2011年全国城镇常住人口中需要市民化的农业转移人口达1.87亿人。

按照以上四种不同的方法进行估算，截至2011年，中国需要市民化的农业转移人口总量在1.5亿~2.1亿人。按平均计算，大约为1.8亿人。2012年，中国新增城镇人口2103万人，估计约有50%是农业户口人口。据此推算，截至2012年，全国需要市民化的农业转移人口存量大约为1.9亿人。在这些农业转移人口中，绝大部分都没有完全实现市民化。

二　需要市民化的农业转移人口增量估算

近年来，已有一些学者对中国流动人口和农业转移人口趋势进行了预测。根据国家人口和计划生育委员会流动人口服务管理司（2012）的预测，在户籍制度没有大的改变的情况下，2020年中国流动人口总量为2.8亿人，2030年为3.1亿人，其中农村户籍流动人口分别为2.1亿和2.3亿人。另据国务院发展研究中心课题组的预测，在不考虑人口退出的情况下，2020年中国农业转移人口总规模约为3.2亿人，2030年将达到3.7亿人（金三林，2013）。考虑到随着城镇化的深入推进，户籍制度改革势在必行，而现有的农业转移人口将逐步融入城市, 成为城镇居民, 因此, 下面我们将从城镇化的视角, 对未来中国需要市民化的农业转移人口增量进行估计。

考虑到中国城镇化的战略转型, 预计到 2020 年, 中国城镇化率将达到 60% 左右, 城镇人口约为 8.4 亿人 (见表 4 - 5), 由此中国将整体进入中级城市型社会; 到 2030 年, 中国城镇化率将达到 68% 左右, 城镇人口将超过 9.5 亿人, 预计在 2033 年前后, 中国将越过城镇化率 70% 的拐点, 由此结束城镇化快速发展的中期阶段, 进入城镇化稳定发展的后期阶段; 到 2040 年, 中国城镇化率将达到 75% 左右, 城镇人口约为 10.3 亿人, 由此中国将整体进入高级城市型社会; 到 2050 年, 中国城镇化率将超过 80%, 逼近城镇化率 85% 的峰值或饱和度, 城镇化水平处于相对稳定状态。这就意味着, 到 2020 年前, 中国还将新增城镇人口近 1.3 亿人, 2030 年前将新增城镇人口 2.4 亿人, 2050 年前将新增城镇人口近 3.5 亿人。

表 4 - 5 2020 ~ 2050 年中国城镇化率和城镇人口预测

指　　标	2012 年	2020 年	2030 年	2040 年	2050 年
总人口(亿人)	13.54	13.88	13.93	13.61	12.96
城镇总人口(亿人)	7.12	8.37	9.53	10.26	10.58
累计新增城镇人口(亿人)	—	1.26	2.41	3.14	3.46
城镇化率(综合预测值,%)	52.57	60.34	68.38	75.37	81.63

注: 2012 年为实际数。

资料来源: 城镇化率预测数据来自高春亮、魏后凯 (2013); 总人口预测数据来自 United Nations (2011) 表 A.9 的中方案。

根据 2011 年全国人口变动情况抽样调查数据，全国城镇人口自然增长率为 3.58‰。考虑到随着经济发展人口自然增长率下降因素，即使扣除 3‰的自然增长人口，2020 年前全国城镇新增农业转移人口将达到近 1.1 亿人，2030 年前将达到 2.0 亿人以上。

三 推进市民化是一项长期的艰巨任务

推进市民化，既要逐步消化过去长期积累的存量部分，又要同步解决每年新增加的增量部分，任务十分艰巨。根据前面的估计和预测，如果把存量和增量加在一起，2020 年前全国大约有 3.0 亿，2030 年前大约有 3.9 亿农业转移人口需要实现市民化。如果我们设想在 2020 年前解决市民化问题，每年将需要解决 1300 多万新增农业转移人口的市民化，而且还需要消化 2300 多万的存量，难度很大。

推进市民化的任务之所以艰巨，不仅在于需要市民化的农业转移人口规模庞大，而且还在于市民化的成本较高。目前，国家已经明确提出到 2020 年实现全面建成小康社会目标时，争取基本实现基本公共服务均等化。由于基本公共服务均等化是实现市民化的核心和前提条件，因此，可以考虑在 2025 年前基本解决农业转移人口的市民化，平均每年全国消化 1400 多万的存量，加上新增农业转移人口，每年共需解决 2500 多万人。如果按每人一次性投入 2.6 万元计算，这样每年政府需要负担大约 6500 亿元，占 2012 年全国公共财政收入的 5.5% 。这一比例应该在政府财政可承受的范围之内。因此，从政府财政支出的角度看，在 2025 年前基本解决现有农业转移人口的市民化问题将是有可能的，也是可行的。

第五节　推进农业转移人口市民化的
总体思路

城镇化的核心是人的城镇化，其实质就是变农民为市民的过程。市民化是城镇化的根本，也是现代公民社会的根本要求和世界各国的普遍做法。实现农业转移人口的市民化，不仅是扩大内需、促进经济转型升级和提高城镇化质量的需要，也是贯彻落实科学发展观，从根本上解决好"三农"问题和促进社会和谐发展的要求。当前中国正处于城镇化快速推进时期，农业转移人口规模大，市民化成本高，面临的障碍多，推进市民化将是一项长期的艰巨任务。为此，应按照"以人为本、统筹兼顾、公平对待、一视同仁"的原则，分阶段稳步推进市民化进程，多措并举、分层分类做好市民化工作，积极引导农业人口有序转移，建立政府主导、多方参与、成本共担、协同推进的市民化机制，使农业转移人口获得与城镇户籍居民均等一致的社会身份和权利，能公平公正地享受和城镇户籍居民平等的基本公共服务和社会福利，并在价值观念、社会认同、生活方式上完全融入城市社会。这样就需要在推进市民化的过程中，加快户籍、就业、教育、土地、住房、社会保障等综合配套改革，实现农业转移人口的职业转化、地域转移、身份转换以及价值观念和生活方式的转变。

一　分阶段稳步推进市民化进程

推进农业转移人口的市民化是全面建成小康社会的重大战略举措。既要有顶层设计，对全国推进市民化工作的总体目标、重点任务、战略路径和制度安排进行全面规划部署；又要长短结合，明确各阶段的目标、任务和具体措施，制定切实可行的实施方案，分阶段稳步推进。从全国看，力争用 20 年左右的时间，从根本上解决农业转移人口的市民化问题，实现更高质量的健康城镇化目标。

近期（到 2015 年），分类剥离现有户籍制度中内含的各种福利，在全国推行居住证制度，对城镇常住外来人口统一发放居住证，持证人可享受本地基本公共服务和部分公共福利，如政治权利、劳动权益、就业培训、义务教育、基本社会保障等，切实保障农业转移人口的基本权益，基本实现基本公共服务城镇常住人口全覆盖。同时，对符合一定条件的农业转移人口，如有固定住所和稳定收入来源、就业或居住达到一定年限等，应优先给予落户。

中期（到 2020 年），通过强化综合配套改革，完全剥离户籍内含的各种权利和福利，逐步建立城乡统一的户籍登记管理制度、社会保障制度和均等化的基本公共服务制度，初步形成市民化长效机制，基本实现基本公共服务城乡常住人口全覆盖。城乡居民实现在常住居住地依照当地标准，行使公民的各项基本权利，享受各项公共服务和福利，包括选举权、被选举权和公共福利享有权等。

远期（到 2030 年），建立市民化与城镇化同步推进机制，推动形成全国统一的社会保障制度和均等化的基本公共服务制度，在全国范围内实现社会保障一体化和基本公共服务常住人口全覆盖，确保农业转移人口在政治、经济、社会和文化等领域全面融入城市，公平分享改革发展成果，平等参与民主政治。

二　多措并举全面做好市民化工作

农业转移人口市民化涵盖的范围广泛，既包括城镇外来农民工的市民化，又包括城镇化进程中出现的城郊失地农民、"城中村"村民等本地农民的市民化。对于不同类型的农业转移人口，由于自身特点、面临障碍、市民化意愿和现实需求的不同，实现市民化的目标、路径和措施也将具有较大差异。为此，需要统筹规划，多措并举，全面做好市民化工作。

首先，有序推进外来农民工市民化。外来农民工是农业转移人口的主体，也是当前推进市民化的重点和难点所在。要坚持以人为本，体现公平公正，尽快对就业、教育、计划生育、医疗、养老、住房等领域现有各项政策进行一次全面清理，取消按户口性质设置的差别化标准，禁止各地新出台的各项有关政策与户口性质挂钩，从根本上消除对外来农民工的各种歧视。以推进基本公共服务均等化和解决城镇落户为重点，着力解决好农民工劳动保护、就业扶持、技能培训、子女教育、社会保障、住房等现实问题，切实保障农民工的合法权益，分期分批逐步将农民工纳入城镇医疗、养老、失业、生育、工伤等基本社会保险以及城镇最低生活保障和住房保障体系，使更多符合条件的农民工能在城镇安家落户，真正转变为城镇居民，并逐步融入城市社会。

其次，多途径解决本地农民市民化。一是妥善解决城郊失地农民的市民化。进一步完善征地补偿安置制度，积极拓宽就业渠道，加强再就业技能培训，优先推荐和安排失地农民就业，鼓励失地农民自主创业，完善失地农民基本生活保障制度，采取个人缴费、集体补助和政府扶持的方式，逐步将失地农民全面纳入城镇社会保障体系，使失地农民在就业、教育、医疗、养老、住房等方面享受城镇居民同等待遇。二是积极推进"城中村"村民的市民化。在"城中村"改造的过程中，要切实做好土地征用、住户拆迁、安置房建设以及被征地农民的就业、社会保障、公共服务等方面的工作，使"城中村"村民尽快融入城市社会。三是鼓励本地农民工就地实现市民化。鼓励城市近郊区和小城镇从事非农就业的农民，到城镇创业、就业和居住，就地转变为市民，实现市民化；按照自愿原则，依托县城和特色小城镇，鼓励返乡回流的农民工回家创业落户，就地实现市民化。

三 实行分层分类的差别化战略

首先，分层次逐步推进落实各项权益。一是基本权益保障，包括选举权、平等就业权、义务教育、就业服务、职业技能培训、劳动权益保护、公共卫生、计划生育、临时性救助等方面，不论农业转移人口是否具有稳定的就业，当前都应该实行城镇常住人口全覆盖；二是基本社会保障，包括医疗、养老、生育、工伤、失业等基本社会保险，城镇最低生活保障，保障性住房，一般性社会救助、社会福利等，近期可重点针对稳定的就业群体展开，分期分批推进，逐步实现城镇常住人口全覆盖；三是其他公共服务，如非义务教育、购车购房等。各地可根据区情特点和发展条件，逐步将符合条件的农业转移人口纳入，并逐年扩大范围，提高覆盖比例，最终实现城镇常住人口全覆盖。

其次，分类型实行差别化的推进战略。针对不同类型的城镇和农业转移人口群体，实行区别对待的差别化战略。对于中小城市和小城镇，目前国家已经明确放开户籍限制，可以考虑在农民自愿的基础上，把符合条件的城镇常住农业户口人口转变为城镇户口，享受城镇居民同等待遇。对于大城市尤其是北京、上海等特大城市，由于农业转移人口多，市民化压力大，可针对不同类型的群体，分群分类地逐步推进。当前，要重点推进三类群体的市民化：一是稳定就业的农民工。这类群体进城务工经商时间长，就业和收入稳定，思想观念、生活方式等已基本融入城市社会，具备了转变为市民的条件。二是举家迁移的农民工。这类群体大多有稳定的就业，且已经在城市定居，市民化意愿和能力都较强，需要考虑给予优先落户。三是新生代农民工。[①] 这类群体受教育程度较高，没有务农经历，基本不懂农业生产，且主要在大中城市务工，具有在城市定居的强烈意愿。

四　建立多元化的成本分担机制

农业转移人口融入城市是一个艰难而漫长的过程，需要支付巨额的市民化成本。要合理消化这一巨额的改革成本，必须充分发挥政府的主导作用，加大各级财政的投入力度，同时鼓励企业、农民、社会积极参与，逐步建立一

---

① 通常指 1980 年之后出生的外出农民工。

个由政府、企业、农民、社会等共同参与的多元化成本分担机制。

第一，充分发挥政府的主导作用。推进市民化是各级政府义不容辞的重要责任。要明确中央、省和市县政府的职责分工，就业扶持、权益维护、子女义务教育、计划生育、公共卫生、社会救助、保障性住房等方面的投入，主要由市县政府承担；中央和省级政府通过加大转移支付力度，设立专项转移支付，加大对农业转移人口集中流入地区的支持，并在技能培训、义务教育、公共卫生、社会保障等方面给予相应补助，对市民化成效突出的市县进行奖励。

第二，鼓励企业和社会广泛参与。在政府的引导和资助下，鼓励企业、中间组织和居民广泛参与，分担农业转移人口市民化的成本。尤其要调动企业的积极性，参与分担就业培训、权益维护、社会保障和住房条件改善等方面的成本。要积极引导企业加强对农业转移人口的就业培训，参与公租房、廉租房建设，集中建立农民工宿舍或公寓，改善农民工居住社区环境。同时，要强化企业的社会责任，加强农民工的劳动保护，及时足额为农民工缴纳相关保险费用，提高农民工参与城镇社会保险的比例。

第三，积极探索农民"带资进城"。农民进城获得城镇户口、实现市民化，不能以放弃农村土地和集体资产权益为前提，而应把农民市民化与农村产权制度改革有机地联系起来，通过对承包地、宅基地、林地等的确权颁证和集体资产处置，建立完善农村产权交易体系，将农民在农村占有和支配的各种资源转变为资产，并将这些资产变现为可交易、能抵押的资本，使离开农村进入城镇的农民成为有产者，让农民带着资产进城，从而跨越市民化的成本门槛。很明显，让农民带资进城是跨越市民化成本门槛的有效途径和必然选择。

第五章
构建科学合理的城镇化规模格局

自改革开放以来，中国城镇化的规模格局不断完善，初步形成了由大中小城市和小城镇组成的城镇体系，但城镇化进程中的两极化倾向比较严重，大城市的数量和规模急剧膨胀，中小城市的数量和比重在减少，一些小城市和小城镇相对衰落。造成这种两极化倾向的影响要素包括传统发展理念、资源配置偏向、市场极化效应、农民迁移意愿和政府调控失效等。今后应制定科学的城市规模等级分类标准，巩固并发挥城市群的主体形态作用，优化发展大城市和特大城市，加快发展中小城市，强化产业功能、继续有重点地支持小城镇发展，推动形成以城市群为主体形态，大中小城市和小城镇合理分工、协调发展、等级有序的城镇化规模格局，有效遏制城镇增长的两极化倾向。

第一节　中国城镇化进程中的两极化倾向

自新中国成立以来，中国实行控制大城市规模、合理发展中小城市和小城镇规模的城镇化政策。2001 年 3 月九届全国人大四次会议通过的"十五"计划纲要，提出要"走符合我国国情、大中小城市和小城镇协调发展的多样化城镇化道路"，这种"大中小城市和小城镇协调发展"的基本方针，体现在随后的各种政策文件之中，并一直延续至今。从城镇体系的角度看，不同规模等级的城镇保持协调发展，这是世界城镇化演变的一般规律，也是走中国特色新型城镇化道路的根本要求。然而，从城镇化规模政策的实施效果来看，由于多方面因素的综合作用，近年来中国城镇规模结构严重失调，出现了明显的两极化倾向，主要体现在以下三个方面。

一　不同规模城市数量结构的两极化倾向

中国城镇化进程中的两极化倾向首先体现在不同规模城市数量结构的两极化倾向，即大城市数量及比重越来越大，小城市越来越少。1980 年国家建委颁发的《城市规划定额指标暂行规定》，将城市人口规模划分为 4 级，即 100 万人以上为特大城市，50 万～100 万人为大城市，20 万～50 万人为中等城市，20 万人及以下为小城市。1990 年实施的《中华人民共和国城市规划法》，明确按市区和近郊区非农业人口将城市规模等级划分为大城市、中等城市、小城市 3 级，但 2008 年实施的《中华人民共和国城乡规划法》并没有做出城市规模等级划分的规定。考虑到近年来中国城市人口规模的迅速增加，为了便于分析，我们对城市规模等级进行重新划分（见表5-1）。按城市非农业人口规模把全部城市划分为5级，即200万人以上的特大城市、100万~200万人的特大城市、50万~100万人的大城市、20万~50万人的中等城市和小于20万人的小城市。从表5-1可以得知，1990年中国城市数量461座，其中200万人以上的特大城市9座，100万~200万人的特大城市22座，大城市、中等城市和小城市分别为28座、119座和283座；2000年中国城市数量增加到665座，这5个级别的城市分别为13座、25座、54座、220座和353座；2012年中国城市数量655座，包括26座200万人以上的特大城市，39座100万~200万人的特大城市，95座大城市，250座中

表 5-1　中国不同等级规模城市数量和人口比重变化情况

城市人口规模	1990 年			2000 年			2012 年		
	城市数量（个）	数量比重（%）	人口比重（%）	城市数量（个）	数量比重（%）	人口比重（%）	城市数量（个）	数量比重（%）	人口比重（%）
200 万人以上	9	1.95	22.92	13	1.95	22.53	26	3.97	33.13
100 万~200 万人	22	4.77	18.74	25	3.76	14.55	39	5.95	15.80
50 万~100 万人	28	6.07	12.64	54	8.12	15.54	95	14.50	18.76
20 万~50 万人	119	25.81	24.64	220	33.08	28.86	250	38.17	22.84
20 万人以下	283	61.39	21.07	353	53.08	18.52	245	37.40	9.48
合　计	461	100	100	665	100	100	655	100	100

注：城市人口规模按非农业人口分组，人口数为非农业人口。
资料来源：根据相关年份《中国人口统计年鉴》和《中国人口与就业统计年鉴》计算。

等城市，245 座小城市。从时序上看，50 万人以上的大城市数量比重由 1990 年的 12.79% 增加至 2000 年的 13.83%，然后迅猛增加至 2012 年 24.42%，1990～2000 年、2000～2012 年分别增加了 1.04 个百分点和 10.59 个百分点；中等城市的数量则有所增加，所占比重由 1990 年的 25.81% 增加至 2000 年的 33.08%，2012 年达到 38.17%，两个阶段分别增加了 7.27 个百分点和 5.09 个百分点；小城市数量则显著减少，1990 年、2000 年和 2012 年的比重分别为 61.39%、53.08% 和 37.40%，两个阶段分别减少了 8.31 个百分点和 15.68 个百分点。也就是说，中国 50 万人口以上大城市占城市总数的比重呈现显著的上升趋势，中小城市所占比重则明显下降。同时，中小城市的数量也在减少，由 2000 年的 573 座减少到 2012 年的 495 座，这一方面是因为近年来中国设市工作的停顿，另一方面是因为有一批大城市升级为特大城市，并有一批中小城市升级为大城市。

　　为了更清晰地反映中国城市规模结构的变化趋势，我们把城市数量随着规模等级的变动关系用图形表示，形成了城市等级规模金字塔（见图 5-1）。城市金字塔是一种普遍存在的规律，即城市规模越大的等级，城市数量越少；而规模小的等级，城市数量越多（周一星，2007）。中国的城市等级规模结构也呈现金字塔型结构，但是，仔细观察三个年份的城市金字塔不难发现，1990 年和 2000 年城市金字塔"头轻脚重"的规律非常明显，城市数量随着规模等级逐级减少，呈现一种非常稳定牢靠的格局。而 2012 年城市金字塔呈现"根基不稳"甚至"头重脚轻"的格局，主要体现为小城市的数量少于中等城市数量，特大城市偏多，与大城市的数量不协调。城市金字塔非常直观地反映出近年来中国城市规模体系存在的不协调趋势，即小城市数量及比重偏小，大城市尤其是特大城市数量及比重偏大的两极化倾向。

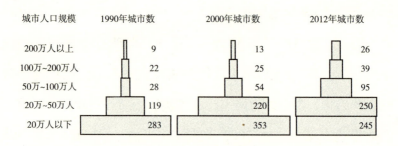

图 5 - 1　中国城市规模体系的"金字塔"结构

注：城市人口规模按非农业人口分组，人口数为非农业人口。

资料来源：根据相关年份《中国人口统计年鉴》和《中国人口与就业统计年鉴》绘制。

二　不同规模城市人口比重的两极化倾向

中国城镇化进程中的两极化倾向还体现在不同规模城市人口比重的两极化倾向，即大城市的人口比重越来越大，小城市的人口比重越来越小。一方面，长期以来中国城镇体制存在"过度行政化"问题，形成了以行政级别为基础的等级化城镇管理模式，导致资源配置不均衡，首都、直辖市、省会（首

府）、计划单列市等大城市获得了比中小城市多得多的资源和
发展机会，人口和产业大规模集聚，城市规模急剧膨胀。实证
研究表明，中国地级以上城市普遍接近其效率最大值，并已有
不少超大城市处于规模效率递减的阶段（王小鲁，2010）。另
一方面，中小城市的数量和人口比重在减少，中西部一些小城
市和小城镇甚至出现相对萎缩迹象，城镇体系中缺乏中小城市
的有力支撑。

　　我们统计了不同规模城市非农业人口比重的变化情况
（见表 5－1），其中 200 万人以上的特大城市占全国城市非农
业人口的比重由 1990 年的 22.92% 增加到 2012 年的 33.13%；
100 万～200 万人的特大城市占全国的比重由 18.74% 减少到
15.80%；大城市的比重由 12.64% 增加到 18.76%；而中等城
市的比重由 24.64% 减少到 22.84%，小城市的比重由 21.07%
减少到 9.48%，比重大幅下降了 11.59 个百分点。也就是说，
50 万人以上的大城市非农业人口占全国的比重显著提升，
1990～2012 年间增加了 13.39 个百分点，其中 200 万人以上的
特大城市增加了 10.21 个百分点；50 万人以下的中小城市的
人口比重迅速下降，由 1990 年的 45.71% 下降到 2012 年的
32.32%，22 年间下降了 13.39 个百分点，年均下降 0.6 个百
分点。2012 年年末，中国城市非农业人口的 67.69% 集中在 50
万人以上的城市，其中 100 万人以上的城市占 48.93%，200
万人以上的城市占 33.13%。这表明，目前中国城市人口高度

集中在少数大城市，不同规模城市的人口比重严重失调。

根据不同规模城市的人口比重，我们绘制了城市人口比重分布图。显然，城市人口分布图区别于城市规模等级分布图，后者一般符合"头轻脚重"的金字塔规律，即随着城市规模等级的提高，比重不断地减少；前者并不存在随规模等级而呈"头轻脚重"的递变规律，相反，高规模等级城市的人口比重要远远超过高规模等级城市的数量比重，这也是世界各个国家的普遍规律（周一星，2006）。尽管如此，图5-2反映出最近22年来中国城市人口的数量结构逐步由"哑铃状"格局向"倒金字塔"格局转变，尤其是20万人以下城市的比重下降了11.6个百分点，200万人以上城市的人口比重提高了10.2个百分点，这深刻揭示了中国不同规模城市人口比重的两极化倾向。

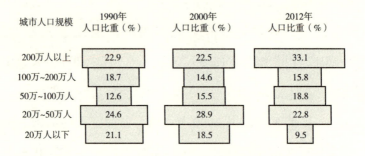

图5-2　中国不同规模城市人口比重由"哑铃状"向
"倒金字塔"结构转变

注：城市人口规模按非农业人口分组，人口数为非农业人口。

资料来源：根据相关年份《中国人口统计年鉴》和《中国人口与就业统计年鉴》计算。

三 不同规模城市人口吸纳能力的两极化倾向

自改革开放以来，中国不同规模城市的数量及人口比重都发生了重大变化，人口吸纳能力也发生了变化。为了分析人口吸纳能力的变动情况，我们分别统计了不同规模城市的非农业人口比重和城区人口比重的变化。

从不同规模城市人口吸纳的增长幅度看，近 12 年来中国城市非农业人口吸纳的增长幅度与其人口规模大体成正方向变化（见表 5 - 2）。在这期间，400 万人以上的特大城市人口增长最快，增幅高达 132.14%；其次是 200 万 ~ 400 万人的特大城市，人口增长幅度达 104.03%；而中等城市仅增长 18.52%，小城市则有所下降，下降幅度高达 23.37%。再从不同规模城市非农业人口比重的变化情况看，400 万人以上的特大城市非农业人口比重提高了 7.13 个百分点，其次是 200 万 ~ 400 万人的特大城市，提高了 3.46 个百分点，中小城市非农业人口比重显著下降，下降幅度高达 15.07 个百分点。有意思的是，尽管中等城市非农业人口的绝对数量增长了 18.52%，但其非农业人口的比重仍然下降了 6.02 个百分点。上述分析表明，无论从城市非农业人口吸纳还是从城市非农业人口比重看，中国的大城市尤其是特大城市人口规模近年来都在急剧扩张，而中小城市则处于相对萎缩之中。

表 5 - 2 中国不同等级规模城市数量和人口比重的变化

城市人口规模	2000 年			2012 年			2000 ~ 2012 年变化			
	城市数量（个）	数量比重（%）	人口比重（%）	城市数量（个）	数量比重（%）	人口比重（%）	城市数量（个）	数量比重（百分点）	人口比重（百分点）	人口增长（%）
400 万人以上	5	0.75	12.97	10	1.53	20.10	5	0.77	7.13	132.14
200 万 ~ 400 万人	8	1.20	9.56	16	2.44	13.02	8	1.24	3.46	104.03
100 万 ~ 200 万人	25	3.76	14.55	39	5.95	15.80	14	2.19	1.25	62.63
50 万 ~ 100 万人	54	8.12	15.54	95	14.50	18.76	41	6.38	3.22	80.78
20 万 ~ 50 万人	220	33.08	28.86	250	38.17	22.84	30	5.09	- 6.02	18.52
20 万人以下	353	53.08	18.52	245	37.40	9.48	- 108	- 15.68	- 9.05	- 23.37
合计	665	100.00	100.00	655	100.00	100.00	- 10	0	0	49.77

注：城市人口规模按非农业人口分组，人口数为非农业人口。

资料来源：根据《中国人口统计年鉴》（2001）和《中国人口与就业统计年鉴》（2013）计算。

由于户籍制度改革严重滞后，中国城市非农业人口数远低于其常住人口。2010 年，全国户籍人口城镇化水平比常住人口城镇化水平低 15.8 个百分点，就充分说明了这一点。然而，中国至今还缺乏各城市系统的常住人口统计数据，我们采用住房和城乡建设部公布的各城市城区人口来进行分析。2010 年，全国城市城区人口为 35374 万人，加上暂住人口 4095 万人，共计 39469 万人，仅比第六次全国人口普查城市常住人口少907 万人，误差只有 2.2%，各城市城区人口与常住人口数据

大体接近。因此，采用各城市城区人口来进行城市规模分类是
可行的。从各级城市新增城区人口的吸纳情况看，这期间中国
城市新增城区人口的 83.95% 是依靠大城市吸纳的，其中 400
万人以上的特大城市吸纳了 61.06%；而小城市由于数量减
少，城区人口趋于下降，呈不断萎缩的态势（见表 5-3）。再
从城区人口增长看，这期间 400 万人以上的特大城市城区人口
增长了 23.60%，而小城市则下降了 17.34%，呈现明显的两
极化趋势。很明显，由于设市工作的停顿，中小城市因数量减
少吸纳能力严重不足；而新增城镇人口过多流向特大城市尤其
是 400 万人以上的特大城市，是导致一些特大城市过度膨胀、
城市病现象凸显的重要原因。

表 5-3 2006～2011 年中国不同规模城市数量及城区人口变化

规模分类	2006 年			2011 年			2006～2011 年变化				
	城市数（个）	城区人口（万人）	人口比重（%）	城市数（个）	城区人口（万人）	人口比重（%）	城市数（个）	新增城区人口（万人）	新增人口吸纳比重（%）	人口比重变化（%）	城区人口增长（%）
>400万人	11	9358.67	25.11	13	11567.74	28.29	2	2209.07	61.06	3.18	23.60
200万～400万人	22	5902.93	15.84	22	5997.05	14.67	0	94.12	2.60	-1.17	1.59
100万～200万人	35	4924.48	13.21	38	5106.31	12.49	3	181.83	5.03	-0.72	3.69
50万～100万人	92	6382.87	17.12	99	6934.87	16.96	7	552.00	15.26	-0.17	8.65
20万～50万人	230	7150.9	19.19	267	8347.70	20.41	37	1196.80	33.08	1.23	16.74
<20万人	265	3552.89	9.53	218	2936.66	7.18	-47	-616.23	-17.03	-2.35	-17.34
总计	655	37272.74	100.00	657	40890.33	100.00	2	3617.59	100.00	0.00	9.71

注：城区人口包括暂住人口，2005 年及之前未公布城区人口数据。
资料来源：根据 2006 年、2011 年《中国城市建设统计年鉴》计算。

中国的建制镇虽然数量大，但规模偏小，实力偏弱，平均每个建制镇镇区人口仅有1万人（魏后凯，2010b）。1982～1990年，中国城镇化推进速度较慢，建制镇数量较少，吸纳能力有限，新增城镇人口接近3/4由城市吸纳，只有1/4多由镇吸纳（见表5-4）。1990～2000年，随着建制镇数量的迅速增加，镇吸纳新增城镇人口的比重大幅提高，几乎接近城市吸纳新增城镇人口的比重，达到49.94%。之后，由于建制镇的数量大体维持稳定，镇吸纳新增城镇人口的比重呈现下降趋势，2000～2010年已下降到47.39%。按照第六次人口普查数据，目前中国城镇人口大约有60%集中在城市，40%集中在镇。

表5-4　1982～2010年中国市镇人口吸纳情况

指　标		市		镇		市镇人口合计(万人)
		人口(万人)	比重(%)	人口(万人)	比重(%)	
城镇人口	1982年	14525.31	70.41	6105.61	29.59	20630.92
	1990年	21122.25	71.32	8492.27	28.68	29614.52
	2000年	29263.27	63.79	16613.83	36.21	45877.10
	2010年	40376.00	60.26	26624.55	39.74	67000.55
年均新增城镇人口	1982～1990年	824.62	73.43	298.33	26.57	1122.95
	1990～2000年	814.10	50.06	812.16	49.94	1626.26
	2000～2010年	1111.27	52.61	1001.07	47.39	2112.34
	1982～2010年	923.24	55.75	732.82	44.25	1656.06

资料来源：根据历次全国人口普查数据计算。

综合分析可知，2000～2010年，中国新增城镇人口2112.35万人，其中城市吸纳52.6%，建制镇吸纳47.4%。再根据 2006～2011 年城市新增城区人口的吸纳情况，可以粗略估算出不同规模城市的城镇人口吸纳比重，即 100 万人口以上的特大城市吸纳全国新增城镇人口的 36.1%，50 万～100 万人口的大城市吸纳 8.0%，50 万人口以下的中小城市吸纳 8.4%。即特大城市、大城市、中小城市和镇吸纳新增城镇人口的比例大约为 36.1∶8.0∶8.5∶47.4。就是说，中国新增城镇人口大约有 44% 是依靠大城市吸纳的，而中小城市因数量减少，人口吸纳能力严重不足，呈现相对萎缩状态。新增城镇人口过多流向特大城市尤其是 400 万人以上的特大城市，导致这些城市人口和空间规模过度膨胀，逼近甚至超越其综合承载能力，加上规划布局不合理和管理不善，出现了房价高企、交通拥堵、环境质量下降、社会矛盾加剧等突出问题，大城市病日益凸显。

第二节　中国城镇化规模格局
两极化的形成机理

中国城镇化进程中出现的两极化倾向，与中国政府近年来倡导的城镇化基本方针是背道而驰的。这表明，从某种程度上讲，中国的城镇化规模政策是失效的。要深刻揭示中国城镇化规模政策的失效，必须对这种两极化倾向的形成机理进行多视角透析。总的来讲，传统发展理念、资源配置偏向、市场极化效应、农民迁移意愿和政府调控失效是导致这种两极化倾向的根本原因。

一 传统发展理念的影响

由于认识上的偏差，各地在推进城镇化的过程中，往往贪大求全、盲目追求 GDP。在这种传统的发展理念下，人们过度追求大城市扭曲的经济效益，而忽视生态环境效益和城市的宜居性，忽视城镇化的资源环境成本、交通拥挤成本和城镇居民的生活成本。很明显，在现行体制下，大城市的规模经济效益被人为地扭曲和高估了。首先，大城市地价和房价高昂，且上涨较快，这既成为大城市经济和财富增长的重要源泉，又在一定程度上抬高了大城市的产出效率。其次，大城市物价水平和生活成本较高，居民上下班通勤时间长、成本高，而学术界在度量城市规模经济效益时并没有把这些成本考虑在内，这无疑就高估了大城市的经济效益。最后，大城市每天要消耗大量的资源，如能源、水资源等，而这些资源是依靠周边和其他地区供应的。由于价格扭曲和资源补偿机制不完善，伴随这些资源的大规模调动，将会形成地区间的价值转移。比如，为解决某些地区尤其是大城市缺水而兴建的大型调水工程，其高额的建设成本并没有在水价中完全体现出来，而主要靠全社会来分摊。河北张家口等地每年向北京调出大量水资源，但其获得的水资源补偿却很低。这表明，由于价格扭曲造成的价值转移，一些大城市通过不平等交换攫取了周边和其他地区的经济利益，其统计上的高额经济效益被人为地扭曲或者高估了。而在传统发展理念下，这种扭曲或高估的经济效益又成为一些学者和政府部门主张资源配置偏向大城市的理由和借口，而不考虑这些大城市的过度膨胀是否宜居，是否超越了其资源环境承载能力。除了贪大之外，各个大城市还存在着求全的发展理念，既要成为政治中心、科技文化中心，又要成为交通中心、信息中心、金融中心、经济中心等，各种功能的叠加和众多机构的集聚，必定推动大城市"摊大饼式"过度蔓延扩张。

二 资源配置的双重偏向

中国的城镇发展带有浓厚的行政化色彩，政府资源配置的行政中心偏向和大城市偏向明显。这种资源配置的双重偏向及其相互强化效应，是导致近年来中国城镇增长两极化的根本原因。在一些发展中国家，这种双重偏向也是存在的。政府部门往往将过多份额的资源集中到大城市，尤其是作为首位城市的省会（首府），导致首位城市的规模不断膨胀（Gugler，1982）。不同于其他发展中国家，中国的城镇具有不同的行政级别，包括直辖市、副省级市、较大的市、地级市、副地级市、县级市、副县级镇和一般镇等。不同级别城镇在官员级别、行政管理、资源配置、政策法律制定等方面权限不同，且严格服从行政级别的高低。这种下级城镇严格服从上级城市

"领导"的城镇管理体制，虽然有利于上下级城镇之间的协调，但由于各城镇权力的不平等以及社会资本的悬殊差异，容易出现政府资源配置的双重极化倾向，即各种资源向高等级的行政中心和大城市集中。长期以来，受这种行政等级体制对城镇资源配置的影响，政府资源高度向各级行政中心，如首都、直辖市、计划单列市、省会（首府）、地级市等集中。中央把较多的资源集中投向首都、直辖市和计划单列市，各省区则把资源较多地投向省会或首府城市。这种行政中心偏向导致城镇资源配置严重不均衡，首都、直辖市、计划单列市、省会（首府）城市等高等级行政中心获得了较多的发展机会和资源，人口和产业迅速集聚，就业岗位充足，公共设施优越，城市规模急剧膨胀。2012 年，中国城区人口（包括暂住人口）超过 400 万人的特大城市有 13 座，包括上海、北京、重庆、深圳、广州、天津、武汉、东莞、郑州、沈阳、南京、成都、哈尔滨，除东莞外全部为直辖市、计划单列市和省会城市。东莞城区人口尽管超过 600 多万人，但约 70% 是暂住人口，剔除暂住人口后城区人口不到 200 万人。在中国大陆除直辖市以外的 27 个省区中，除青岛城区人口略高于济南、厦门略高于福州外，其他省会（首府）城市都是本省区的首位城市。因此，在这种城镇资源配置的行政中心偏向下，省会的变迁往往会导致城市经济的兴衰。其结果，前省会城市出现相对衰落，新省会城市则迅猛扩张，二者形成鲜明的对照（见表 5-5）。

事实上，这种行政中心偏向也是大城市偏向，二者起到了相互强化的作用。此外，在现行的"市管县"体制下，地级中心城市往往利用行政优势，大规模"吸纳"所辖县域的人口、产业和资源，在某种程度上剥夺了县域的发展机会，而当初设想的其辐射带动作用则没有得到应有的发挥。目前，在许多地级市，所辖县域人才、资金和建设用地指标向地级中心城区集聚或"转移"已经成为一种普遍现象。

表 5 - 5 新中国建立后省会（首府）的迁移情况

省 份	省会（首府）迁移			2012 年城区人口（万人）		
	迁移年份	前省会城市	现省会城市	前省会城市	现省会城市	二者之比
河 北	1968	保 定	石家庄	121.13	251.01	1:2.07
内蒙古	1953	张家口	呼和浩特	86.80	189.01	1:2.18
吉 林	1954	吉 林	长 春	127.93	361.00	1:2.82
黑龙江	1954	齐齐哈尔	哈尔滨	108.85	430.61	1:3.96
河 南	1952	开 封	郑 州	88.86	581.66	1:6.55
广 西	1950	桂 林	南 宁	82.20	248.08	1:3.02

资料来源：城区人口根据《中国城市建设统计年鉴》（2012）整理。

三 市场作用的极化效应

城市是人口、要素和非农产业的集聚地，也是人类经济社会活动的重要空间载体。人口、要素和非农产业向城镇集聚，可以获得多方面的集聚规模效益，如不可分物品的共享、中间投入品的共享、劳动力的共享、产业关联经济、知识溢出等（魏后凯，2006），这一点已得到学术界的认同。

Henderson（2003）认为，城市的集聚是建立在规模经济与市场作用的基础之上，并且可以产生溢出效应，这使得大城市的集聚力量存在自我强化效应。这种自我强化效应将促使更多的人口和资源流入大城市，而使小城市规模难以扩大，造成城市规模扩张的两极化倾向。特别是，在经济发展的中前期阶段，大城市的集聚规模效益往往高于中小城市。有研究表明，规模在 100 万～400 万人的大城市，净规模收益最高，达到城市 GDP 的 17%～19%（王小鲁、夏小林，1999；Au and Henderson，2006）。还有研究发现，中国地级及以上城市效率与其规模之间大体呈"倒 U"型关系，"倒 U"曲线的顶点位于 352 万～932 万人之间（王业强，2012）。虽然目前学术界对城市最优规模尚未形成一致看法，但有一点是可以肯定的，即在一定的城市规模限度之下，城市效率是随着其规模增长而不断提高的。在这种情况下，为追求集聚规模效益最大化，市场力量的自发作用会形成一种极化效应，诱发各种要素和资源向规模等级较高的城市集聚，促使大城市人口和空间规模不断扩张。如果政府缺乏有效的规划和政策调控，则通常会导致大城市过度蔓延。国际经验表明，由于现有大城市的规模扩张和中小城市的不断升级，自 20 世纪中叶以来，世界城市人口一直在向大城市集中，城镇化进程中的人口极化倾向十分明显。1950～2010 年，世界 100 万人以上大城市的数量由 75 个增加到 449 个，占世界城市人口的比重由 23% 提升到 38%，

预计到 2025 年将增加到 668 个，其城市人口比重将达到 47%
（见图5 - 3）。这种城镇人口的极化倾向主要是由缺乏规划和
调控的发展中国家贡献的。有的学者把这种大城市人口比重增
大的现象称为"大城市人口的超前发展规律"（胡兆量，
1985、1986），有的则把它称为"大城市超先增长规律"（高
佩义，1991）。这里暂且不讨论"大城市超前发展规律"能否
成立，但可以肯定的是，在集聚规模效益作用下，市场自发的
力量会产生一种极化效应，促使人口、要素和产业向大城市集
聚，从而加剧不同规模城镇之间发展的不平等。

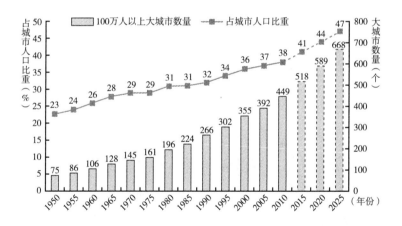

图 5 - 3　1950～2025 年世界 100 万人以上大城市发展趋势

资料来源：根据 United Nations（2012）绘制。

四　进城农民的迁移意愿

行政配置资源和市场力量的双重极化作用，导致资源、要

素和产业向那些处于高等级行政中心的大城市集中，而这种集中又将使大城市政府有能力提供更好的公共服务，不断改善基础设施和居住环境，提高居民福利和工资水平。其结果，大中小城市和小城镇在就业机会、公共服务、工资福利水平、居住环境等方面都相差悬殊。2011 年，中国建制市市政公用设施水平和人均市政公用设施建设投资均远高于县城，而县城又远高于一般建制镇（见表 5－6）。大城市的市政公用设施、公共服务和工资水平，也远高于中小城市。2011 年全国 36 个省会城市和计划单列市市辖区在岗职工平均工资比地级及以上城市市辖区平均水平高 15.51%，比县级市高 58.43%。特别是，目前中国的优质教育、文化和卫生资源都高度集中在少数特大城市。面对这种悬殊的差异，进城农民大都愿意流向或迁往就业机会多、公共服务好、收入水平高的大城市尤其是特大市，而不愿留在离家较近的小城市和小城镇，影响了就地城镇化的进程，使中国的城镇化成了大城市化。2012 年，在全国 1.63 亿外出农民工中，有 65% 集中在地级及以上大中城市，其中直辖市和省会城市占 30.1%，地级市占 34.9%（国家统计局，2013）。全国流动人口八成以上分布在大中城市，尤其是直辖市、计划单列市和省会城市，吸纳了流动人口总量的 54.1%；而希望在城市落户的流动人口中，约有 70% 青睐大城市（国家人口和计划生育委员会流动人口服务管理司，2012）。广大中小城市和小城镇由于缺乏产业支撑，就业岗位不足，加上基础设施和公共服务落后，对进城农民的吸引力不大，尽管中央在前几年就已经明确"全面放开建制镇和小城市落户限制，有序放开中等城市落户限制"。由此可见，就业机会、工资福利水平和公共服务等方面的悬殊差异，是导致进城农民偏爱大城市的主要原因。

表5－6　2011年中国城镇市政公用设施水平和投资情况

主要指标	实际值			相对水平（以城市为1）	
	建制市	县城	建制镇	县城	建制镇
用水普及率（%）	97.04	86.09	79.80	0.89	0.82
燃气普及率（%）	92.41	66.52	46.10	0.72	0.50
污水处理率（%）	83.63	70.41	<20ª	0.84	<0.24
人均公园绿地面积（m²）	11.80	8.46	2.03	0.72	0.17
建成区绿地率（%）	35.27	22.19	8.00	0.63	0.23
建成区绿化覆盖率（%）	39.22	26.81	15.00	0.68	0.38
人均市政公用设施建设投资（元）	3461.43	2003.33	687.15	0.58	0.20

注：a 为2010年数据。

资料来源：根据《中国城乡建设统计年鉴》（2011）以及住房和城乡建设部《中国城镇排水与污水处理状况公报（2006—2010）》整理。

五　政府调控手段的缺乏

为严格控制城市建设用地尤其是中小城市建设用地规模，1997年4月中共中央、国务院在《关于进一步加强土地管理切实保护耕地的通知》中明确提出"冻结县改市的审批"。自此以后，除个别情况外，中国建制市的设置工作基本上处于停滞状态。特别是，随着部分地区"撤县（市）改区"的区划调整，全国建制市的数量不但没有增加，反而还有所减少。1997～2012 年，尽管中国城镇人口在不断增加，城镇化水平在快速提升，但全国建制市的数量则由 668 个减少到 657 个，减少了 11 个（见图 5-4）。设市工作长期停滞导致建制市数量不增反减，新增进城人口只能依靠现有城市来吸纳，加剧了城市规模扩张和膨胀的趋势。

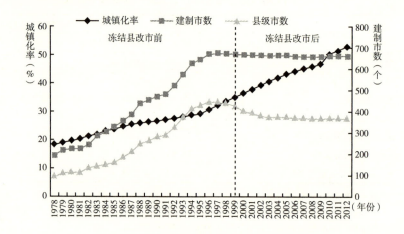

图 5-4　中国城镇化进程与建制市数量的变化

资料来源：根据《中国统计摘要》（2013）和《中国城市建设统计年鉴》（2012）绘制。

在"县改市"工作停滞后，很多地级及以上城市大力推进"撤县（市）改区"工作，结果地级及以上城市政区急剧膨胀，全国市辖区数量由 1997 年年底的 727 个增加到 2012 年年底的 860 个，而县级市则不断萎缩，由 442 个减少到 368 个。由于县（市）区权限的差异，"撤县（市）改区"可以使上级政府获得更多的权益，包括土地出让转让权益。近年来，各大中城市又掀起了设立新区的热潮。很明显，大规模"撤县（市）改区"和设立新区实际上助推了大城市"摊大饼式"蔓延扩张。而现行体制下城市规划的失效和政府调控手段的缺乏，难以有效遏制大城市尤其是 400 万人以上特大城市的规模扩张。如北京城市总体规划提出的人口规模控制目标屡次被提前突破，就是一个典型的例子。按照国务院批复的《北京城市总体规划（2004 年—2020 年）》，2020 年北京市总人口规模控制在 1800 万人，而实际上 2010 年就已超过，2012 年北京常住人口达到 2069.3 万人，其中常住外来人口 773.8 万人。2001 ～ 2012 年，北京市平均每年新增常住人口高达 58.81 万人，其中常住外来人口 43.14 万人。特别是，在"土地财政"的驱动下，各城市尤其是大城市更热衷于依靠卖地来增加地方财政收入，有的地方甚至把各县建设用地指标都集中用于中心城市。全国城市土地出让转让收入占城市维护建设财政资金收入的比重，2006 年还只有 27.56%，到 2011 年已迅速提高到 58.57%。

第三节　构建科学合理城镇化规模
格局的科学基础

中国城镇化进程中的两极化倾向，既加剧了城市规模结构的不合理，制约了空间资源的有效均衡配置，又阻碍了城镇化和市民化的进程，不利于形成科学合理的城镇化格局。而且，这种两极化倾向还诱发了一系列的深层次矛盾。一是特大城市人口快速增长与资源环境承载能力不足之间的矛盾。随着资源、要素和产业的大规模集聚，一些特大城市拥有较多的发展机会，就业岗位充足，人口吸纳能力较强，导致城市人口规模迅速增长。2006~2012年，上海、北京、深圳等12个400万人以上的特大城市城区人口规模平均增长了27.41%，远高于全国城市13.29%的平均增速。然而，目前这些特大城市普遍面临资源环境承载能力的限制，有的已经逼近承载能力的极限，甚至超过了承载能力。目前，北京、上海等特大城市人口规模均处于超载状态。深圳的化学需氧量（$CODcr$）和氨氮（$NH3-N$）排放量均大大超过水环境容量（邬彬等，2012），近年来出现了人口、土地、资源、环境四个"难以为继"。二是中小城市和小城镇加快发展意图与人口吸纳能力不足之间的矛盾。中小城市和小城镇数量多，分布广，进城门槛低，资源环境承载能力充裕，未来发展的潜力巨大。因此，长期以来中国政府都强调加快中小城市和小城镇发展，而这些城镇也有这方面的强烈愿望。但是，由于基础设施和公共服务落后，缺乏产业支撑和就业机会，中小城市和小城镇人口吸纳能力严重不足，而且对农民缺乏吸引力。三是农民向往大城市的意愿与农民承受能力不足之间的矛盾。如前所述，面对就业机会、公共服务、工资福利等方面的悬殊差异，进城农民大都愿意到大城市就业和定居，但大城市房价和生活成本高昂，农民进城的门槛和市民化的成本也较高，单纯依靠农民工的低工资收入很难承受这种高额成本。据测算，大城市农民工市民化的人均成本是中小城市的 2～3 倍，特大城市则是中小城市的3～5 倍（建设部调研组，2006）。近年来，虽然全国外出农民工月均收入增长较快，但仍远低于城镇单位就业人员月平均工资水平。因此，农民向往大城市的美好意愿与其较低的承受能力之间存在矛盾。

因此，构建科学合理的城镇化规模格局，必须尽快解决这些深层次的矛盾，充分发挥各级各类城镇的优势，加强资源整合和分工合作，促进大中小城市和小城镇协调发展，走具有中国特色的新型城镇化道路。促进大中小城市和小城镇协调发展，核心就是新增城镇人口必须依靠大中小城市与小城镇共同吸纳，而不是单纯依靠大城市或者中小城市和小城镇来吸纳。这样，通过增量调整和存量优化重构城镇化规模格局。当前，中国城镇化规模格局的重构需要综合考虑以下几方面因素：一是区域资源环境承载能力，尤其是水资源、土地、环境等方面的承载能力，决定了城市或区域可承载的城镇人口规模极限，接近或突破这一极限将会对生态环境产生巨大压力和破坏，降低城市的宜居性和居民福利水平。因此，区域资源环境承载能力设定了城市人口规模的天花板，它是特定条件下城市可承载的最大人口规模。在不降低宜居性和福利水平的条件下，实行远距离调水、节约集约利用资源和推动产业升级，虽然可以提高资源环境承载能力，但其提高幅度也是有限度的。二是城镇人口吸纳能力。它取决于城镇形成的持续产业支撑能力和能够提供的稳定就业岗位。农民进城就业定居，必须要有稳定的就业岗位，而稳定的就业岗位则需要有持续的产业支撑。如果城镇产业不稳定，随着环境变化会随时发生转移或迁出，那么这种产业提供的就业岗位将是不稳定的，难以形成持续的人口吸纳能力。三是城镇公共设施承载能力。包括城镇现有基础设施、公共交通、医疗卫生、文化教育等设施的容量。从短期看，这些设施的容量会影响甚至限制城镇可承载的人口规模，但从长远看，随着公共设施投资的增加，这种容量也将不断提高。因此，城镇公共设施承载能力是可变的，它取决于未来公共设施的投资规模。四是进城农民的迁移意愿。吸纳农业转移人口，鼓励农民进城，必须充分考虑农民的迁移意愿，坚持自愿、分类、因地制宜的原则，而不能把政府的意志强加给农民，使农民"被城镇化""被市民化"。当前，农民就地就近实现城镇化和市民化的意愿不高，并非是农民原本的真实愿望，而主要是大城市就业岗位、发展机会和公共服务引导的结果。要从根本上改变这种状况，关键是缩小中小城市和小城镇与大城市在基础设施、公共服务、就业机会等方面的差距。五是设市工作的恢复。当前及今后一段时期，中国仍处于城镇化的快速推进时期，随着城镇化的快速推进和城镇人口的不断增

加，单纯依靠现有城市来吸纳新增城镇人口是不现实的，这将
会进一步加剧大城市尤其是特大城市的规模膨胀趋势。为此需
要尽快恢复建制市的设置工作，逐步把那些有条件的县改为县
级市，并采取"切块"的办法推进"镇改市"，使新设的建制
市成为吸纳农民进城的重要载体。

　　综合考虑以上因素，未来中国特大城市、大城市、中小城
市和建制镇吸纳新增城镇人口的比重保持在 30∶18∶18∶34 左
右比较合适（见图 5 - 5）。首先，虽然目前 100 万～200 万人
的特大城市仍有较大的发展空间，但 200 万～400 万人特大城
市的资源环境承载能力已日益有限，一些 400 万人以上的特大
城市已经处于超载状态，而且过大的规模也增加了其负外部效
应，必须采取手段进行人口规模控制，以防止其无限制地扩张
下去（王小鲁，2010）。从发展的眼光看，随着收入水平的不
断提高，城镇居民将日益向往更多的休闲空间以及良好的生态

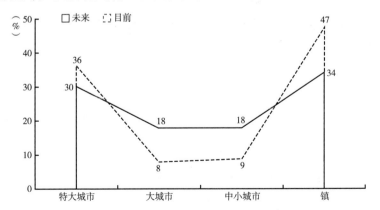

图 5 - 5　不同规模城镇吸纳新增城镇人口比重的变化

和生活空间，而不单纯是集约高效的生产空间。因此，要保持宜居适度的生活空间和山清水秀的生态空间，未来 100 万人以上的特大城市吸纳新增城镇人口的能力将日益受限，吸纳的比重将会出现一定程度的下降。其次，由于发展阶段的缘故，中国 50 万 ~ 100 万人的大城市集聚效应将会进一步增强，加上一些中小城市升级为大城市，未来大城市吸纳新增城镇人口的能力将大幅提高。再次，随着公共服务水平的提高和产业支撑能力的增强，加上恢复设市工作后大批新建市的进入，未来中小城市吸纳新增城镇人口的能力也将大幅提升。最后，在启动恢复设市工作的前提下，建制镇吸纳新增城镇人口的比重将出现较大幅度下降，这主要是一些符合条件的建制镇转为建制市的结果。

考虑到 1997 年以来中国设市工作的停顿，目前已有不少建制镇镇区人口规模接近或超过设市标准。按照 1993 年国务院批复的设市标准，每平方公里人口密度大于 400 人、100 ~ 400 人以及不足 100 人的县，县政府驻地镇从事非农产业的人口不低于 12 万人、10 万人、8 万人，并同时满足其他条件，可设立县级市。在特殊情况下，州（盟、县）驻地镇非农业人口不低于 6 万人可设县级市。

2011 年，在全国 1.96 万个建制镇中，有 205 个建制镇镇区人口规模超过 10 万人，其中有 20 个镇镇区人口达到 20 万人以上，185 个镇人口在 10 万 ~ 20 万人（见表 5 - 7）。这些镇区人口超过 10 万人的建制镇，除广东东莞市虎门镇外，其他镇镇区人口都在 50 万人以下，如能设市均为中小城市。其镇区人口约占全部建制镇的 14.03%，占全国城镇人口的 4.32%。现有镇区人口在 6 万~10 万人的建制镇，其镇区人口占全国城镇人口的 4.01%，相当部分也具有设市的条件。此外，随着大中城市市辖区的扩张和撤镇改区，一些建制镇将成为城区的一部分。因此，如果启动恢复建制市设置工作，将有一大批建制镇转为中小城市或纳入城区的范围，这样镇吸纳新增城镇人口的能力将会大幅下降。

表 5-7　2011 年中国建制镇镇区人口规模结构

规模等级	建制镇数		镇区人口		镇区人口平均规模（万人）
	数量（个）	比重（%）	人口数（万人）	比重（%）	
20 万人以上	20	0.10	568	2.68	28.42
10 万~20 万人	185	0.95	2413	11.35	13.04
6 万~10 万人	367	1.88	2773	13.05	7.56
3 万~6 万人	938	4.80	3924	18.47	4.18
1 万~3 万人	3497	17.88	5807	27.33	1.66
0.5 万~1 万人	4386	22.43	3092	14.55	0.70
<0.5 万人	10161	51.96	2671	12.57	0.26
总　计	19554	100.00	21248	100.00	1.09

资料来源：根据《中国建制镇统计年鉴》（2012）计算。

当前，中国已经进入城镇化的战略转型期，未来重点是以人为核心推进市民化，全面提高城镇化质量。根据前面的预测，到 2030 年中国城镇化率将达到 68% 左右，新增城镇人口 2.41 亿人。如果这期间中国特大城市、大城市、中小城市和建制镇吸纳新增城镇人口的比例保持在 30∶18∶18∶34，那么，特大城市将吸纳新增城镇人口 0.72 亿人，大城市和中小城市分别吸纳 0.43 亿人，镇吸纳 0.82 亿人。也就是说，未来中国 48% 的新增城镇人口将由 50 万人以上的大城市来吸纳，另外 52% 由中小城市和建制镇来吸纳。

第四节　中国城镇化规模格局
重构的路径选择

综上所述，构建科学合理的城镇化规模格局，主要是考虑区域资源环境承载能力、城镇的公共设施容量和人口吸纳能力等因素，而不是某些学者所倡导的单纯城市最优规模。即使这种最优规模是存在的，如果按照最优规模来确定城镇化的规模格局，那么现实世界中将不存在城镇体系，各个城镇的规模大小将整齐划一。显然，这与现实世界不符。为此，当前亟须加强对进城农民迁移意愿和城市综合承载力的调查研究，根据资源环境承载能力、城市公共设施容量和人口吸纳能力，实行差别化的规模调控政策，合理引导农业转移人口流向，依靠产业集聚引导人口集聚，促进人口与产业协同集聚、产业发展与城镇建设有机融合，推动形成以城市群为主体形态，大中小城市和小城镇合理分工、协调发展、等级有序的城镇化规模格局，有效遏制城镇增长的两极化倾向。

一　制定科学的城市规模等级分类标准

针对城镇化进程中的两极化倾向，目前一些学者和有关部门主张提高城市规模等级的标准，即将小城市人口从 20 万人以下提高到 50 万人以下，中等城市从 20 万 ~ 50 万人提高到 50 万 ~ 100 万人，大城市从 50 万 ~ 100 万人提高到 100 万 ~ 500 万人，特大城市从 100 万人以上提高到 500 万人以上。当然，也有学者主张将特大城市的人口标准提高到 200 万人（严重敏，1989），或者 300 万人（牛凤瑞等，2010），甚至 1000 万人（祝辉，2013）。这种提高城市规模等级标准的做法，反映了人们的"求大"心理和大城市偏向。如果把这一主张纳入国家规划并作为规范固定下来，无疑是弊多利少。虽然从统计上看，这种做法可以人为地增加"中小城市"数量和人口比重，全国城市规模结构似乎更"协调"了，但它并没有改变城市规模结构失调的本质，而且还会带来诸多方面的负面效应。从国际比较看，中国的城市规模等级标准本来就偏高，如联合国将 10 万 ~ 100 万人的城市界定为大城市，将 100 万人以上的城市界定为特大城市；苏联则将 50 万人以上的城市界定为超大城市；而国际上一般把 800 万人或 1000 万人以上的城市称为巨型城市或超级城市。这些巨型城市既是天堂又是地狱

（杨保军，2009），尤其是从宜居、安全、和谐、可持续的角度看。无论是发达国家还是发展中国家，大都把这些巨型城市作为人口规模控制和功能疏散的重点。更重要的是，城市规模等级标准提高以后，现有一大批大中城市的规模等级将随之降级，各地的相关规划也需要进行调整。而规模等级降级将使这些城市产生"失落"感，激发他们进一步扩大规模的热情。如果将特大城市标准提高到500万人，按城区人口（包括暂住人口）计算，全国共有11个。除4个直辖市之外，只有广东、湖北、辽宁、江苏、河南5省拥有特大城市，其他省份必定会调动各方面资源，为构建本省份的特大城市而不懈努力，由此将形成新一轮的特大城市规模扩张竞争。因此，提高城市规模等级标准将会进一步加剧城镇增长的两极化。从城镇协调发展的角度看，我们认为，应增加特大城市的层级而不是单纯提高标准。即将现有100万人以上的特大城市划分为100万～400万人、400万～1000万人和1000万人以上3级，其中400万～1000万人的特大城市为超大城市，1000万人以上的特大城市为巨型城市。这样，中国城市规模等级可划分为6级，包括巨型城市（1000万人以上）、超大城市（400万～1000万人）、特大城市（100万～400万人）、大城市（50万～100万人）、中等城市（20万～50万人）和小城市（20万人以下）。对于像中国这样一个发展中大国，随着城镇化的快速推进，城镇数量将不断增加，适时增加城镇规模等级的层级是很有必要的。

二　巩固并发挥城市群的主体形态作用

随着城市群的迅速兴起，目前中国已进入一个以城市群为载体的群体竞争新时代，城市群是缩小区域发展差距、实现城乡协调发展的重要手段，是吸纳新增城镇人口的主渠道，已经成为中国推进城镇化的主体形态。未来 20 年，中国仍将处于城镇化的快速推进时期，城市群不仅是推进城镇化的主体形态，也是吸纳新增城镇人口的主要载体。据国务院发展研究中心课题组（2011）测算，在 2020 年前，城市群地区将集聚中国城镇人口的 60% 以上。这就意味着，未来中国城市群集聚人口的能力还将进一步提升。为此，在推进城镇化的过程中，必须继续巩固和充分发挥城市群的主体形态作用，使之成为吸纳新增城镇人口的主要载体。首先，积极培育壮大不同等级的城市群。从长期发展看，在 2030 年前，中国应实行多中心网络开发战略，积极培育壮大不同规模的城市群，推动形成世界级、国家级和区域级三级城市群结构体系。全国城市群结构体系将成为未来支撑中国经济持续快速发展的重要增长极，也是集聚城镇人口和非农产业的主要载体。其次，不断提高城市群的可持续发展能力。对于长三角、珠三角、京津冀等成熟的城市群，要针对当前面临的资源环境承载能力约束，加快发展转型和产业升级步伐，推进区域一体化和空间结构优化，强化环境治理和生态化改造，以提升其国际竞争力、自主创新能力和可持续发展能力。对于中西部一些处于发育中的城市群，要针对人口吸纳能力不足和发展层次低的问题，全面优化投资环境，完善产业配套体系，提升中心城市功能和档次，强化各级城镇的产业支撑和分工合作，依靠产业支撑和环境优化来挖掘其发展潜力，增强发展后劲。最后，增强城市群的综合承载能力。当前，可以考虑放开城市群内中心城市郊区（县）、周边中小城市和小城镇的户籍限制，鼓励中心城市中心区人口和产业向周边扩散，同时加快城市群内快速交通网络建设，优先发展公共交通尤其是大容量轨道交通，积极推进基础设施、产业布局、环境治理、要素市场、劳动就业和社会保障等一体化，促使进城农民在城市群内中心城市郊区（县）和周边城镇居住，并通过快速交通体系到城区上班，或者实现就近就业。

三 优化发展大城市和特大城市

中国大城市和特大城市主要是直辖市、省会城市、计划单列市和重要节点城市等，从国内外经验看，大城市是参与国际竞争的核心阵地，是推进城镇化的主要力量。由于发展阶段的缘故，中国大城市的强大集聚效应还将持续一段时间。但是，对于特大城市尤其是 400 万人以上的特大城市，由于其过大的规模增加了其负外部效应，应采取必要手段进行人口规模调控，防止其无限制地扩张下去（王小鲁、夏小林，1999；Au & Henderson，2006；王小鲁，2010）。因此，未来要优化发展大城市和特大城市，实行人口、产业和功能疏散，加强综合治理，改善空间结构，提高综合承载能力和可持续发展能力，着力向高端化和服务化方向发展。首先，沿海特大城市要加快产业转型升级，提高参与全球产业分工的层次，延伸面向腹地的产业和服务链，加快提升国际化程度和国际竞争力。其次，中西部地区大城市和特大城市要加大开发开放力度，健全以先进制造业、战略性新兴产业、现代服务业为主的产业体系，提升要素集聚、科技创新、高端服务能力，发挥规模效应和带动效应。最后，区域重要节点城市要完善城市功能，壮大经济实力，加强协作对接，实现集约发展、联动发展、互补发展。

针对中国一些400万人以上的特大城市尤其是1000万人以上的巨型城市，大多已逼近资源环境承载能力的极限，甚至处于超载状态，当前急需采取综合手段对400万人以上的特大城市实行人口规模控制。这些特大城市大都处于国家城镇体系的顶层，是全国重要城市群的核心和领导城市。对这些城市既要严格控制人口规模，加强大城市病综合治理，防止城市空间过度蔓延，又要充分发挥中心城市的引领、示范和辐射带动作用。要破解这一两难的困境，关键是转变发展方式，促进城市全面转型升级，实行"去功能化"。这样就需要在控制手段上，改变目前单纯采取限制落户来控制人口规模的办法，实行产业升级和功能疏散"双向"调控。要在合理确定城市功能定位、实行功能疏散的基础上，积极引导和鼓励特大城市中心区人口和产业向周边地区扩散，同时加强快速交通网络建设，优先发展公共交通尤其是大容量轨道交通，着力推进基础设施、产业布局、环境治理、要素市场、劳动就业和社会保障等一体化，促使进城农民在特大城市郊区（县）和周边城镇居住，并通过快速交通体系到城区上班，或者实现就近就业。此外，还必须从综合承载力和宜居、可持续的角度，科学确定特大城市的增长边界，合理划定生态红线，设定生态空间的底线和开发强度的高限，促进生产、生活和生态空间和谐有序。

四　加快发展中小城市，强化产业功能

中小城市是中国城镇体系"金字塔"的基底，是扩大内需、吸纳农民进城、参与城市群产业分工和承担大城市功能疏散的重要载体。《国家新型城镇化规划（2014—2020 年)》明确提出"把加快发展中小城市作为优化城镇规模结构的主攻方向，加强产业和公共服务资源布局引导，提升质量，增加数量"。具体来讲，应针对中小城市面临的主要问题，着力加强基础设施建设，提高公共服务能力和水平，积极培育特色优势产业，强化产业功能，不断扩大就业机会，以逐步提高其人口吸纳能力。一是摒弃资源配置中的行政中心偏向和大城市偏向，鼓励引导产业项目在资源环境承载力强、发展潜力大的中小城市和县城布局，依托优势资源发展特色产业，提高产业支撑能力，增强人口吸纳能力，着力向专业化和特色化方向发

展。二是加强市政基础设施和公共服务设施建设，教育医疗等公共资源配置要向中小城市和县城倾斜，引导高等学校和职业院校在中小城市布局、优质教育和医疗机构在中小城市设立分支机构，增强集聚要素的吸引力，疏散大城市和特大城市人口、产业和经济功能。建议由中央财政设立国家中小城市建设专项资金，重点支持中小城市基础设施、公共服务设施和安居工程建设，并采取"以奖代投"的办法，对各地中小城市和小城镇建设实行奖励政策。三是完善设市标准，严格审批程序，对具备行政区划调整条件的县可有序改市，把有条件的县城和重点镇发展成为中小城市。四是培育壮大陆路边境口岸城镇，完善边境贸易、金融服务、交通枢纽等功能，建设国际贸易物流节点和加工基地。

五　继续有重点地支持小城镇发展

小城镇是中国城镇体系的重要组成部分，是吸纳农民工就地城镇化的主要空间载体。未来要按照控制数量、提高质量，节约用地、体现特色的要求，分类指导、分步实施，推进不同类型的小城镇健康有序发展。重点是支持发展一批经济实力强、发展机制活、联动城乡统筹、吸纳农民就业的特色小城镇。第一，有选择地支持一批重点镇加快发展，促进农业现代化和城镇化协调推进。通过改革创新、制定扶持政策、加强指导和管理，提高重点小城镇的社会管理和公共服务能力，加速农业地区城镇化和农业现代化发展进程。当前，可以考虑由中央和省级财政各拿出一部分资金，对在小城镇从事非农产业、吸纳农村剩余劳动力就业，且符合国家产业政策和环保要求的新办企业，实行小额贴息贷款支持。第二，具有特色资源、区位优势的小城镇，要通过规划引导、市场运作，突出城镇和产业特色，强化专业化分工协作，走"专精特深"的特色专业化道路，逐步在全国培育一批文化旅游、商贸物流、资源加工、交通枢纽等专业特色镇。第三，大城市周边的重点镇，要加强与城市发展的统筹规划与功能配套，推动小城镇发展与疏解大城市中心城区功能相结合，逐步发展成为卫星城，形成与大中城市合理分工的产业格局。第四，远离中心城市，受区位条件、发展基础与政策约束的小城镇和林场、农场等，要完善基础设施和公共服务，发展成为服务农村、带动周边的综合性小城镇。第五，启动恢复正常的设市工作，对吸纳人口多、经济实力强的镇，逐步设立为建制市，赋予同人口和经济规模相适应的管理权。

第六章

优化城镇化的空间布局

改革开放以来，中国城镇化空间集聚的态势比较明显，城市和人口进一步向东部沿海地区集聚，并在空间上形成了若干个城市和人口密集区，主要交通干道和大江大河成为城市和人口分布的聚中区。造成这种空间集聚态势的因素是多方面的，主要受自然地理条件的地带性差异、资源要素的空间集聚效应、国家发展战略的城市和空间偏向以及区域发展差距日益扩大的综合影响。应该认识到，城镇化的空间不均衡态势导致了城市人口空间分布过密、过疏的现象日益严峻、产业集聚与人口分布不协同一致、局部地区面临巨大的资源环境压力、能源和大宗商品的跨区域运输等问题。未来应该加快推进中西部地区城镇化进程，加快中西部地区产业体系建设，实行多中心网络开发战略，构建"四横四纵"的重点轴带体系，推动城镇化由空间集聚向空间均衡方向发展，形成城镇化与资源环境承载能力相匹配的空间格局。

第一节　中国城镇化布局的空间集聚态势

人类历史和世界发展经验表明，人口和城市的空间集聚分布是一种普遍规律。中国东部沿海地区有着优越的自然、地理和社会经济条件，加之改革开放以来该地区是中国的政策高地，成为中国经济发展的重心，城市和人口逐步向这一地区集聚，且这种趋势还在不断强化，这与城市、人口和产业的自然集聚规律是相契合的。然而，当前中国不同规模城市、人口和产业在局部地区大规模集聚，已经超出了这些地区的资源环境承载能力，甚至存在严重的安全威胁。本节将深入探讨中国城镇化布局的空间集聚态势。具体来看，主要体现在以下三个方面。

一　城市和人口在东部沿海地区高密度集聚

中国城市和人口在东部沿海地区高密度集聚的空间特征体现在多个层面，具体如下。

第一，从人口分界线（胡焕庸线）之东南和西北两侧来看，中国城市的空间分布格局呈现截然不同的特征。以著名地理学家胡焕庸提出的人口分界线①（瑷珲－腾冲线）为界，我

---

① 地理学家胡焕庸（1935）提出的"瑷珲－腾冲线"（现称作"爱辉－腾冲线"或"黑河－腾冲线"），是一条反映中国人口空间分布的临界线。

们把中国划分为东南地区和西北地区，统计城市数量和城市规模结构（见表6－1、图6－1）。具体来看，胡焕庸线之东南地区45%的国土面积坐拥589座城市，占全国的89.6%，城区人口38560.6万人，占城区总人口的比重高达94.3%；西北地区55%的国土面积仅分布68座城市，占全国的10.4%，城区人口2329.7万人，仅占全国的5.7%。从城市规模来看，中国城区人口超过50万人的城市共有172座，其中163座（94.8%）分布于胡焕庸线之东南地区，仅有9座（5.2%）分布于胡焕庸线之西北地区；城区人口小于50万人的城市共有485座，其中426座（87.8%）分布于东南地区，59座（12.2%）分布于西北地区。城区人口超过200万人的特大城市共有35座，其中34座分布在胡焕庸线之东南地区；中国城市数量与城市规模呈现显著的空间集中性与不均衡性，将造成局部地区资源环境的巨大压力、能源与大宗商品的跨区域流动（加大社会经济的发展成本）以及区域经济发展失衡。

表6－1　2011年胡焕庸线之东南地区和西北地区的城市规模结构

项　　目		合计	200万人以上	100万～200万人	50万～100万人	20万～50万人	20万人以下
全　国	城市个数	657	35	38	99	267	218
	人口比重(%)	100.0	43.0	12.5	17.0	20.4	7.2
胡焕庸线之东南地区	城市个数	589	34	33	96	245	181
	人口比重(%)	94.3	42.2	10.6	16.5	18.7	6.2
胡焕庸线之西北地区	城市个数	68	1	5	3	22	37
	人口比重(%)	5.7	0.7	1.8	0.5	1.7	1.0

注：人口为城市的城区人口，包括暂住人口。

资料来源：根据《中国城市建设统计年鉴》（2011）计算。

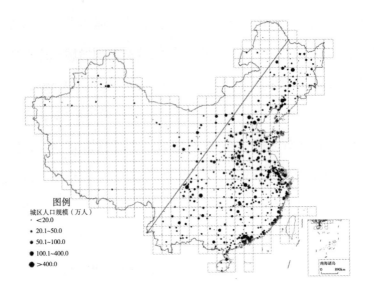

图例
城区人口规模（万人）
· <20.0
• 20.1~50.0
● 50.1~100.0
● 100.1~400.0
● >400.0

图 6 - 1　2011 年胡焕庸线之东南地区和西北地区的城市规模结构

注：图中分界线为地理学家胡焕庸 1935 年提出的 "瑷珲 - 腾冲线"。

资料来源：根据《中国城市建设统计年鉴》（2011）绘制。

第二，从四大区域来看，不同区域的城市数量由东向西呈锐减态势（见表 6 - 2）。2012 年，中国东部地区 10% 的国土面积坐拥 233 座城市，城市数量占全国的 35.6%，城市非农业人口占全国的 48.8%；西部地区 72% 的国土面积仅分布 165 座城市，城市数量仅占全国的 25.2%，城市非农业人口更是仅占 19.5%。从不同规模城市的空间分布看，东部地区 10% 的国土面积集中了全国大城市总数的 46.3%，其中非农业人口大于 100 万人的特大城市的比重达到 55.4%，而广袤的西部地区仅分布 26 座大城市，占全国大城市总数的 16.3%；东

表 6 – 2　2012 年中国四大区域城市规模结构

项　　目		合计		200 万人以上		100 万~200 万人		50 万~100 万人		20 万~50 万人		20 万人以下	
		2000年	2012年	2000年	2012年	2000年	2012年	2000年	2012年	2000年	2012年	2000年	2012年
全国	城市个数	665	655	13	26	25	39	54	95	220	250	353	245
	人口比重(%)	100.0	100.0	22.5	33.1	14.6	15.8	15.5	18.8	28.9	22.8	18.5	9.5
东部地区	城市个数	249	233	5	14	10	22	18	38	95	104	121	55
	人口比重(%)	42.3	48.8	12.2	20.2	5.9	8.9	5.4	7.7	12.4	9.9	6.5	2.1
东北地区	城市个数	90	89	4	4	4	5	12	14	28	26	42	40
	人口比重(%)	16.6	12.4	4.7	3.8	2.1	1.7	3.5	2.7	3.7	2.4	2.6	1.7
中部地区	城市个数	168	168	1	4	6	6	19	27	50	61	92	70
	人口比重(%)	21.9	19.3	1.9	3.6	3.6	2.5	5.0	5.2	6.6	5.4	4.8	2.7
西部地区	城市个数	158	165	3	4	6	6		16	47	59	98	80
	人口比重(%)	19.1	19.5	3.7	5.6	2.9	2.6	1.6	3.2	6.2	5.1	4.7	2.9

注：城市人口规模按非农业人口分组，人口数为非农业人口。

资料来源：根据《中国人口和就业统计年鉴》（2013）计算。

部地区小城市 55 座，占全国的比重为 22.5%，明显低于大城市的比重，而西部地区小城市 80 座，占全国的比重为 32.7%，显著高于该地区大城市的比重。换句话说，中国东部地区较小的国土空间高密度集聚了大量的城市和人口，规模越大的城市，分布在东部地区的趋势越明显。并且，中国城市和人口向东部地区集聚的趋势还在不断强化。在撤市设区的影响下，尽管东部地区城市数量由 2000 年的 249 座减少到 2012 年 233 座，减少城市 16 座，但非农业人口占全国的比重却由 42.3% 增长到

48.8%，提高了 6.5 个百分点；西部地区城市数量增加了 7 座，而非农业人口比重仅增长 0.4 个百分点；中部地区和东北地区的城市数量基本保持不变，而非农业人口比重下降趋势较为明显，十年间分别减少了 2.6 个百分点和 4.2 个百分点。

第三，中国城市分布的不均衡性，还体现在城市数量和城市密度的省际差异上（见图 6 - 2）。从城市数量看，2011 年中国城市共 657 座，城市数量超过 30 座的省份共有 10 个，依次为山东、广东、河南、江苏、湖北、河北、浙江、四川、辽宁和黑龙江，占全国城市的比重达到 55.3%，其中山东和广东分别有 48 座和 44 座，占全国的 7.3% 和 6.7%；城市数量低于 10 座的省份共有 4 个，分别为海南、宁夏、青海和西藏，其中青海和西藏的城市数量最少，分别为 2 座和 3 座。从城市密度来看，全国每万平方公里拥有城市 0.78 座。采用自然断裂法，将各省份的城市密度分为五级，城市密度最高一级的包括 4 个省份，分别为江苏、浙江、山东、广东，城市密度超过 2.48 座/万平方公里，其中江苏最高，每万平方公里达到 3.77 座；城市密度最低一级的包括甘肃、内蒙古、新疆、青海和西藏 5 个省份，城市密度低于 0.39 座/万平方公里，其中西藏最低，每万平方公里仅有 0.02 座城市。总体来看，中国高城市密度的省份主要分布在自然条件优越、经济较为发达的东部沿海地区，低城市密度的省份主要分布在国土面积广袤、自然环境较差且经济较为落后的西部地区，在空间上整体呈现由东向中西部逐级递减的分布规律。

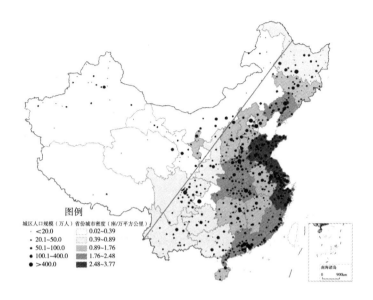

图 6 - 2　中国省份城市密度分布图

注：图中分界线为地理学家胡焕庸 1935 年提出的"瑷珲 - 腾冲线"。

资料来源：根据《中国城市建设统计年鉴》（2011）绘制。

二　在空间上形成了若干城市和人口密集区及分布带

改革开放以来，中国先后实行了"T"字型和"Π"字型的国土开发和经济布局战略。受交通干道、河流分布和国家战略的影响，目前已经形成了若干沿交通要道和大江大河的城市分布带。我们采用缓冲叠置分析法（缓冲距离 50 公里），分析中国城市沿大江大河以及主要交通干线的空间分布规律（见表 6 - 3、图 6 - 3）。从大江大河来看，目前中国基本形成了沿长江城市分布带、沿黄河城市分布带和沿珠江城市分布带，

表 6-3 2011 年中国城市分布带的基本情况

城市分布带	城市带范围 （平方公里）	城市数量 （个）	城市人口 （万人）	城市密度 （个/万平方 公里）	人口密度 （人/平方 公里）
沿长江城市带	479252	60	4785.0	1.25	100
沿珠江城市带	183733	23	2747.1	1.25	150
沿黄河城市带	435714	44	2768.4	1.01	64
沿京广线城市带	228607	68	7577.7	2.97	331
沿京哈线城市带	168570	32	4814.8	1.90	286
沿京沪深城市带	314664	98	14006.5	3.11	445
沿陇海-兰新线城市带	397697	48	3129.2	1.21	79

注：城区人口包括暂住人口。

资料来源：根据《中国城市建设统计年鉴》（2011）统计汇总。

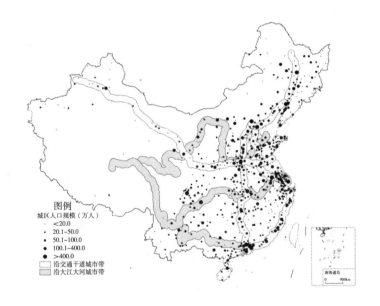

图 6-3 中国沿交通干道和大江大河城市分布带

资料来源：根据《中国城市建设统计年鉴》（2011）绘制。

这三条重要的大江大河城市带以全国 11.44% 的国土面积，集聚了全国 19.33% 的城市和 25.19% 的城市人口，城市密度和人口密度分别是全国的 1.48 倍和 2.18 倍，其中沿长江城市分布带的规模最大，城市数量 60 个，城市人口超过 4700万人。同时，沪昆铁路沿线城镇发展轴、包南（包头－西安－重庆－贵阳－南宁）沿线城镇发展轴两条发展轴初具雏形。从交通干道看，中国已经形成了沿京广线城市带、沿京哈线城市带、沿京沪深城市带、沿陇海－兰新线城市带等主要城市分布带，这四条重要的沿交通干道城市分布带以全国10.97%的国土面积，集聚了全国 34.86% 的城市和 55.71%的城市人口，城市密度和人口密度分别是全国的 2.78 倍和5.03 倍；沿交通干道城市分布带囊括了除成都、太原、大连、青岛、合肥、南宁以外的其他 29 个城区人口超过 200 万的特大城市。正是良好的交通条件产生了大的流通，强化了城市之间的联系，驱动了沿线城市经济发展。随着快速交通网络，尤其是"四纵四横"高速铁路网的建设，中国将逐步形成网络状的城市分布带。

　　我们采用空间场能来反映中国城市、人口及经济的时空格局（见图 6-4）。对区域发展来说，空间场能高不仅意味着受区域中心城市的影响力强，区域联系"通道"快捷高效，而且意味着未来发展潜力较大；反之，则意味着中心城市的带动能力较弱或者距离中心城市较远、区域联系"通道"不畅，未来发展潜力较弱（关兴良等，2012）。从图 6-4 可以看出，中国已经形成了若干个城市和人口密集区，长三角地区、珠三

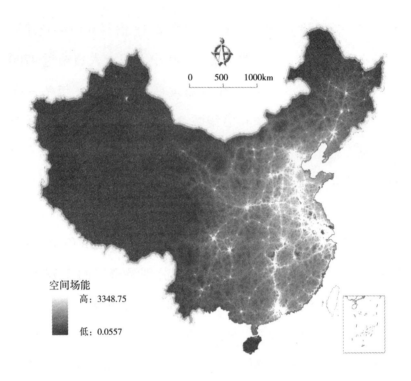

图 6-4 中国区域空间场能的分布格局

资料来源：作者自绘。

角地区和京津冀地区是发育较为成熟且区域经济联系紧密的城市密集区。同时，辽中南、山东半岛、成渝地区、关中平原、中原地区、武汉城市圈、长株潭地区等城市和人口集聚区逐步形成。随着现代交通网络的建设，很多城市和人口密集区相互串联在一起，形成了城市和人口分布带。具体来看，在沿江发展轴上形成了长江三角洲城市群、江淮城市群、长江中游城市群、成渝城市群；在陇海-兰新线发展轴上形成了中原城市群、关中-天水城市群、兰州-西宁城市群、天山北坡城市群；在沿海发展轴上形成了辽中南城市群、山东半岛城市群、长江三角洲城市群、海峡西岸城市群、珠江三角洲城市群、北部湾城市群，是中国最成熟、最重要的一条人口和产业密集带；在京广线发展轴上形成了京津冀城市群、冀中南城市群、中原城市群、长江中游城市群、珠江三角洲城市群。

三　城市人口过密过疏日益严峻

中国城市人口过密过疏首先体现为城市人口密度的省份差异。2011 年，中国城市城区人口 40890.33 万人，平均每万平方公里为 43 人。城市人口密度前五位的省份依次为上海市、北京市、天津市、广东省、江苏省，人口密度分别为 3761 人/平方公里、1062 人/平方公里、530 人/平方公里、267 人/平方公里、265 人/平方公里；城市人口密度末五位的省份分别为甘肃省、内蒙古自治区、新疆维吾尔自治区、青海省、西藏自治区，人口密度分别仅有 13.6 人/平方公里、7.3 人/平方公里、4.0 人/平方公里、1.8 人/平方公里、0.4 人/平方公里；上海的城市人口密度是西藏的 9246 倍。

为了更深入地分析城市人口的空间集聚差异，我们采用格网密度分析法将中国划分为 150km×150km 的格网，分别统计格网内的城市数量和城市人口规模（见图 6－5）。结果显示，城市人口规模超过 1000 万的格网有 4 个，城市人口分别达到 3131.1 万人、2653.0 万人、1817.8 万人、1053.6 万人，共计

8655.5万人，占全国的21.2%；人口规模介于500万～1000万
人的格网共13个，城市人口为9350.8万人，占全国的22.9%；
人口规模介于250万～500万人的格网共29个，城市人口
10208.2万人，占全国的25.0%；人口规模介于50万～250万人
的格网共88个，城市人口10325.0万人，占全国的25.3%；人
口规模低于50万人的格网共94个，城市人口2350.9万人，占
全国的5.7%。从空间上看，目前中国已经形成了长三角、珠三
角、京津冀和成渝地区的城市人口高度集聚区。此外，辽中南
城市群、山东半岛城市群、中原城市群、武汉城市圈、长株潭
城市群、海峡西岸城市群也是中国城市和城市人口密集区。

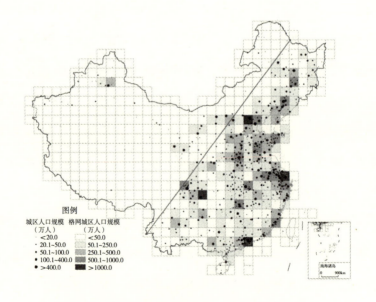

图6-5 2011年中国城市城区人口格网密度分布图

资料来源：根据《中国城市建设统计年鉴》（2011）绘制。

　　同时，为了更深入地揭示中国城市人口空间分布的规律，采用罗伦兹曲线对中国城市城区人口规模进行分析（见图6 - 6）。结果显示，中国城市人口的空间分布具有很强的不均衡性，228 个格网（占全国的 44.4%）集中了所有的城市城区人口，55.6% 的格网没有城市人口分布；人口密度最大的 22 个格网（占全国的 4.3%）集中了 20785.0 万人，超过全国城市总人口的一半以上。中国城市人口的过密过疏导致局部地区已经超出了资源环境承载容量，尤其是城市和城市人口高度集聚的城市群地区，人口和产业的高度集聚已造成了巨大了资源环境压力和安全威胁。

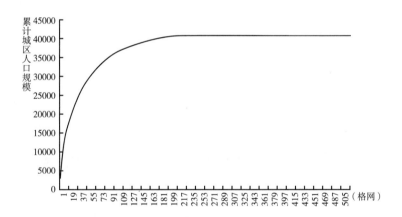

图 6 - 6　2011 年中国城市城区人口规模的罗伦兹曲线

资料来源：作者自绘。

四　产业集聚与人口分布不协同一致

改革开放以来，中国区域经济发展经历了一个极不平衡的过程，沿海发达省份的产业集聚快速推进，而中西部地区产业集聚却相对滞后，与此同时，随着劳动力的大量流动，人口的分布也在发生着变化，但是种种迹象表明人口的集聚并没有与产业的集聚相协同，造成了产业在东部高度集聚而人口并没有相应转移的局面。正是这种人口与产业空间上的不匹配，造成了中国区域经济发展的严重不平衡（魏后凯等，2012；蔡翼飞、张车伟，2012）。我们测算了人口与产业不匹配指数（M_i）的变化情况（见图6-7），全国的 M 指数（顶端虚线所示）呈现先平稳后上升再下降的变化过程，1978～1990年，全国的人口与产业分布不匹配指数呈平稳趋势，1991～1994年，急剧上升，1995～2003年，又保持平稳状态，2003～2012年，不匹配指数又逐渐下降，由历史最高的 0.4216 下降到 0.3219，基本又回到改革开放初期的水平。从四大区域的匹配性趋势来看，东部地区的不匹配指数总体呈现先扩大后减小的趋势，不匹配指数从1978年的 0.1378 扩大到 2003 年的 0.2050，而后逐步下降到了2012年的 0.1506，东北地区不匹配指数下降，中西部地区基本稳定。然而，从四大区域的横向比较看，东部地区的不匹配指数最大，分别是西部地区的 1.66 倍、中部地区的 2.32 倍、东北地区的 9.70 倍。由此反映出，东部地区人口产业不匹配最为严重，2012 年集中了全国 51.3% 的地区生产总值，而人口占全国的比重只有 38.2%。正是东部地区产业集聚和人口分布的不协同导致了居高不下的区域发展鸿沟。

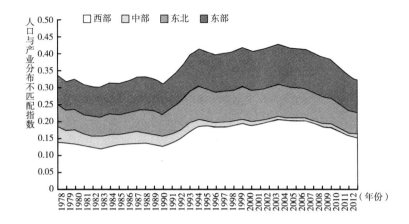

图6-7　中国区域人口和产业不匹配指数

注：人口与产业不匹配指数（M_i）是指某地区 i 的 GRP 占全国 GRP 的份额与人口占全国总人口的份额之差的绝对值，计算公式为：$M = \sum_i M_i = \sum_i \left| \dfrac{GRP_i}{\sum GRP_i} - \dfrac{POP_i}{\sum POP_i} \right|$

资料来源：根据《新中国五十五年统计资料汇编》和《中国统计年鉴》（2006～2013）数据计算。

第二节　中国城镇化空间集聚态势的形成机理

城镇和人口的空间集聚是世界城镇化进程中的普遍现象，也是符合人类社会和经济发展规律的。但是，也要看到，中国城镇化的空间集聚已经造成了城市和人口空间过密过疏，局部地区已经超出了资源和环境承载能力，在某种程度上威胁了中国健康可持续城镇化的推进。因此，有必要深入揭示当前中国城镇化空间集聚态势的形成机理，为优化城镇化空间格局提供科学支撑。我们认为，自然条件差异、空间集聚效应、国家战略偏向以及区域发展差距是造成中国城镇化空间集聚的主要因素。

一 自然地理条件的地带性差异

中国陆地国土空间面积广大，居世界第三位，但是自然地理条件的区域差异显著。从地势来看（见图6-8），中国陆地地势西高东低，成阶梯状分布，大体可以划分为三级阶梯。其中，一级阶梯平均海拔在4500米以上，主要包括青藏高原；

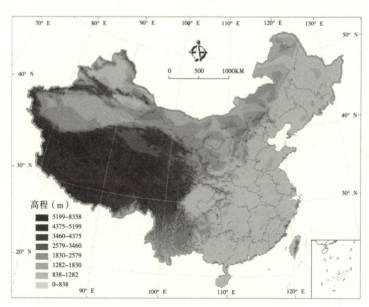

图6-8 中国陆地地势的三级阶梯格局

资料来源：作者自绘。

二级阶梯平均海拔 2000～3000 米，主要包括内蒙古高原、黄土高原、云贵高原以及准噶尔盆地、四川盆地和塔里木盆地；三级阶梯大部分海拔在 1000 米以下，主要是平原和丘陵。总体上，一级和二级阶梯主要包括西部地区，城市和人口分布稀疏，三级阶梯主要涉及东部沿海地区、中部地区以及东北三省，是城市和人口的主要分布区域。从生态状况来看，中国生态脆弱区域面积广大。据《全国主体功能区规划》测算，中国中度以上生态脆弱区域占全国陆地国土空间的 55%，其中极度脆弱区域占 9.7%，重度脆弱区域占 19.8%，中度脆弱区域占 25.5%。从适宜开发建设情况看，中国山地多，平地少，约 60% 的陆地国土空间为山地和高原。适宜工业化、城镇化开发建设的国土面积有 180 余万平方公里，但扣除必须保护的耕地和已有建设用地，今后可用于工业化、城镇化开发及其他方面建设的面积为 28 万平方公里左右，约占全国陆地国土总面积的 3%。可以看出，中国是一个国土大国，但国土空间差异十分显著，大部分地区的自然条件和生态环境极其脆弱，适宜开发的国土面积较少，可用于城镇化和工业化开发建设的国土面积更少，这就决定了中国涉及 10 多亿人口的大规模城镇化只能在很小的空间推进。中国的这种自然地理条件的差异性，造成了人口的空间不均衡分布。早在 1935 年，著名地理学家胡焕庸发现从黑龙江省瑷珲县到云南省腾冲县之间的人口地理分界线（胡焕庸线），是中国人口分布空间格局的分界点，两侧的人口呈现截然不同的分布特征。胡焕庸线之东南地区与西北地区的国土面积比为 9∶16，对应的人口比却高达 19∶1（胡焕庸，1935）。近 80 年时间过去了，中国社会经济发生了翻天覆地的变化，但胡焕庸线两侧的人口分布却没有多大变化。2011 年，胡焕庸线之东南侧与西北侧的城市人口比例为 16.5∶1，与过去保持大体一致的水平。

二 资源要素的空间集聚效应

空间集聚效应是指人口、产业、资源要素和经济活动在空间上集中产生的经济效果，是引导城市形成和规模扩大的基本因素。城镇化地区是人口、资金、技术和产业等要素不断集聚的空间载体，在城镇化地区形成演化的过程中，人口和产业的集聚效应将发挥重要的作用。一般来说，产业之所以要集聚发展，并不断向更高级阶段的产业集群发展，是因为在产业集聚过程中，可以通过多种途径，如降低成本、刺激创新、提高效率、加剧竞争等，提升整个区域的竞争能力，并形成一种集聚外部经济（魏后凯，2003）。是否充分发挥资源要素的空间集聚效应，对一个地区乃至一个国家的社会经济发展都具有举足轻重的作用。例如，中国在"三线"建设时期，生产要素按照平均主义进行均衡布局，违反了资源要素的空间集聚效应，最后导致资源配置效率低下；改革开放以后，中国实行了工业优先和城市优先的双优先发展战略，这种集中力量搞建设的发展模式充分发挥了资源要素的集聚效应和规模效应并取得了巨大成功。在城市群地区，不同规模城市、人才、技术和企业在地理位置上的邻近，有利于发挥集聚效应，带来了成本优势和规模优势，促使其成为一个国家乃至整个世界经济发展格局中最具活力和潜力的战略支撑点和核心增长极。例如，美国东北部大西洋沿岸城市群以 1.5% 的国土面积集中了美国 20% 的人口、30% 的制造业产值，成为美国最大的生产基地和商业贸易中心，也是世界最大的金融中心；日本太平洋沿岸城市群集中了日本 60% 以上的人口、75% 的工业产值。改革开放以来，中国东部沿海地区得到了迅速发展，同时也要看到，东部社会经济发展水平最高的区域集中在珠三角、长三角和京津冀三大核心区。当前，为了实现区域经济协调发展、缩小地区差距，中国在中西部地区选择并逐步培育若干城市群，这是符合空间集聚效应的客观规律的。

三　国家发展战略的城市和空间偏向

近年来，中国城镇化布局进一步向东部地区高密度集聚与国家发展战略是密不可分的。一方面，城市偏向型的经济和社会政策导致越来越多的经济资源向城市汇集（陆铭和陈钊，2004），城乡收入差距日益扩大，农村剩余劳动力不断向城市转移，尤其是向大城市和特大城市转移，一些城市的规模迅速膨胀，造成了较为严重的人口过密问题和资源环境问题。另一方面，改革开放以来国家发展战略的区域偏向造成了东部地区城市、人口和产业的快速增长，以及大城市的规模膨胀。新中国成立后，中国实行了区域均衡发展战略，试图通过生产力的均衡布局来缩小地区差距。然而，均衡发展战略忽视了经济发展和区域生产力布局的效率原则，以牺牲投资效益为代价，导致全国经济发展延缓，造成了较大损失。改革开放以来，在总结过去经验教训的基础上，国家实施了效率优先的非均衡发展策略，东部沿海地区成为中国经济发展的重心，其中在20世纪80年代初期重点发展珠江三角洲，80年代末期全力打造长江三角洲，90年代中期重点建设京津唐及环渤海地区。在此期间，大量的资金、项目和建设用地指标向东部地区倾斜，同时设立了经济特区、沿海开放城市、经济技术开发区、保税区等，并配备完整的优惠政策，吸引了大量的国外资本和技术，建立了完整的产业分工协作体系，中西部地区剩余的廉价农村劳动力大规模拥向沿海地区。毫无疑问，在东部优先发展战略的影响下，全国城市和人口进一步向东部沿海地区集聚，加剧了东部地区的资源环境压力和大宗物品的跨区域流动。正因为如此，自20世纪90年代末以来，中央区域政策更加强调区域协调发展，先后实施了西部大开发、促进中部崛起和东北地区等老工业基地振兴战略，对落后地区和问题区域实行"雪中送炭"，这有助于减小东部地区的资源环境压力，促进城市和人口在全国国土空间的均衡分布。

四 区域发展差距的综合影响

中国东部与中西部之间愈发严峻的经济差距是受自然本底条件、国家发展战略以及市场经济规律的综合影响的结果，这种区域发展差距是造成城镇化空间失衡的基本动力。据统计，2010 年沿海地区的长三角、珠三角、京津冀三大城市群以 3.63% 的国土面积集聚了全国 16.57% 的人口，创造了 33.78% 的地区生产总值、32.5% 的社会消费品零售总额和 74.48% 的进出口总额（见表 6-4），而整个中西部地区的生产总值之和占全国的比重仅为 39.3%。事实上，中国区域差距首先体现在产业的区域差距上，这也是造成区域经济发展差距的重要原因。

表 6-4 2010 年沿海三大城市群主要指标

		人口（万人）	面积（万平方公里）	地区生产总值（亿元）	全社会固定资产投资（亿元）	社会消费品零售总额（亿元）	进出口总额（亿美元）
实际值	长三角	8490.75	10.99	70381.76	33414.68	23956.53	10378.60
	珠三角	5616.39	5.47	37673.26	11355.80	12613.24	7513.03
	京津冀	8111.79	18.38	39598.67	23294.78	14457.88	4257.52
	合 计	22218.93	34.84	147653.69	68065.26	51027.65	22149.15
占全国比重（%）	长三角	6.33	1.14	16.10	12.01	15.26	34.90
	珠三角	4.19	0.57	8.62	4.08	8.03	25.26
	京津冀	6.05	1.91	9.06	8.38	9.21	14.32
	合 计	16.57	3.63	33.78	24.47	32.50	74.48

资料来源：根据《中国城市统计年鉴》（2011）和各地区统计年鉴计算。

受自然条件、交通区位条件、国家战略以及外商在华投资在沿海地区高度集聚的影响，中国制造业分布呈现显著的空间集中性和区域不平衡性，一直保持"东高、中中、西低"的格局。正是制造业在东、中、西部的不均衡分布，导致了中国日渐扩大的区域差距。从空间上看，中国制造业大部分集中在东部沿海地区。2011 年，中国制造业总产值、应交增值税、从业人员数分别为 671167.1 亿元、16846.1 亿元和 6435.3 万人，其中东部 10 个省份对应的份额分别达60.7%、58.6% 和 62.9%；中西部 18 个省份则分别只有31.0%、34.3% 和 30.6%，仅江苏、山东、广东、浙江和辽宁五个东部省份就占了全国制造业的近一半。从时序上看（见图 6-9），东部沿海地区的总体份额不断递增，由 1990年的 55.48% 增加到 2011 年的 60.73%，提高了 5.25 个百分点，上海、北京和天津却有不同程度的降低，其中上海作为计划经济时期中国最重要的工业基地之一，1990 年其在全国制造业中的份额排第二，2011 年迅速跌至第九，其余七个省份均有上升，山东、广东和江苏上升的幅度较为显著。中部和西部地区的份额变化不大，但河南省的份额上升较快，提高了 1.77 个百分点。东北地区的份额则显著下降，由 1990 年的12.41% 下降到 2011 年的 8.26%，下降了 4.15 个百分点，尤其是黑龙江和辽宁，分别下降了 1.95 个百分点和 1.74 个百分点。总的来看，改革开放以后中国制造业越来越向若干沿海省

份集中，东部和中西部地区在产业布局上已经形成典型的
"中心－外围"格局。

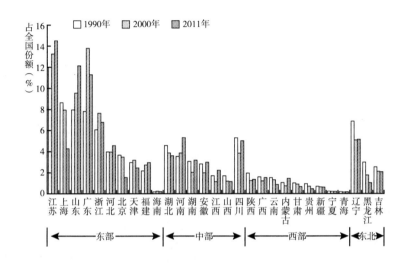

图 6 – 9　1990 ~ 2011 年中国省份制造业在全国所占份额

注：考虑到采矿业（B6 ~ B11），木材及竹材采运业（B12），电力、蒸
汽、热水生产及供应业（D44），煤气生产和供应业（D45），自来水生产和供
应业（D46）等行业依赖本地自然资源禀赋及市场需求，我们只考虑工业中的
制造业细分行业。

资料来源：根据 1991 年、2001 年和 2012 年《中国工业经济统计年鉴》计算。

从产业层次来看，中国高技术产业发展的区域不平衡更为
明显（见表6 – 5）。2011 年，中国高技术产业总产值88434 亿
元，其中东部地区高技术产业总产值占全国的比重达到
78.84%，从业人员比重达到了75.87%，R&D 人员全时当量
占全国的比重近80%；中西部18 个省份的总产值比重仅为
17.43%，从业人员比重为20.65%，R&D 人员全时当量比重
为16.99%。尤其是，以北京和天津为核心的环渤海高技术产

业基地、以深圳和广州为核心的珠江三角洲高技术产业基地、以上海为龙头的长江三角洲高技术产业基地已经成为中国高技术产业集聚中心。

表 6－5　中国四大区域高技术产业生产经营变化情况

单位：%

区　域	2000 年			2005 年			2012 年		
	主营业务收入比重	从业人员比重	R&D 人员全时当量比重	主营业务收入比重	从业人员比重	R&D 人员全时当量比重	主营业务收入比重	从业人员比重	R&D 人员全时当量比重
东部地区	80.4	60.8	49.6	88.5	78.0	65.0	76.6	73.9	79.6
东北地区	6.0	8.8	7.8	3.1	4.6	7.1	3.8	3.5	3.3
中部地区	6.4	13.6	15.2	4.3	8.8	13.4	10.9	13.2	9.7
西部地区	7.2	16.8	27.5	4.1	8.9	14.6	8.8	9.3	7.4
合　计	100	100	100	100	100	100	100	100	100

资料来源：根据《中国高技术产业统计年鉴》（2012）计算。

第三节　优化城镇化空间布局的战略思路

当前，中国城镇化的空间集聚态势是由多方面因素共同作用的结果，不仅受区域自然本底条件的影响，而且受空间集聚效应和规模效应的影响。特别地，国家不均衡发展战略导向下经济发展水平和城镇化进程的区域差异是造成当前局面的内在因素。要优化城镇化的空间布局和形态，其本质就是要实现区域协调发展，不断缩小各地区人均居民收入差距，让各地区居民能够享受到均等化的基本公共服务和等值化的生活质量。当前亟须加快推进中西部地区城镇化进程，严格控制城镇化的空间增长红线，实行多中心网络开发战略，推动形成"四横四纵"的城镇化战略格局，努力扭转城镇化空间失衡状态。

一　加快推进中西部地区城镇化进程

当前，东部地区城镇化率已超过 60%，进入城镇化减速推进时期。2011～2012 年，东部地区城镇化率年均提高 1.08 个百分点，远低于 2001～2005 年的年均提高 1.43 个百分点和 2006～2010 年的年均提高 1.59 个百分点。预计东部地区城镇化的这种减速趋势将会持续下去。相比较而言，目前中西部地区城镇化率尚未越过 50% 的拐点，今后一段时期内，中西部城镇化进程仍将会保持较高的速度，短期内甚至会呈现加速态势。2011～2012 年，中部和西部地区城镇化率年均分别提高 1.81 个和 1.66 个百分点，远高于"十五"和"十一五"时期，更高于东部地区（见表 1～3）。由此可见，由于城镇化阶段的不同，目前东部地区已经进入城镇化减速时期，而中西部地区仍处于城镇化加速时期，未来中国加快城镇化的主战场在中西部地区。中西部地区将成为未来中国推进城镇化和吸纳新增城镇人口的主要载体。加快中西部地区的城镇化进程，不仅有助于推动中西部的就地城镇化，减少中西部人口向东部流动，缓解东部珠三角、长三角和京津冀三大城市群人口、产业高度集中的压力，而且有助于缩小中西部与东部地区之间的发展差距，促进国土空间均衡开发和区域协调发展。

正因为如此，中央农村工作会议提出"到2020年，要解决约1亿人口在中西部地区的城镇化"。按照规划，如果到2020年中国城镇化率达到60%左右，以2012年为基数，全国新增城镇人口将达到1.26亿人左右。这就意味着，2020年之前中国新增城镇人口近80%需要依靠中西部地区来吸纳。要实现这一目标，还是有一定难度的。2000～2012年，中国各地区新增城镇人口约2.51亿人，其中，东部地区吸纳45.8%，中西部地区吸纳50.3%（见表6-6）。因此，要实现中央提出的到2020年"解决约1亿人口在中西部地区的城镇化"，主要有两种可能：一是到2020年全国城镇化水平突破60%的规划目标；二是加快推进中西部城镇化进程，提高中西部吸纳新增城镇人口的比重。但无论如何，未来要把中西部吸纳新增城镇人口的比重从50%提高到近80%，将具有较大的难度。

表6-6 2000～2012年中国各区域吸纳新增城镇人口情况

地 区	城镇人口（万人）		新增城镇人口	
	2000	2012	数量（万人）	比重（%）
地区总计	46567	71625	25058	100
东部地区	20354	31833	11479	45.8
东北地区	5555	6540	985	3.9
中部地区	10449	16955	6506	26.0
西部地区	10208	16297	6089	24.3

资料来源：根据《中国统计年鉴》（2001、2013）计算。

未来要加快中西部地区城镇化进程，主要从三个方面入手。一是大力培育建设城市群。中西部地区已初步形成武汉城市圈、长株潭城市群、江淮城市群、中原城市群、成渝城市群、关中城市群等，应认真抓好这些城市群的规划建设，让城市群吸纳更多的新增城镇人口，使之成为推进城镇化的主体形态。二是抓好中小城市和小城镇发展。由于生活成本和进城门槛低、劳动力资源丰富等优势，具有家乡情结的企业家和返乡农民工越来越愿意在离家近的中小城市及小城镇投资和就业。关键是要加强基础设施和公共服务建设，完善相关配套政策，吸引投资、产业和项目，合理引导人口集聚。三是提高中西部城镇产业支撑能力。产业是城镇化的核心支撑。没有产业的支撑，城镇化就会缺乏持久的动力，成为"空壳化"。当前，中国的制造业高度集中在沿海地区，而人口主要分布在中西部地区，为促进人口与产业协同集聚，必须积极引导和促进沿海产业向中西部转移，为中西部创造更多的就业机会。中西部地区要积极优化环境，创造有利条件，从自身优势出发有选择地承接产业转移，把产业承接与产业升级有机结合起来，做到产业承接、污染不承接，而不能来者不拒。

二　严格控制城镇化的空间增长红线

当前，中国城镇化在沿海地区尤其是三大城市群的高度集聚现象，与这些地区在就业机会、工资收入、公共服务水平等方面的竞争力和吸引力密切相关，而肆意的用地扩展、超警戒线的土地开发强度以及对生态空间底线的无视加剧了这种集聚态势。未来亟须严格控制城市空间的增长红线，优化各地区建设用地布局，设置开发强度的"天花板"，明确城市的增长边界，防止城市地区过度开发、"满开发"和乱开发（魏后凯，2009）。

第一，优化建设用地布局。城市建设用地是城镇化的空间载体，优化建设用地布局是优化城镇化空间格局的重要举措。当前，东部沿海地区集中了全国大部分的建设用地规模，2011年东部、中部、西部建设用地的比例①为50.2∶28.4∶21.4。为此，未来要按照"大分散、小集中"的原则，将三大地带的建设用地比重调整为45∶30∶25。在"大分散"上，严格控制东部地区的建设用地增量，把握工业化、城镇化重心向中西部转移的有利时机，充分发挥中西部土地资源相对丰富的特点，逐步加大中西部建设用地的供应指标，优化建设用地规模的空间布局。在"小集中"上，努力提高城镇人口承载能力，不断扩大城镇有效规模，聚集更多的人口。在城镇内部布局优化中，要充分利用建筑科技的进步，在中心城区积极发展"高层高密度"建筑群和地下立体基础设施网络；在城镇边缘地

---

① 东部、中部、西部按照三大地带划分。数据来自《中国城市建设统计年鉴》（2011）。

区集中建设符合国家用地标准的各类产业园区，改变产业园区过于分散的做法；在郊区要严格限制"低层低密度"居住区的发展，大力促进"低层高密度"和"高层低密度"社区的形成（刘勇，2014）。

第二，设置开发强度的"天花板"。近年来人口和产业不断向东部沿海集聚，尤其是向三大城市群集聚，造成了这些地区的土地开发强度过高，而土地资源丰富的中西部地区却没有得到应有的开发（魏后凯，2009）。按照国际惯例，一国或一个地区土地开发强度[①]的警戒线是 30%，超过该警戒线，人的生存环境就会受到影响。一些发达国家和地区的开发强度都在警戒线以下，如日本三大都市圈开发强度仅为 15.6%，德国斯图加特为 20%，法国巴黎地区为 21%，作为国际大都市的中国香港，土地开发强度也仅为 19%（杨伟民，2008）。与此形成鲜明对比的是，中国一些城市的开发强度远远超过警戒线，深圳为 47%，东莞为 43.8%，整个珠三角地区的开发强度已超过 40%（张亚莉，2011）。为此，未来要强化空间管控，设置开发强度的最高限度，即"天花板"。对国家级优化开发区和重点开发区，其总体开发强度以不超过 25% 为宜；对处于这两个主体功能区内的城市地区，其开发强度也不能超过 30%。对于限制开发区域，着重进行点状开发，并设置相

---

① 土地开发强度，指的是一个区域建设用地占该区域土地总面积的比例。

应的开发强度高限（魏后凯，2009）。

第三，设立生态空间的"底线"。目前，城市建成区向四周农村地区迅速蔓延，不断吞噬着大量农田和生态空间，有些相邻城镇和工业区已连成一片，形成漫无边际、缺乏生态空间的"水泥森林"，有的城市甚至提出要消灭"农村"。显然，缺乏足够生态空间的城市地区是不宜居的。《国家新型城镇化规划（2014—2020 年）》明确提出，到 2020 年全国城市建成区绿地率达到 38.9%。但是，从更大范围来看，一个区域尤其是城镇化地区的生态空间也应该有一个底线，而不能让城市空间无限蔓延，并相互连成一片。要严格实施《全国主体功能区规划》，对优化开发、重点开发、限制开发和禁止开发四类主体功能区，要科学地设置生态空间的底线。在四类主体功能区内，也应设置相应的生态空间底线（魏后凯，2009）。

第四，合理安排各类用地的比例。近年来，中国城市内部各类用地结构严重不合理，生产空间偏高，而生活和生态空间偏低，生产空间、生活空间和生态空间（"三生"空间）比例失调。2011 年，中国城市建设用地的总规模达到41805.25 平方公里，其中工业用地的比重为 20.90%，居住用地的比重为 31.55%，工业用地和居住用地比例为 1:1.5，绿地占城市建设用地的比重仅有 10.68%（见表 6-7）。而发达国家城市居住用地的比重普遍在 40%～50%，工业用地和住宅用地比例一般保持在 1:3 左右，法国这一比例仅为 1:5，日本更是仅有1:6。中国工业用地不仅比重偏高，而且价格明显偏低，长三角城市工业地价仅相当于日本三大都市圈的6.7%～11.9%，珠三角这一比重只有5.6%～10%，京津只有6.7%～11.8%。

表6-7 2011年中国不同等级规模城市建设用地结构

城区人口规模分类	城市数（个）	城市建设用地面积比重（%）								
		居住用地	公共设施用地	工业用地	仓储用地	对外交通用地	道路广场用地	市政公用设施用地	绿地	特殊用地
200万人以上	35	29.82	12.39	21.23	4.33	4.67	12.18	3.63	9.75	2.00
100～200万人	38	30.14	11.76	23.88	3.41	4.69	10.99	3.27	10.22	1.63
50～100万人	99	32.58	12.09	21.29	3.36	4.22	11.08	3.17	10.82	1.39
20～50万人	267	33.16	11.92	19.19	3.62	4.53	10.61	3.89	11.58	1.49
20万人以下	218	33.90	11.43	18.28	3.83	3.66	11.27	3.72	12.28	1.65
合计	657	31.55	12.04	20.90	3.79	4.46	11.34	3.56	10.68	1.68

注：城市人口规模按城区人口分组，城区人口包括暂住人口。
资料来源：根据《中国城市建设统计年鉴》（2011）计算。

中国工业用地与住宅用地价格比例也明显低于日本等发达国家（魏后凯，2009）。一些地方工业出让价格实际上是"零地价"。事实上，过去中国不少地方是以牺牲居住和生态用地为代价来高速推进工业化的，显然这违背了以人为本的科学发展理念。从适宜人居创业的角度看，我们不仅需要良好的生产和工作空间，而且需要良好的居住、生态和休闲空间。为此，在推进城镇化的过程中，必须坚持以人为本的原则，按照生活、生态、生产的优先次序，合理确定用地结构和比例，调控用地价格，并设置工业用地比重的最高限度。

三　实行多中心网络开发战略

在新的发展形势下，传统不均衡的城镇化空间格局越来越不适应全国一体化发展的需要，甚至成了阻碍全国经济一体化和区域协调发展的重要因素。未来亟须构建多中心网络型的国土开发与城镇化战略布局框架，以城市群（都市圈）为中心，以综合交通运输网为纽带，实行多中心网络开发战略，规范空间开发秩序，引导人口和产业协同集聚，推动形成全国经济一体化和区域协调发展的新格局（魏后凯，2009）。

所谓"多中心"，就是要在抓好珠三角、长三角、京津冀地区经济转型升级的基础上，依托大都市圈和城市群的建设，在环渤海、东北地区和中西部培育一批新的增长极和增长区，形成"多中心"的多元化区域竞争格局。自 20 世纪 80 年代以来，中国经济的高速增长主要是依靠珠江三角洲和长江三角洲等少数地区来支撑的。从未来的发展趋势看，这种依靠少数地区来支撑中国经济高速增长的格局将一去不复返。考虑到城市群发展条件、发展阶段的差异，未来应依托重点开发轴线逐步培育并构建全国三级城市群体系，使之成为支撑未来中国经济高速增长的新的主导地区和增长极，形成"群雄并起"、多中心的多元化区域竞争格局（见表 6 - 8）。第一级为世界级城市群，包括长江三角洲城市群、珠江三角洲城市群、京津冀城市群和长江中游城市群4个;第二级为国家级城市群,包括成渝城市群、山东半岛城市群、关中-天水城市群、海峡西岸城市群、辽中南城市群、哈长城市群、兰州-西宁城市群、北部湾城市群、中原城市群、江淮城市群10个;第三级为区域级城市群,指影响力局限在省域范围内的城市群或城镇化地区,包括冀中南城市群、太原城市群、呼包鄂城市群、黔中城市群、滇中城市群、宁夏-沿黄城市群、东陇海城市群、天山北坡城市群和藏中南地区9个。在2020年前,长江三角洲城市群、珠江三角洲城市群和京津冀城市群有条件培育成为世界级城市群,而长江中游城市群则有可能在2030年前培育成为世界级城市群。

表6-8 全国三级城市群的结构体系

类别	个数	主要城市群
世界级	4	长江三角洲城市群、珠江三角洲城市群、京津冀城市群、长江中游城市群
国家级	10	成渝城市群、山东半岛城市群、关中-天水城市群、海峡西岸城市群、辽中南城市群、哈长城市群、兰州-西宁城市群、北部湾城市群、中原城市群、江淮城市群
区域级	9	冀中南城市群、太原城市群、呼包鄂城市群、黔中城市群、滇中城市群、宁夏-沿黄城市群、东陇海城市群、天山北坡城市群、藏中南地区

资料来源:作者整理。

所谓"网络开发",就是在继续完善沿海轴线的基础上,进一步加强沿长江轴线尤其是中上游地区的开发,并依托主要交

通干道和综合交通运输网络，以城市群为载体，以主要中心城
市为节点，加快推进建设一批新的国家级重点开发轴线，逐步
形成"四横四纵"的网络型国土开发与城镇化战略布局格局
（见图6-10）。这样，通过多中心网络开发，逐步培育一批支
撑全国经济高速增长的新增长极、增长区、增长带和增长轴，
推动形成一体化和均衡化的国土空间结构（魏后凯，2009）。

图 6-10   2030 年中国城镇化的空间布局战略

资料来源：作者自绘。

四   构建"四横四纵"的重点轴带体系

2000 年 10 月中共十五届五中全会通过的《中共中央关于制

定国民经济和社会发展第十个五年计划的建议》，首次提出要不
失时机地实施城镇化战略，并明确要逐步形成合理的城镇体系。
此后的《全国城镇体系规划纲要（2005—2020 年）》提出要形
成"多中心"的城镇化空间结构，并构建加强区域协作的"一
带六轴"，即沿海城镇带和京广发展轴（含京九线）、京 – 呼 –
包 – 银 – 兰（包括西宁） – 成 – 昆 – 北部湾发展轴、哈大发展
轴、沿江发展轴、陇海 – 兰新发展轴、上海 – 南昌 – 长沙 – 贵
阳 – 昆明发展轴。2006 年 3 月发布的国家"十一五"规划纲要，
提出要逐步形成以沿海及京广京哈线为纵轴，长江及陇海线为
横轴，若干城市群为主体的"两横两纵"城镇化空间格局。
2010 年 12 月发布的《全国主体功能区规划》，则提出构建以陆
桥通道、沿长江通道为两条横轴，以沿海、京哈京广、包昆通
道为三条纵轴，以国家优化开发和重点开发的城市化地区为主
要支撑，以轴线上其他城市化地区为重要组成部分的城市化战
略格局。2013 年 12 月召开的中央城镇化工作会议进一步明确，
要按照"两横三纵"的城镇化战略布局，一张蓝图干到底。

可以看出，各个层面的国家规划都对城镇化的战略布局高
度重视，并提出了相应的战略构想。这些规划尽管颁布的时间
不同，但规划期均为 2020 年及之前，所提出的城镇化战略布
局构想大都是中短期的，战略性和长远性不够。同时，《全国
主体功能区规划》提出的城镇化地区（城市群）的空间范围
差别太大，譬如最大的环渤海城镇化地区包括了京津冀城市

群、辽中南城市群和山东半岛城市群，最小的藏中南城镇化地区仅包括拉萨市及周边地区。尽管《全国城镇体系规划纲要（2005—2020 年）》划定的 3 个大都市连绵区和 13 个城镇群的空间范围具有可比性，对城市群的作用和层次也进行了差别化对待，但其提出的"一带六轴"太过于重视沿海发展轴，忽视了内陆发展轴在推动全国经济一体化与区域协调发展中所发挥的重要作用。显然，这有悖于中国实施区域发展总体战略的优先次序。事实上，深入实施西部大开发、全面振兴东北地区等老工业基地、大力促进中部地区崛起等支持中西部发展战略，应该处于相对优先的地位。因此，构建全国城镇化战略布局应该根据各城市群的地位和规模实力，并将其划分为不同的层级体系（世界级、国家级和区域级），以便形成具有不同地位的"多中心"，同时从中长期的视角来规划布局重点轴带体系，实行多中心网络开发战略。

从长期发展来看，未来中国的国土开发与城镇化空间布局应采取"四横四纵"的网络型战略布局（见图 6 - 10、见表 6 - 9）。其中，"四横"指沿江发展轴（上海 - 南京 - 合肥 - 武汉 - 重庆 - 成都）、陇海 - 兰新发展轴（连云港 - 郑州 - 西安 - 兰州 - 乌鲁木齐）、沪昆发展轴（上海 - 杭州 - 南昌 - 长沙 - 贵阳 - 昆明）、青西发展轴（青岛 - 济南 - 石家庄 - 太原 - 银川 - 兰州 - 西宁）四条横向的国家级重点开发轴线；"四纵"指沿海发展轴（哈尔滨 - 长春 - 沈阳 - 大连 - 青岛 - 上海 - 杭州 - 宁波－福州－厦门－深圳－广州－南宁）、京广发展轴（沈阳－北京－石家庄－郑州－武汉－长沙－广州）、京深发展轴（北京－济南－合肥－南昌－深圳）、包南发展轴（包头－西安－重庆－贵阳－南宁）四条纵向的国家级重点开发轴线。通过构建以"四横四纵"为主体的战略布局框架，实行多中心网络开发战略，将有助于推动全国经济一体化与区域协调发展，形成一个安全、有序、均衡、高效的国土空间开发和城镇化格局。

表6－9 中国"四横四纵"的国土开发与城镇化轴带

发展轴带	轴带名称	详细情况
四大横轴	沿江发展轴	上海－南京－合肥－武汉－重庆－成都，串联长江三角洲城市群、江淮城市群、长江中游城市群、成渝城市群;沿发展轴分布了23座城市、100多个开发区和各类高新技术产业开发区,初步形成了一条在全国占重要地位的长江干流人口、产业集聚轴线与经济走廊,是强化中国东中西部经济联系的最重要通道
	陇海－兰新发展轴	连云港－郑州－西安－兰州－乌鲁木齐,串联东陇海城市群、中原城市群、关中－天水城市群、兰州－西宁城市群、天山北坡城市群,该发展轴贯穿中国东中西部10个省份,共与11条南北向铁路交会,将淮海区域与中原地区,以及西陇海兰新经济带连接起来,形成一条以铁路干线为纽带的经济发展轴
	沪昆发展轴	上海－杭州－南昌－长沙－贵阳－昆明,串联长江三角洲城市群、长江中游城市群、黔中城市群、滇中城市群,是连接中国东部、西南及通向南亚、东南亚各国的重要通道
	青西发展轴	青岛－济南－石家庄－太原－银川－兰州－西宁,串联山东半岛城市群、冀中南城市群、太原城市群、宁夏－沿黄城市群、兰州－西宁城市群;该线将环渤海地区与山西煤炭化工基地,以及西北地区呼包银地区连接起来,形成全国重要的东西向经济发展轴线。该轴线集中分布了多种能矿资源,是中国最为重要的能源原材料生产基地。通过加强能矿资源开发,沿线煤炭工业、天然气工业、石油工业、原材料工业对全国经济发展的支撑作用将进一步加强,对于保障国家经济安全具有极其重要的战略意义

发展轴带	轴带名称	详细情况
四大纵轴	沿海发展轴	哈尔滨－长春－沈阳－大连－青岛－上海－杭州－宁波－福州－厦门－深圳－广州－南宁，串联哈长城市群、辽中南城市群、山东半岛城市群、东陇海城市群、长江三角洲城市群、海峡西岸城市群、珠江三角洲城市群、北部湾城市群，国土面积占全国的14%，人口占全国的40%以上，经济总量则占全国近70%，是中国发展基础最好、发育潜力最大、最具竞争力和战略地位的人口产业发展轴带
	京广发展轴	沈阳－北京－石家庄－郑州－武汉－长沙－广州，串联辽中南城市群、京津冀城市群、冀中南城市群、中原城市群、长江中游城市群、珠江三角洲城市群，以京广铁路与京珠高速等重要主干道为连接纽带，几乎覆盖了中国整个中部地区，同时也连接了环渤海湾地区与珠江三角洲地区，是中国承东启西、南北交会的重要枢纽地区，沿线分布着6个主要交通枢纽，联通海河、黄河、长江、珠江4大水系，分布着35座城市
	京深发展轴	北京－济南－合肥－南昌－深圳，串联京津冀城市群、江淮城市群、长江中游城市群、珠江三角洲城市群，该发展轴北辖环渤海经济区和京津冀城市群，南接珠江三角洲城市群，中段有中国新兴的产业密集带——昌九工业走廊，是中国重要的粮棉农副产品主要产区和矿产资源集聚区，成为中国沿海发达地区辐射带动中西部地区的重要纽带
	包南发展轴	包头－西安－重庆－贵阳－南宁，串联呼包鄂城市群、宁夏－沿黄城市群、关中－天水城市群、黔中城市群、成渝城市群、北部湾城市群，该发展轴北起内蒙古呼包鄂地区，南至北部湾地区，中间连接关中、成渝两大重要节点，与大陆桥、沿长江两大横向发展轴交会

资料来源：作者整理。

第七章

探索多元化的城镇化模式

选择符合中国国情的特色新型城镇化模式，是中国特色新型城镇化的重要前提。中国人多地少，城乡区域差异大，加上户籍制度约束下的城镇化和市民化不同步，中国的城镇化必须立足国情、突出特色，不能照搬其他国家的模式。中国特色新型城镇化，必须从中国国情出发，走具有中国特色的新型城镇化道路。然而，至今为止，学术界对这一问题的研究还比较滞后。现有关于中国城镇化的顶层设计经历了较早时期对中国特色城镇化的研究和近年来对新型城镇化的研究，由于研究的时代背景不同，两类研究还缺乏融合。与此同时，在对城镇化模式的研究中，还存在不同层面、不同角度的分析及争论。本章在对现有城镇化模式相关文献进行梳理的基础上，从中国特色城镇化和新型城镇化有机结合的角度，探讨中国特色新型城镇化的模式选择问题。

第一节　新型城镇化的模式选择

城镇化模式是城镇化研究的核心内容。关于城镇化模式的内涵，目前学术界还缺乏统一的界定。由于研究对象和目的的不同，不同学者对城镇化模式的界定有广义和狭义之分。广义的观点认为，城镇化模式是指城镇化的实现方式和途径，或者说城镇化的状况和道路的综合，包括城镇化的推进思路、实现途径、动力机制、政策措施等各个方面（简新华、刘传江，1998；姚士谋等，2004；简新华等，2010）。狭义的关于城镇化模式的界定，往往集中于城镇化的某个领域，比如城镇化的动力模式（辜胜阻、李正友，1998；建设部城乡规划司、中国城市规划设计研究院，2005）、规模战略模式（周一星，1992；赵新平、周一星，2002）、空间扩张模式（李强等，2012）等。其中，广义的城镇化模式研究通常集中于中国特色城镇化或新型城镇化等战略模式的研究；狭义的城镇化模式研究则主要是具体领域的推进模式研究。基于以往关于城镇化模式的界定及相关研究，从广义的角度，把城镇化模式界定为一个国家或地区在特定阶段推进城镇化的思路与路径，包括总体思路、推进路径、动力机制、政策措施等。这一界定除了强调模式的综合性之外，还需要强调模式的区域性和阶段性，不同国家或地区，或者同一国家或地区的不同发展阶段，可能存在不同的城镇化模式。以往的研究通常强调区域性特征，但对城镇化的阶段性特征却不够重视，实际上，新型城镇化中的"新型"本身就体现了这种阶段性特征。譬如，曹刚（2010）从中国城乡关系演进角度区分了不同阶段的城镇化模式。

目前，学术界主要从三个不同的视角来研究城镇化模式：第一类是从战略视角对城镇化综合模式的研究，如关于中国特色城镇化道路和新型城镇化道路中的模式研究，属于对城镇化模式的综合性、宏观性和战略性的研究；第二类是从推进方式视角对城镇化不同领域的模式研究，比如规模战略方面的模式选择，动力机制方面的模式选择，还有城镇化过程中涉及的城乡关系、城镇土地扩张、资源利用等方面模式的选择研究；第三类是对不同国家或地区城镇化模式的经验总结研究，包括分类研究和个案研究，即根据不同国家或地区的城镇化特点总结具有推广、示范和借鉴意义的经验模式，主要是对国际经验和国内经验的模式总结。表 7－1 对近年来国内学者关于城镇化模式的研究进行了简要的归纳梳理。

表 7－1　国内学者对城镇化模式的划分

分析视角	研究领域	代表研究	主要观点或类型
战略视角	中国特色城镇化	张纯元（1985）	小城镇为主、政府主导、城乡合作、农民致富、减少城市病、人口合理分布
		牛凤瑞（2003）	城镇规模、城镇布局、城镇化进程、进become方式、城区扩展方式、城镇产业结构等方面多样化
		肖金成等（2008）	从城镇体系与规模战略、资源节约、城乡关系、分地区特色等方面论述了中国特色城镇化道路中的模式选择

续表

分析视角	研究领域	代表研究	主要观点或类型
战略视角	新型城镇化	仇保兴（2010b，2012a）	城乡互补协调发展、低能耗、质量提升、低环境冲击、集约、社会和谐六个方面的转变
		王小刚、王建平（2011）	强调以人为本、三化协调、三农问题、城镇体系、规模战略、生态环境等
推进方式	规模战略	费孝通（1984）	以小城镇为重点的模式
		王小鲁、夏小林（1999）、蔡继明（2010）	以大城市为重点的模式
		周一星（1992）	发展多种规模城市，构建合理的城镇体系，是"大中小城市协调发展"的早期论述
	动力机制	辜胜阻、李正友（1998）、顾朝林（1999）	自上而下模式、自下而上模式、外力推动型模式
		李强等（2012）	市场主导型、政府主导型、民间社会力量为主
		蔡继明等（2012）	政府主导型、农民自主型
	空间扩展	李强等（2012）	建立开发区、建设新区和新城、城市扩展、旧城改造、建设中央商务区、乡镇产业化和村庄产业化
	城乡关系	曹刚（2010）	城市瓦解农村模式、城市馈补农村模式、农村转变城市模式
		盛广耀（2005）	城乡分割、城乡统筹
经验研究	国际经验	建设部城乡规划司、中国城市规划设计研究院（2005）、施子海等（2013）	分类研究：以美国为代表的自由放任式城镇化模式、以欧洲和日韩为代表的政府调控下的市场主导模式、受殖民地经济制约的发展中国家城镇化模式等
		王伟波等（2012）、魏后凯（2013b）	个例研究：德国模式；东亚模式（日本、韩国）；拉美模式等
	国内经验	顾朝林（1999）、蔡继明等（2012）	分类研究：根据城镇体系和动力模式分为苏南模式、温州模式、珠江三角洲模式；农民自主型城镇化有北京的郑各庄模式、江苏张家港永联村模式

资料来源：作者归纳整理。

从战略视角对城镇化模式的研究，主要是沿着中国特色城镇化和新型城镇化两条路线分别展开的。近年来，学术界在研究中国特色城镇化道路和新型城镇化道路的过程中，大都涉及城镇化模式的选择问题。在中国特色城镇化模式研究方面，张纯元（1985）认为中国的国情和社会制度决定了中国城镇化道路的特色，并从规模战略、动力机制、城乡关系、农民问题、城市问题、城镇体系等方面阐述了中国特色的城镇化模式；牛凤瑞（2003）认为"多样化是中国特色城镇化道路的基本特征"，并从城镇规模、城镇布局、城镇化进程、进城方式、城区扩展方式、城镇产业结构等方面论述了多样化的中国特色城镇化模式；肖金成等（2008）从城镇体系与规模战略、资源节约、城乡关系、分地区特色等方面讨论了中国特色城镇化道路中的模式选择。在新型城镇化模式研究方面，针对传统城镇化存在的各种问题，谢志强（2003）较早提出中国应走"新型城镇化"的路子；仇保兴（2010b，2012a）认为新型城镇化应从城乡互补协调发展、低能耗、质量提升、低环境冲击、集约、社会和谐等方面实现六个转变；王小刚、王建平（2011）则从以人为本、三化协调、三农问题、城镇体系、规模战略、生态环境等方面探讨了新型城镇化道路中的模式选择问题。然而，至今为止，这两类研究基本是割裂的，很少有人从二者结合的角度来探讨中国特色的新型城镇化模式。

从推进方式视角对城镇化模式的研究，主要集中在规模战略、动力机制、空间扩展、城乡关系等方面。其中，早期的研究主要是从规模战略和动力机制角度来探讨城镇化模式。在规模战略方面，改革开放以来学术界进行了长期广泛的争论。一些学者主张实行以小城镇为重点的发展模式（费孝通，1984）；一些学者则认为大城市应超前发展（胡兆量，1986），实行以大城市为重点的城镇化模式（王小鲁、夏小林，1999；王小鲁，2010；蔡继明，2010）；还有部分学者主张实行以中等城市为重点的发展模式（刘纯彬，1988）。目前，越来越多的学者意识到，不同规模的城市各有所长，大中小城市和小城镇需要协调发展，以便形成合理分工、等级有序的城镇体系（周一星，1992）。在动力机制方面，辜胜阻、李正友（1998）将城镇化模式分为政府发动的自上而下型和民间发动的自下而上型两种，之后顾朝林（1999）基于珠三角城镇化经验又补充了外力推动型模式；建设部城乡规划司和中国城市规划设计研究院（2005）、施子海等（2013）根据国际经验归纳出政府主导、市场主导等模式；蔡继明等（2012）则强调政府主导模式之外的农民主导型模式。在空间扩展方面，李强等（2012）归纳了中国城镇化过程中存在的建立开发区、建设新区和新城、城市扩展、旧城改造、建设中央商务区、乡镇产业化和村庄产业化7种模式。在城乡关系方面，曹刚（2010）区分了"城市瓦解农村模式"（20世纪50年代前）、"城市馈补农村模式"（20世纪50年代至80年代）和"农村转变城市模式"（20 世纪80 年代以后）；盛广耀（2005）则把城镇化模式分为城乡分割型和城乡统筹型两种。

　　从典型经验视角对城镇化模式的研究，主要是通过分类研究和个案研究的方法对城镇化的国际经验和国内经验进行归纳总结。在国际经验方面，建设部城乡规划司和中国城市规划设计研究院（2005）、施子海等（2013）从城镇化动力模式角度总结出以美国为代表的依靠市场机制主导的城镇化、以英德法日韩为代表的注重政府调控引导的城镇化以及以拉美地区和非洲为代表的受到殖民历史制约的城镇化等三种模式。王伟波等（2012）还总结了德国以大城市为核心、建立互补共生的区域城市圈的城镇化模式；魏后凯（2013b）总结了日本的高度集中型城镇化和韩国的大城市主导型城镇化模式；郑秉文（2013）分析了拉美地区的"超前"和"过度"城镇化模式；田德文（2013）从政府管理、法制等方面总结了欧洲城镇化的经验。在国内经验方面，比较有代表性的主要有按动力模式和城市规模战略不同区分的苏南模式（小城镇为主、地方政府推动）、温州模式（区域块状城镇化、市场推动）和珠江三角洲模式（特区城市和城市群、外资推动和中央政府推动）（顾朝林，1999）；蔡继明等（2012）还总结了农民自主型城镇化进程中北京的郑各庄模式和江苏张家港永联村模式。

　　综上所述，近年来学术界从不同视角对城镇化模式进行了大量有益的探讨，这对于丰富城镇化理论、指导各地实践起到了重要推动作用。然而，应该看到，现有的研究还存在一些问题和薄弱环节。一是对城镇化模式还缺乏一致的认识。由于研究视角和考察对象的不同，加上认识水平的差异，不同学者从各自角度来界定城镇化模式，其对城镇化模式的理解具有较大的差异，研究范畴和内容也不尽相同，相互间缺乏可比性。二是在战略视角上缺乏融合。从战略视角看，现有城镇化模式研究大多置于"中国特色的城镇化"和"新型城镇化"两个不同框架之下，基本上是相互割裂的，没有把二者有机地整合起来。事实上，中国特色的城镇化和新型城镇化并非相互分割的，二者是一个有机联系的整体。在走中国特色的新型城镇化道路的整体框架下，我们需要认真总结并积极探讨符合中国国情、具有中国特色的新型城镇化模式。三是对顶层设计和综合性研究不够。现有的研究更多集中于各个领域的模式和具体实现路径的选择，尤其是对政府主导还是市场主导、大中小城市孰重孰轻长期争论不休，而对中国特色新型城镇化模式的顶层设计和综合性研究较少。

所谓中国特色的新型城镇化模式，就是从中国国情出发，符合科学发展观要求，强调以人为本、集约智能、绿色低碳、城乡一体、"四化"同步的城镇化推进方式，它是中国特色的城镇化模式和新型城镇化模式的有机结合。一方面，中国城镇化的推进必须立足国情和区情，突出中国特色和各地区特点，积极探索中国特色的城镇化模式，而不能照搬其他国家和地区

的做法。从中国人多地少、人均资源相对不足的国情出发，要
强调城镇化过程中的资源集约利用；从中国人口基数大出发，
城镇化水平每提高 1 个百分点，将有 1300 万左右农业人口进
城，城镇化应该积极稳妥推进，着力解决好城镇化过程中的一
系列社会问题，比如农业转移人口市民化问题；从中国的大国
特征出发，城镇化的推进应强调多元并举，充分发挥各种主体
的作用，探索不同的模式和途径，逐步形成合理的空间格局和
规模格局；从中国特色社会主义道路的本质要求出发，城镇化
要能够促进人的全面发展，实现全体人民共同富裕。另一方
面，中国城镇化的推进必须突破传统体制障碍，加快实现发展
方式的根本转变，探索新型城镇化模式。针对传统城镇化过程
中存在的不完全城镇化、粗放扩张、城乡二元结构、城市病、
城镇体系不合理等问题，未来推进城镇化要积极推进农业转移
人口市民化，积极促进土地、能源、水等资源集约节约利用，
积极促进城乡融合共享，构建合理的城镇规模与空间格局，建
立合理的城镇分工体系。

　　基于以上分析，结合中国基本国情和以往城镇化存在的问
题，中国特色新型城镇化具有丰富的内涵，其推进模式也呈现
多样性特点。特别是，各地区由于发展条件和特点的不同，其
城镇化模式和推进路径也不尽相同。我们从社会关系、资源利
用、人地关系、城乡关系四个不同的视角，将中国特色新型城
镇化的推进模式归纳为和谐型城镇化模式、集约型城镇化模

式、可持续城镇化模式和城乡融合型城镇化模式。这四种模式都是中国特色新型城镇化的重要方面，其分析视角、关键问题、基本内涵和实现路径具有较大差异（见表7-2），但它们在许多方面又具有一定的交叉和融合，并非是相互分割的。

表7-2　中国特色新型城镇化四种模式的比较

	和谐型城镇化	集约型城镇化	可持续城镇化	城乡融合型城镇化
分析视角	社会关系	资源利用	人地关系	城乡关系
关键问题	社会矛盾突出	资源粗放利用	生态环境压力大	城乡分割严重
基本内涵	以人为本	集约智能	绿色低碳	城乡一体
实现路径	城乡区域和谐 城市内部和谐	资源集约利用 城市智慧发展	可持续的城市 提高城市承载力	"五个融合" "四个共享"

第二节　和谐型城镇化模式

中国传统城镇化模式导致城乡区域间、城市内部不同群体之间的差距日益加重。一方面中国城镇化过程中的城市二元社会结构突出，如果不能及时解决，必然会导致更严重的城市社会问题，就像国外城市正在经历的城市贫民窟、儿童和青少年的社会化问题、城市暴力等（诺克斯、迈克卡西，2009）。与此同时，由于中国双重二元结构并存，除了城市社会问题之外，城镇化过程中还存在与农业人口转移并存的农村留守老人、妇女和儿童问题，以及城镇外延扩张过程中引起的征地拆迁矛盾和失地农民问题等。因此，针对以往城镇化过程中的不和谐因素，推进新型城镇化应当积极探索和谐型城镇化模式。

所谓和谐型城镇化，就是要坚持以人为本的理念，把关注人的需求、居民福祉和社会和谐作为推进城镇化的核心，着力解决城镇化过程中的各种不和谐因素。和谐型城镇化是"和谐社会"理念在城镇化中的实践，是走中国特色新型城镇化道路的必然选择。其本质就是以人为本，强调平等、和谐和共享。从以人为本和和谐社会的要求来看，和谐型城镇化的内涵特征主要包括城乡社会和谐（破解两大二元结构）、区域和谐以及人与自然和谐三个方面。

城乡社会和谐主要是要破解现有的城乡二元结构和城市内部二元结构，积极推动形成城乡一体的和谐发展格局。具体包括三个方面，即城市社会和谐、农村社会和谐以及城乡和谐，实现不同群体间的公平、和谐、共享。城市社会和谐主要是针对城市二元结构而言，近期重点要通过有序推进农业转移人口市民化和加强城镇低收入群体保障力度，以基本公共服务常住人口全覆盖为基础，逐步缩小城市内部不同群体之间的福祉差距，缩小收入差距、缓解城市贫困、改善现居棚户区和城中村居民的居住条件；与此同时要逐步培养市民人格，重点需要建立起市民自治的城市管理制度，确立市民的主体地位。农村社会和谐，指在城镇化推进过程中，要重点关注青壮年劳动力向城镇流动时伴生的农村留守老人、妇女、儿童的生活、医疗和教育问题，要加强农村社会服务，使农村社会老有所养、病有所医、学有所教；长期来看，随着农业转移人口市民化的推进，逐步减少农村留守老人和儿童的数量。城乡和谐就是要在城市、农村社会和谐的基础上，实现城乡一体化发展，推动形成以工促农、以城带乡、工农互惠、城乡一体的新型工农城乡关系，让广大农民平等参与现代化进程、共同分享现代化成果。

区域和谐主要是针对城镇化过程中区域发展不平衡而言的。区域不平衡是客观存在的，是中国作为发展中大国的基本国情。区域和谐的主旨并非实现区域平衡发展，而是实现具有包容性的区域协调发展（世界银行，2009）。在未来推进城镇化的过程中，实现区域和谐重点可以从以下几方面着手：一要促进区域间分工合作，通过建立城市群产业分工机制加强城市群内部的产业转移和合理分工，通过完善国内产业转移机制提高中西部地区承接产业转移的能力和机会；二要建立完善区域间劳动力等要素的流动机制，在户籍制度改革基础上，做好社会保障的跨区域流转和接续，提高流动人口的社会保障能力，逐步实现劳动力自由流动；三要建立完善城市群协调机制，城市群作为推进城镇化的主体形态，未来将吸纳60%以上的城镇人口，城市群的协调发展是城乡区域和谐发展的重点。

除此之外，在强调城乡区域和谐的同时，还必须把人地和谐摆在同等重要的位置，促进人与自然和谐发展，杜绝以自然环境为代价换取发展。为此，要按照生态文明的要求，加强生态环境建设和保护，强化资源的节约、集约和高效利用，推动城镇化与生态环境和谐发展。

第三节　集约型城镇化模式

从资源利用的角度来看，中国传统的城镇化是一种资源粗放利用的城镇化，城市土地快速扩张，城市空间无序蔓延，资源利用效率较低。尤其是，近年来全国各地掀起了新城新区建设的热潮。根据国家发展改革委城市和小城镇改革发展中心 2013 年对辽宁等 12 个省份的研究，12 个省会城市全部提出要推进新城新区建设，共规划建设 55 个新城新区，平均每个城市 4.6 个；在 144 个地级城市中，有 133 个提出要建设新城新区，平均每个城市 1.5 个；在 161 个县级城市中，提出新城新区建设的有 67 个。城市空间无序蔓延，会直接影响耕地红线和粮食安全，造成远距离通勤和土地资源浪费，在缺乏产业支撑和人口吸纳能力不足的情况下，还有可能会形成"空城""鬼城"。中国城市空间迅速蔓延和粗放扩张的现实，与国外集约发展的先进经验和理念完全背离。未来中国推进城镇化，必须促使城镇化模式由粗放型向集约型转变。

所谓集约型城镇化，就是要根本改变粗放的外延发展模式，采取更加集约和智慧的资源利用方式方法，提高城镇化过程中各种资源的利用效率尤其是土地利用效率。其基本特征主要表现为城镇化过程中土地以及其他资源（水、能源、矿产及其他生产要素）的集约节约利用。与此同时，信息化的快速推进为"四化"融合提供了强大的驱动力，城市智慧发展成为资源集约节约利用和城镇化、信息化融合发展的重要路径。

土地集约利用是集约型城镇化最初的出发点，重点需要从城镇土地挖潜、提高城市人口吸纳能力、建设紧凑型城镇三个方面推进集约型城镇化（苏红键、魏后凯，2013）。第一，要加强城镇土地挖潜，提高现有城镇土地利用效率。要建立相应的闲置或低效利用土地的退出机制、惩罚机制或再开发机制，对闲置和低效利用的城镇土地实行清理或置换，在保护传承好传统文化的基础上积极实施"三旧改造"（旧城镇、旧村庄、旧厂房），同时着力改变以往以低价工业用地招商引资的局面，通过更加合理的建设用地价格水平、更高的产业土地准入门槛等措施，提高用地效率。第二，着力提高城市人口吸纳能力，提高现有建成区的人口密度。对于大城市和特大城市，要积极增强其服务功能，提升产业发展层次，扩大公共设施容量，提高资源环境承载能力；对中小城市和小城镇，要着力提升公共服务水平，积极引导人口和产业协同集聚，强化产业支撑，切实提高对农业转移人口的吸纳能力。第三，积极建设紧凑型城镇，在提高城市人口密度的同时降低拥挤效应。紧凑型城镇是土地集约利用模式引导下的城镇空间形态，推进紧凑型城镇化可以通过高密度的城市开发模式、混合的土地利用模式以及建立公交优先的城市交通体系等来实现。

集约型城镇化还要求水资源、能源、矿产等其他资源的集约、节约、高效利用。在推进集约型城镇化的过程中，水资源的集约节约利用重点是通过完善水资源管理体制、加强水污染综合防治、推广节水技术等实现。城镇化过程中能源的高效利用重点需要做好以下几个方面：一是调整优化经济结构，转变发展方式，促进生产节能；二是大力推广节能措施，促进建筑、交通和生活节能；三是调整优化能源结构，促进清洁能源的开发利用；四是综合运用各种管理手段，促进节能和新能源开发。

城市智慧发展是提升资源利用效率的重要路径，也是"四化"同步的重要内容。智慧城市建设是城镇化与信息化深度融合的重要表现形式，是城市信息化建设的高级形态。要积极推动智慧城市建设，做好智慧城市建设规划和标准，实现智能交通、智慧社区、节能建筑、电子政务、城市安防等领域的有序发展，促进城市逐步实现舒适的居住环境、通畅安全的交通、低量的能耗和高效的公共服务。

第四节　可持续城镇化模式

中国传统城镇化模式是一种"高消耗、高排放、低效率"的城镇化模式，在传统城镇化模式下，交通拥堵、环境污染、城市垃圾、水资源污染等问题越来越严重，资源环境承载力与城镇化快速推进的矛盾日益凸显，对城镇化的健康发展构成了巨大威胁。为此，未来推进城镇化，必须按照科学发展观的要求，坚持绿色低碳发展，推进可持续城镇化。

所谓可持续城镇化，就是要减少城镇化的资源和环境代价，促进人口、经济社会发展与资源环境相协调，提高城镇化的可持续性。可持续城镇化是可持续发展理念在城镇化领域的实践，"建设可持续发展的城市"是未来几年人们面临的最大挑战之一（雅克和帕乔里，2010）。广泛认可的可持续发展概念源于1987年世界环境与发展委员会（1997）的论述："既能满足我们现今的需求，又不损害子孙后代能满足他们的需求的发展模式。""不损害支持地球生命的自然系统：大气、水、土壤，不超出资源与环境的承载能力。"推进可持续城镇化，重点是建设具有可持续性的城市，同时通过保护城市区域生态环境、发展多中心网络城市、建立可持续的区域性城市网络等途径，不断提高城市区域的资源环境承载力（魏后凯，1998）。

第一，建设具有可持续性的城市。城市是人类最伟大的发明与最美好的希望，城市的未来将决定人类的未来（格莱泽，2012）。因此，如何维护城市的可持续性，建设具有可持续性的城市，具有重要的战略意义，是实施可持续城镇化的核心内容。一个城市能否被称为可持续城市，主要是看其在自然环境、经济和社会发展等方面是否具有可持续性。维护城市的可持续性，关键是保护城市的生态环境，提高城市区域的资源环境承载力；并通过加强需求管理，采取经济、行政和法律手段，限制和防止需求的过度增长，以使供给与需求保持适度的平衡。

第二，保护城市区域生态环境。城市与区域是一个有机的整体，城市承载力本质上是城市区域的承载力（魏后凯，1989）。随着城市的增长，城市的地域范围不断向四周扩张，城市人口和产业活动出现了郊区化的趋势。城市周围的乡村地区是城市新鲜蔬菜、禽蛋等鲜活产品基地，以及旅游和节假日休闲地。因此，保护好城市区域特别是周围农村地区的生态环境，有利于提高城市区域的自然和环境承载能力，促进城市的可持续发展。

第三，发展多中心的网络城市。人口向大城市的偏向性大规模集聚以及城市规划建设和管理水平的落后，是造成城市交通、住房和基础设施拥挤的重要原因。一般地说，大城市的空间结构可分为单中心、双中心和多中心等不同模式。随着城市空间规模的扩大，单中心结构容易造成拥挤问题，因而多中心网络城市日益成为学术界倡导的方向。因此，要根本解决大城市的拥挤问题，就必须同时疏解大城市中心区的功能、产业和人口，加快大城市周边新城、新区和特色小城镇建设，不断完善基础设施和公共服务，推动形成多中心网络城市或多中心网络化大都市的发展格局，缓解大城市人口集聚与资源环境承载力的矛盾。

第四，建立可持续的区域性城市网络。为避免因人口和产业活动的集中在整个地区范围内产生过度拥挤现象，造成区域性的生态环境恶化，当前很有必要借鉴荷兰兰斯塔德（Randstad）的经验，积极推进都市圈和城市群的建设，大力发展城际快速交通系统尤其是轨道交通系统，加强各城市之间的功能分工，设立生态走廊和生态保护区，使之成为具有生态可持续性的区域城市网络。

第五节　城乡融合型城镇化模式

早在 2002 年，中共十六大就提出了统筹城乡发展的要求。经过 10 多年的统筹城乡发展实践，中国城乡居民收入差距近年来虽略有缩小，但仍远高于 20 世纪 90 年代中期的水平，更远高于 80 年代中期的水平，城乡分离现象依然十分严重。更重要的是，随着城镇化的快速推进，在原有城乡二元结构未得到根本缓解的基础上，又出现了新的城市内部二元结构。未来中国城镇化的推进，应针对中国城乡分割及其衍生出的"城市二元结构"问题，以"统筹城乡"和"城乡一体化"为目标，实施城乡融合型城镇化模式。

所谓城乡融合型城镇化，就是要打破城乡分割的城镇化推进思路，通过以城带乡、以工促农、城乡互动、一体发展，实现城乡融合共享发展。城乡融合共享是城乡关系发展的最高阶段（霍华德，2000；芒福德，2008；岸根卓郎，1990），它是指城乡之间在经济、社会、生态等方面实现共同繁荣，促进乡村发展、减少城市病。总的来讲，城乡融合共享主要包括"五个融合、四个共享"："五个融合"即城乡产业融合、市场融合、居民融合、社会融合、生态融合；"四个共享"指城乡资源共享、机会共享、公共服务共享和发展成果共享（王伟光、魏后凯，2013）。

一是推进"五个融合"。城乡产业融合指通过推进农业现代化，促进农业产业链向加工、物流、销售、休闲旅游等环节的拓展和完善，城乡之间形成工业、服务业和农业相互融合、互促发展的完整产业体系；城乡市场融合指通过发展和培育城乡统一的商品市场和要素市场，引导劳动力、土地、资本、技术等各种生产要素在城乡之间合理有序流动，为实现城乡资源要素的优化配置发挥重要作用；城乡居民融合主要指通过户籍制度改革，保障公民迁徙和居住的自由，关键是剔除附着在户籍上的就业、住房、教育、医疗等各种权利和福利，平等对待新进城落户居民和原城镇居民，逐步实现人口的自由流动；城乡社会融合重点在于通过大力推进城乡公共服务均等化，让农民享有与城镇居民相同的各种福利保障，让城乡居民共享现代化成果；城乡生态融合指以绿化、美化为主体的生态园区穿插于新城、组团之间，融合于道路、河流两侧，渗透于功能区中，实现产业发展、人居环境与生态环境的有机结合。

二是实现"四个共享"。城乡资源共享主要指通过加大农村基础设施投入，大力发展镇域经济，引导和促进城市产业和功能向农村地区扩散，加快城市资源向农村地区延伸，打破以往城市偏向的资源配置格局；城乡机会共享主要指在城镇化和工业化快速推进的背景下，通过发展"飞地经济"，实现区域之间发展机会共享，通过为农村、农业和农民提供平等的发展机会，使资源变资产、资产变资本，农民当股东，村民当工人，促进农民增收，实现城乡之间发展机会的共享，促进城乡共同繁荣；公共服务共享主要指在经济发展的同时，更加注重城乡基本公共服务均等化，统筹推进城乡社会事业发展，加快构建促进基本公共服务均等化的有效机制，全体社会成员都能均等享受基本公共服务；发展成果共享就是要通过农村产权制度改革，赋予农民更多的财产权利，为共享发展成果创造基本制度条件，维护社会公平正义，让广大人民群众分享现代化成果、促进社会和谐。

　　总之，中国是一个城乡区域差异较大的发展中大国，各地区发展条件和阶段不尽相同。虽然上述四种模式对各个地区都普遍适用，但各地在推进城镇化的过程中，一定要从本地实际出发，因地制宜，选择具有中国特色和地方特点的新型城镇化模式。这就是说，中国特色的新型城镇化模式应该是多元化的。这种"多元化"不仅体现在不同地区的多元性，而且体现在各地区城镇化推进方式的多元性。在珠三角、长三角、京津冀等东部发达地区，城市群和大都市区已成为推进城镇化的主体形态，也是吸纳新增城镇人口的主要载体，当前面临的主要任务是加强城市病治理，调整优化空间结构，推进一体化进程，提高区域可持续发展能力和城市综合承载力。而在中西部欠发达地区，面临的主要任务则是如何发挥中心城市的作用，切实提高各级城镇的产业支撑能力和公共服务水平，依靠产业集聚合理引导人口集聚。显然，中西部欠发达地区不能照搬东部发达地区的做法，而必须从区情出发，因地制宜，积极探索符合本地实际的特色新型城镇化模式。贵州省提出探索具有山地特色的新型城镇化模式，就是中国特色新型城镇化思想在贵州的实践运用和具体体现。

第八章

加强城市建设与管理

随着城镇化的快速推进，中国城市建设取得了巨大的成就，一些大城市的基础设施建设已经达到世界先进水平。然而，"重建设、轻管理、轻品质"的发展模式导致了一系列问题，包括城市特色缺失、管理水平低、棚户连片以及特大城市膨胀病等。2013年年底中央城镇化工作会议将提高城市建设水平作为未来推进城镇化的重点任务之一。在此现实背景与政策背景下，未来推进新型城镇化，要重点针对当前中国城市建设和管理存在的问题，加强城市建设与管理，促进城市的可持续发展，实现高质量的健康城镇化。

第一节　提高城市建设水平

当前，在城市建设方面，中国的城市硬件已经接近或达到世界先进水平，主要存在的问题集中在三个方面（见表8-1）。

表 8－1 中国城市建设存在的主要问题

问题类型	形成原因	具体表现	针对措施
城市缺乏特色、千城一面	缺乏文化传承	破坏历史建筑和文化遗迹,地方特色大范围减少	加强文化传承和历史遗迹保护
	规划设计水平低	模仿抄袭:建筑设计借鉴抄袭、仿古建筑、仿洋建筑	提高规划设计水平,遏制抄袭模仿
	建设攀比	攀比建设政府大楼、摩天大厦、大广场等	制止攀比之风,强调地方特色
建筑质量低、寿命短	建筑质量低	建筑偷工减料	实施全过程质量管理和监督
		传统建材比重大,资源能源消耗高	发展绿色建筑,住宅产业化
	规划变动导致被动拆迁	地方领导变、规划变,城市反复拆建	提高规划的科学性和连续性
建设重地上、轻地下	缺乏重视,理念落后	排水设施落后导致城市内涝频发	重视和加强地下管网建设

一是城市缺乏特色、千城一面。中国城市在规划建设过程中,存在缺乏文化传承意识、规划设计水平低、建设攀比等问题,导致城市特有的文化标识、民族特色和地方风情缺失,逐渐形成"南方北方一个样,大城小城一个样"的城市面貌。二是建筑质量低、寿命短。由于建筑质量管理落后和城市规划变动频繁导致的被动拆迁,中国城市建筑质量低、寿命短的问题非常严重。有学者明确指出,中国有五千年的文明史,却少有超过 50 年的城市建筑(杨明生,2013),住房使用寿命往往只能持续 25～30 年,远低于英国的 132 年和美国的 74 年。三是建设重地上、轻地下。这是中国城市建设的一个通病,在高楼

大厦、地面基础设施大面积铺开的同时，城市地下的排涝系统异常落后。北京"7.21"特大暴雨事件警示了这一问题的重要性和严重性。① 据不完全统计，在中国 500 多座城市中，有 300 多座城市发生过城市内涝（孙跃兰等，2012）。

当前，中国城市建设问题究其根源主要在城市规划设计和建筑施工环节。在城市规划设计方面，由于缺乏对历史遗迹、文化资源保护的重视，一些地方片面追求短期的土地经济价值而破坏历史文化建筑，或者在建设过程中破坏历史文化建筑与周围环境的协调性，降低文化价值，或者以旅游开发方式进行掠夺式开发（仇保兴，2012b）。同时，城市规划设计模仿抄袭、一张图纸到处用的现象，以及低劣的仿古仿洋建筑，都对城市品质造成不良影响。在前一段时期，地方政府的攀比心理导致各地政府大楼、摩天大厦、大广场等建筑遍地开花。在追求这些形象工程、地面工程的同时，各地却忽略了地下基础设施建设，地下排水系统和防洪排涝标准偏低，设施严重落后。即使像广州这样的国家中心城市，中心城区现有排水管道的 83% 只能达到一年一遇标准，达到两年一遇标准的仅有 9%。此外，由于规划朝令夕改，一届领导、一次规划，领导变、规

---

① 2012 年 7 月 21 日至 22 日 8 时左右，北京及其周边地区遭遇 61 年来最强暴雨及洪涝灾害，造成北京市 79 人死亡，房屋倒塌 10660 间，160.2 万人受灾，经济损失达 116.4 亿元。

划变，城市建设缺乏持续性，造成一些新建建筑被动拆迁，影响了建筑寿命。比如，海南建造不足 10 年、高 131 米的"千年塔"，因城市规划更改被拆除。重庆市隆盛大厦（高层建筑），因为规划改变，从交房到被拆仅有 6 个月时间。在建筑施工方面，由于监管不力、偷工减料、施工质量低劣现象普遍存在，比较极端的房屋倒塌事件时有发生。

因此，在未来推进城镇化的过程中，要针对城市建设存在的问题及其根源，采取多方面的综合措施，切实提高城市建设水平，突出城市特色和个性，着力提升城市品质。

第一，转变城市建设理念，注重城市的文化性和生态性。文化传承理念的缺失和对自然元素的机械式开发是千城一面的重要原因。在未来城市建设中，一方面，要注重城市建设的文化传承，既要融入现代元素，又要保护和弘扬传统优秀文化。要积极转变观念，把历史文化建筑的保护工作纳入政府的政绩考核体系中；严格按照"两法一条例"①的要求，完善配套法规制度，形成完整的历史文化建筑、名城管理法规体系；对历史性建筑拆除应制定一票否决制度；积极推进人文城市建设，加快制定国家层面的人文城市建设规划和标准，推进人文示范城市建设。另一方面，城市建设要融入自然，提高城市生态性。加快绿色城市及生态型示范城市（区）建设；城市建设

①　即《城乡规划法》《文物保护法》《历史文化名城名镇名村保护条例》。

要依托现有山水脉络等独特风光，让城市融入大自然，让居民望得见山、看得见水、记得住乡愁；在尊重自然、保护自然的同时，还要尽可能融入和引入自然，让自然来为城市增辉添彩。

第二，提升规划设计和规划管理水平。城市规划问题是造成城市品质低和城市建筑寿命短的重要原因，为此要积极提升规划设计和管理水平。在规划设计方面，要把以人为本、尊重自然、传承历史、绿色理念融入城市规划全过程；提高规划设计人员素质和创新能力，尽量避免设计方案的模仿和抄袭；转变城市规划设计理念，提高地下管网的规划设计及建设水平。在规划管理方面，要避免城市规划的随意性和短视性，提高规划的科学性和连贯性，要在科学制定城市规划的基础上，严格执行已批准的规划，避免"规划跟着领导变""一届领导一届规划"的现象；完善城市规划前期研究、规划编制、衔接协调、专家论证、公众参与、审查审批、实施管理、评估修编等工作程序，提高规划编制科学化、民主化水平；推行城市规划政务公开，加大公开公示力度，提高城市规划过程中民众的参与性和监督性。

第三，下大力气提高城市建筑质量。建筑质量管理不到位和建筑材料的落后，是造成建筑质量差的重要原因。为此，一方面，要加强建筑质量监管。要强化建筑设计、施工、监理和建筑材料选择、装修装饰等全流程质量管控；严格执行先勘察、后设计、再施工的基本建设程序，坚决避免"三边工程"（边规划、边设计、边施工）；加强建筑市场各类主体的资质资格管理，推行质量体系认证制度，加大建筑工人职业技能培训力度；坚决打击建筑工程招投标、分包转包、材料采购、竣工验收等环节的违法违规行为；健全建筑档案登记、查询和管理制度，强化建筑质量责任追究和处罚，实行建筑质量责任终身追究制度。另一方面，要大力发展新型建材，推广绿色建筑，推进住宅产业化。大力发展新型建材，有利于在生产环节节约能源，使建筑功能得到改善，在建筑物使用过程中降低能耗。要加快新型墙体材料、新型防水密封材料、新型保温隔热材料和装饰装修材料等新型建材的开发与应用；积极推广绿色建筑，完善绿色建筑技术和管理方法；促进装配式住宅发展，积极推进住宅产业化。

第二节　加强城市现代化管理

中国城市在许多硬件方面并不逊于国外，有的甚至比国外还好，主要的差距在管理上。当前，中国城镇化进程中存在严重的"重建设轻管理"现象，城市综合管理能力、管理结构、细节管理、应急管理以及管理方法都比较落后。细节管理方面，目前中国城市管理中普遍存在与人民生活息息相关的"骑车人的烦恼、打车难、残疾人出行难、公交站点问题、城管怎么管、停车难、停车收费乱"等问题。应急管理方面，随着中国城市规模的快速膨胀，城市脆弱性问题越来越严重，水、电、燃气、交通、通信、物流等任何一个环节出现问题都会影响城市的正常运行，2002～2003 年的 SARS 灾害、2008 年年初南方诸省冻雨雪灾、2012 年北京特大暴雨等事件都对中国城市应急管理能力提出了警示。综合管理方面，城市系统作为一个复杂巨系统，对综合管理的要求越来越高，以往专业化的职能管理越来越难以适应管理需求，比如，城市交通系统管理实际上涉及市政基础设施、园林绿化、市容环卫、各类地下管线、连接交通指挥灯的电力、连接道路排水系统的水务系统等。管理结构方面，随着城市规模增长，对公众参与式的管理结构和数字型网格化的城市管理的诉求越来越高。结合中国城市管理中的现实困境，在未来的城镇化过程中，加强城市现代化管理重点是推进城市管理理念、管理结构、管理重点和管理方法等方面的转变（见表 8 - 2）。

表 8 - 2　城市传统管理与现代化管理的比较

比较项目	传统城市管理	现代化城市管理
管理理念	强调管理的专业性	强调管理的综合性和系统性
管理结构	单向性管理	参与式管理
管理重点	城市运行管理	运行管理、细节管理、应急管理并重
管理方法	突击、运动式管理	网格化管理

首先，从管理理念来看，要从专业管理向综合管理转变。早期城市的发展推动了城市管理的专业化分工，形成了市政基

础设施、公用事业、交通管理、废弃物管理、市容景观管理、生态环境管理等城市管理专业子系统。但是，随着城市系统的日趋复杂，城市管理各子系统之间的复杂交错性使其难以切割，分解、简化的专业化管理越来越难以很好地解决城市管理问题，[①] 条块分割、各自为政、职责交叉、管理粗放、缺乏协调等一系列问题成为当代中国城市管理的通病（宋刚、唐蔷，2007）。城市系统作为一个复杂巨系统（周干峙，2002；翟宝辉等，2011；宋刚、唐蔷，2007），其发展不仅在于各子系统的良好发展，更重要的是各个子系统与城市系统总体发展管理目标的协同。为此，要积极加强城市综合管理的研究，建立相应的综合管理部门和协调机制。

其次，从管理结构来看，要从单向性管理向参与式管理转变。随着城市社会的多元化发展、社会结构的分层与断裂，以及迅速涌起的各种利益群体，传统城市管理的纯粹单向性管理方式已越来越不适应当前的城市社会（刘淑妍，2009）。早在1986 年，联合国开发计划署、联合国人居中心和世界银行针对发展中国家快速城镇化出现的城市环境、城市贫困和城市基础设施供应等城市品质问题，推出了参与式城市治理项目。参

---

① 除了之前提到的交通系统的问题之外，再如，要实现城市水务的绝对统管，会发现城市水务系统与城市基础设施系统、城市河湖生态系统、公用事业系统，甚至是随供排水一起铺设的各类电力、通信、热力等地下管线及其之上的道路交通都是交融在一起的。

与式管理是提高城市管理水平和运行效率，提高城市管理科学化、民主化水平，实现城市管理以人为本的必然选择。系统性的参与式管理，应当包括城市规划、城市建设、城市运行与管理的全过程，重点需要加强培育社会组织，提高社区服务水平，建立健全沟通机制。要采取有力措施，培育、发展和健全社会组织，培育和发展政务类、服务类公益性民间组织，全面提高社会自我管理能力。要积极提升社区公共服务功能，加快公共服务向社区延伸，整合人口、劳动就业、社保、民政、卫生计生、文化以及综治、维稳、信访等管理职能和服务资源，加快社区信息化建设，构建社区综合服务管理平台。建立完善城市管理部门同市民的沟通渠道，使其进一步丰富、畅通、便捷，建立双向传递和交流机制，形成市民关注和踊跃参与城市管理的良好氛围。

再次，从管理重点来看，要正常运行管理、细节管理与应急管理并重。在维护城市正常运行之外，还需要加强细节管理以及重大事件的应急管理。一方面，要重视与人民生活息息相关的细节管理问题，积极推进精细化管理。重点可以通过参与式管理，借助多方力量和智慧解决与人民生活相关的问题；通过网格化管理实现精细化管理目标。另一方面，要针对城市脆弱性问题，建立完善城市应急管理体系。城市应急管理体系是现代城市管理的重要组成部分，它能够对各种破坏城市公共安全的自然灾害、事故灾难、公共卫生事件和社会安全事件等威胁因素起到预警、制约以致根除的作用。为此，要加强城市消防、防洪、排水防涝、抗震等设施和救援救助能力建设，提高城市建筑灾害设防标准，合理规划布局和建设应急避难场所，加强城市避难场所、医疗卫生、应急物流和交通等应急基础设施建设；完善灾害监测和预警体系；加强防灾减灾能力建设，强化行政问责制和责任追究制；完善突发公共事件应急预案和应急保障体系；加强灾害分析和信息公开，开展市民风险防范和自救互救教育；建立巨灾保险制度，发挥社会力量在应急管理中的作用。

最后，从管理方法来看，要积极推广网格化管理。网格化城市管理模式是建立在数字技术基础之上，以单元网格管理为特征的一整套城市管理思路、手段、组织、流程的总称（姜爱林、任志儒，2007），重点在于实现城市的数字化管理、闭环式管理、精细化管理和动态即时管理。2004 年北京市东城区首创城市网格化管理，取得了很好的成效并逐步在其他城市（区）推广，目前许多大中城市都实施了网格化管理。根据中国城市实施网格化管理的经验，网格化管理能够极大地提高城市管理效率，降低城市管理成本，有利于建立城市管理长效机制，提高城市管理的参与水平，规范城市管理行为（姜爱林、任志儒，2007；池忠仁等，2008）。但也有部分城市的网格化管理表现出一些问题，比如在网格化管理实施过程中，机制不顺、队伍不强、投入不足、软硬件落后、宣传不够等。全面推广网格化管理，要完善管理方法、技术工具、组织结构和管理流程，同时要加强 3S 技术、分布式数据库及分布式计算技术、网格及网格计算技术、构件及构件库技术等。管理方法方面，需要运用单元网格管理法和城市部件管理法；技术工具方面，需要加强信息采集工具的应用；组织结构方面，需要建立监管分离的监督机构和综合管理机构；管理流程方面，需要建立完善信息收集、案卷建立、任务派遣、任务处理、处理反馈、核实结案和综合评价六大环节。

第三节　破解城市空间二元结构

中国城镇化的一个重要经验，就是没有出现像某些发展中国家那样大规模的城市"贫民窟"。然而，应该看到，随着城镇化的快速推进，目前中国城市居住空间分异和空间二元结构日益加剧。在一些城市尤其是老工业基地和大城市，"一边高楼林立，一边棚户连片"的城市空间二元结构，已经成为城市建设和管理面临的重要难题。中国的城市二元结构，除了前面所讲的庞大农民工群体外，在空间上主要体现为棚户区、城中村、破落旧城与现代化的新区和中心城区形成鲜明对比，这是中国特有的城市二元现象。对于这些地区尤其是棚户区，如果不下大力气进行综合治理和改造，将有沦为城市"贫民窟"的危险。因此，走中国特色的新型城镇化道路，必须加快棚户区改造、城中村治理和旧城功能优化提升，以从根本上破解城市空间二元结构。

一　推进各类棚户区改造

棚户区的住房是中国居住条件最差的住房类型。从棚户区住房的形成来看，主要有三种类型：①新中国成立前遗留下来的劳工房或工人、贫民搭建的贫民屋；②新中国成立后在一些厂区或矿区、林区、垦区及其周边搭建的简易房；③上述两类棚户区内的居民经政府许可或未经许可自行搭建的临时住房（张道航，2010）。这些棚户区内的住房抗灾性差、结构简陋老化、功能设施不完善、居住环境差、缺少公共活动场地和配套设施，而且棚户区家庭基本是低收入住房困难户和中等偏下收入住房困难户，[①] 棚户区的居住条件和居民收入状况都与国外城市"贫民窟"类似。棚户区的存在，严重影响了城市的景观和市容，同时形成了棚户区居民与周边社区居民的隔离，以二元空间为表象反映了更深层的城市社会分异。

积极推进各类棚户区改造，不仅是改善城市形象的重大工

---

① 据调查，到 2008 年年底，全国居住在各类棚户区中的家庭共 1148 万户，其中城市棚户区 744 万户（64.80%），国有工矿棚户区 238 万户（20.73%），林区和垦区棚户区 166 万户（14.46%）；这些家庭中，有 681 万户为低收入住房困难户，467 万户为中等偏下收入住房困难户。因棚户区标准调整，目前仍有 1200 万户左右的棚户区家庭，各类棚户区比重基本稳定。

程，而且是破解城市二元结构的重大举措。中国大规模的棚户区改造是从 2005 年开始的，特别是 2008 年中央重新启动安居工程以来，棚户区改造已经成为城市政府重要的民生工程、民心工程。近 10 年的大规模棚户区改造，取得了丰富的地方经验，形成了一定的地方模式，比如以资源型城市转型带动的阜新模式、以健全住房保障为先导的长沙模式、变商业开发为政府（补贴）主导的哈尔滨模式（张道航，2010）。虽然积累了丰富的改造经验，但改造数量多、难度大的问题长期存在。根据《国务院关于加快棚户区改造工作的意见》（以下简称《意见》）（国发〔2013〕25 号），2008～2012 年，全国改造各类棚户区 1260 万户，目前中国仍有 1200 万户左右城镇低收入和少量中等偏下收入家庭居住在棚户区中，《意见》提出了 2013～2017 年改造各类棚户区 1000 万户的目标。与此同时，由于棚户区各类基础设施落后，改造工程包括主体工程及配套工程的建设难度较大，而且拆迁难度越来越大。

未来推进棚户区改造，要积极推进城市棚户区、国有工矿棚户区、林区棚户区以及林场、垦区危旧房等各类棚户区改造，坚持以人为本，从保障民生、阳光拆迁、高质量建设等方面积极推进棚户区改造。保障民生，要加强棚户区改造的保障性住房建设，制定公平合理的住房置换机制，同时要加强后期的配套服务，如社区服务、物业管理、设施维护等。阳关拆迁，完善棚户区土地征地拆迁的价格机制和补偿机制，对于开发价值低的地区要加大政府补贴力度，消除拆迁户后顾之忧，做好拆迁补偿和安置工作，杜绝强制拆迁。高质量建设，就是要做好棚户区改造的规划、建设工作，在高质量建设安置小区的基础上，实现城市给排水、交通、垃圾处理以及供电、通信等基础设施以及商业设施的全覆盖。另外，在对国有工矿棚户区的改造过程中，要加强国有工矿（煤矿）各级行业主管部门对棚户区改造工作的监督指导。

二　加强城中村治理

在城市扩张的过程中，考虑到拆迁成本问题，城市政府或者开发商更愿意低价拿耕地，而不是村庄，因此很多村庄在城镇扩张的过程中被保留下来形成各种类型的"城中村"。北京、天津、重庆、上海、武汉、广州、深圳等城市的城中村问题都较为突出。从中国城中村的发展现状来看，主要存在三方面问题：受土地和规划权限影响，村民私搭乱建现象严重，很多城中村建筑密度在70%以上，甚至高达90%，"握手楼""贴面楼""一线天"的现象十分常见（冯惠，2014）；这种低质量的建设，为外来人口提供了租金价格较低的住所，导致"城中村"外来人口比重高，人口流动性强，人员复杂，治安难度较大，治安环境较差；由于没有进入城市规划的范围，城市建设往往缺乏对"城中村"的基础设施建设，而村民或村集体也由于土地所有权问题、规划权限问题、资金问题等不能进行大规模投资建设，导致"城中村"的交通、水、电、排污、垃圾处理等基础设施建设非常落后。

当前城中村的改造主要存在政府主导、村集体自改、开发商与村集体合作三种改造模式（陶然，2012）。政府主导的城中村改造，主要是地方政府作为改造主体和责任人负责改造政策、住宅拆迁补偿和村民安置方案的制定和实施；村集体自改，指通过村集体股份制改造，由村集体自行筹资，完成拆迁安置、回迁和商品房建设的全部工作；开发商和村集体合作改造模式，即村集体自己引入开发商进行合作开发。

根据城中村的集体财产权利和宅基地的权利不同，适用不同的改造模式。对于位于城市建成区内的没有村集体资产的城中村，基本可以按照棚户区的改造方式。改造难度较大的城中村是同时具有村集体资产和宅基地的城中村，这部分城中村由于地理位置较好，村民主要依靠房租收入，有的还有集体财产和村办企业的分红收入，政府主导模式的拆迁难度较大。对于此类城中村，土地所有权是其问题的根源，当强制拆迁和高额补偿均难以行得通的时候，解决此类城中村问题的关键就是要承认农村集体经济组织和农民在建设用地上的长期开发权和收益权（李铁，2013），应当积极鼓励村集体主导自改或者合作开发的改造模式。这类城中村不宜强行将村内土地征用为城镇国有土地，农民原有集体企业财产可以仍归农民所有；对需要占用的土地,还可以用土地入股或出租的方式,以保证征地居民的生活来源。

三 优化提升旧城功能

相对于棚户区和城中村两个"中国特色"的问题而言,旧城改造算是世界城市发展中普遍存在的问题。旧城改造在国外历史较长,欧美国家在 20 世纪中期城镇化基本进入高水平的稳定阶段,之后的城市发展模式基本以旧城改造和更新为主(张剑涛,2009),积累了丰富的经验。1958 年,荷兰海牙召开了第一届关于旧城改造问题的国际研讨会,指出旧城改造是根据城市发展的需要,在城市老化地区实施的有计划的城市改造建设,包括再开发、修复、保护 3 个方面的内容(项光勤,2005)。从发达国家旧城改造的经验来看,主要有两个大的方面值得借鉴:一是把改善市政基础设施和居住环境质量作为城市改造的中心内容;二是把改造旧城与保护历史文化古城风貌结合起来,对重要文物、古迹及古建筑物重点保护,不准改变原有风貌(项光勤,2005)。

伴随中国城市的发展,主要形成了 4 种类型的旧城,包括城市中心区、历史文化区、混合居住区、工业集聚区等。结合国外旧城改造的经验,针对不同类型的旧城,需要采取不同的改造模式。对于城市中心区,其优点在于基础设施完备、配套设施集中、交通区位较好,缺点在于建筑密度大,公共绿地

少、生活环境质量差、停车场以及停车泊位少等。城市中心区
的改造要结合其特点，重点以保护历史建筑与景观风貌为前
提，向高端商务、高端商业功能区转型。对于历史文化区，比
如北京的四合院、西安的钟鼓楼、南京的夫子庙等，在早期的
城市规划建设过程中已经遭受大面积损坏，未来的改造应该以
保护和文化传承为主。混合居住区通常位于城区的中间圈层，
是早期规划短视的产物，集中了居住、商业、工业、市政设施
等多种土地类型，道路狭窄，建筑密集，拆迁难度较大。由于
混合区的居住密度高、区位条件差，从而资金难以平衡，在实
际操作的过程中通常需要将混合区与区位好的土地捆绑推出，
成片改造。对于工业集聚区，由于城市规模扩大和功能提升，
城市产业升级，往往需要对城市工业布局进行调整。工业区的
改造通常以产业转型为基础，并涉及就业结构、人口结构的变
化，其实质是区域的经济社会转型。因而，需要在科学合理的
产业规划基础上，做好经济社会转型战略，同时还需要注意工
业遗址的保护和利用。

第四节　治理特大城市膨胀病

由于资源配置的行政中心偏向和大城市偏向，以及集聚经
济和市场力量相互强化形成的极化效应，近年来中国大城市尤
其是特大城市出现了人口迅速膨胀、用地规模急剧扩张、城市

空间过度蔓延、建成区"越摊越大"的现象。如果把暂住人口计算在内，2012 年中国有 13 个城市城区人口规模超过 400万人，其中上海、北京、重庆、深圳、广州已超过 1000 万人。如果剔除暂住人口接近 70% 的东莞，2006 ~ 2012 年，12 个400 万人以上的特大城市城区人口规模增长了 27.4%，建成区面积扩张了 55.5%，分别是全国城市平均增速的 2.06 倍和1.57 倍。这期间，12 个特大城市城区人口占全部城市的比重由 23.7% 提高到 26.6%，6 年内增加了 2.9 个百分点；全国城市新增城区人口的 49% 流向了这 12 个特大城市（见表 8 - 3）。

表 8 - 3 中国 12 个 400 万人以上的特大城市城区人口增长情况

城 市	2006 年（万人）	2012 年（万人）	人口增长（%）	城 市	2006 年（万人）	2012 年（万人）	人口增长（%）
上 海	1815.08	2380.43	31.15	沈 阳	457.61	571.36	24.86
北 京	1333.00	1783.70	33.81	南 京	431.32	567.27	31.52
广 州	985.54	1015.00	2.99	郑 州	261.20	591.66	126.52
深 圳	846.43	1054.74	24.61	成 都	390.24	458.31	17.44
重 庆	832.54	1118.30	34.32	哈 尔 滨	415.25	430.61	3.70
武 汉	493.00	627.52	27.29	小 计	8828.66	11248.31	27.41
天 津	567.45	649.41	14.44	全部城市	37272.80	42226.80	13.29

注：东莞因暂住人口多、城区人口不稳定未包括在内。城区人口包括暂住人口。
资料来源：根据《中国城市建设统计年鉴》（2006、2012）整理。

大城市规模的急剧膨胀，造成了人口拥挤、交通堵塞、住房紧张、资源短缺、环境污染、贫困加剧等问题，致使大城市膨胀病凸显。据测算，上海中心城区人口密度高达 2.42 万人/

平方公里，北京达 2.34 万人/平方公里，均高于巴黎、东京和纽约中心城区的密度（王大伟等，2012）。交通拥堵则是各大城市普遍存在的问题，尤其是一些特大城市交通拥堵现象十分严重，有的城市中心地区高峰时段交通几乎接近瘫痪状态。交通拥堵导致大城市居民上下班通勤时间大幅增加。据调查，北京、上海、天津、沈阳、西安、成都等城市上下班平均通勤（往返）时间已经超过 1 小时，其中北京高达 1.32 小时，上海达 1.17 小时，天津达 1.15 小时（智联招聘、北京大学社会调查研究中心，2012）。房价高昂且上涨较快，生态空间不足，环境污染严重，各种社会矛盾激化，也是这些大城市普遍面临的问题。国际上普遍认为，合理的房价收入比取值范围为 4~6，而中国城市等级体系中处于顶端的 12 个特大城市，包括上海、北京、重庆、天津、广州、深圳、成都、杭州、苏州、南京、武汉、沈阳，其房价收入比从 2005 年的 8.65 上升到 2010 年的 11.04（丁祖昱，2013）。2007~2012 年，全国 35 个大中城市商品房平均销售价格上涨了 1.09 倍，远高于城镇居民可支配收入的增长幅度。

针对大城市日益凸显的膨胀病，必须多管齐下进行综合治理。首先，严格控制特大城市人口规模。大城市膨胀病的核心是城市规模过大，或者扩张过快，超越了城市综合承载能力。对于 100 万人以上的特大城市，要区分不同情况，实行差别化的人口规模调控政策。目前，中国 100 万~200 万人的特大城市仍有较大的发展空间，但200万～400万人的特大城市其资源环境承载能力已日益有限，一些400万人以上的特大城市已经处于超载状态。因此，严格控制特大城市人口规模应把重点放在400万人以上的特大城市。除了采取积分制等限制落户外，关键是根据城市功能定位和发展导向，制定科学合理的产业准入标准，调整优化产业结构，逐步引导这些城市向高端化和服务化方向发展，依靠转型升级和产业优化来减轻其人口大规模集聚的压力。

其次，实行功能和产业疏散战略。建立卫星城镇，限制特大城市中心区设施新建，鼓励特大城市的企业外迁，这是各国治理大城市膨胀病的普遍做法。为此，要根据城市综合承载能力和功能定位，实行功能疏散战略，合理引导特大城市中心区人口、产业、设施向郊区和周边地区扩散，依靠功能疏散引导人口、产业和设施疏散，促进特大城市空间结构优化和区域一体化，提高其可持续发展能力。功能疏散是控制特大城市人口规模的核心和关键。

再次，提高特大城市综合承载能力。针对公共设施容量不足的状况，面向广大百姓和特殊困难群体，增加大城市公共服务设施的供给。特别是，要优先发展公共交通，加快建设大容量快速轨道交通体系、快速公交（BRT）体系和城际快速轨道交通体系，构建便捷、安全、经济、舒适、绿色的城市公共交通网络，鼓励公交出行和绿色出行，设置错时上班制度，大力推进公交都市建设。对于城区人口 100 万以上的特大城市，未来都应该规划建设轨道交通，依靠轨道交通来缓解交通拥堵。从国际经验看，巴黎和伦敦轨道交通承载着全市 65% 的客流量，纽约为 61%，东京则为 86%（袁东振，2005）。此外，对于一些严重缺水的特大城市，在进行技术经济论证和生态环境影响评价的基础上，还可以通过跨区域调水、海水淡化等工程措施来提高其承载能力。

最后，增强对大城市病的治理能力。针对空气、水、垃圾等重点污染问题，制定实施专项行动计划，建立完善主要污染物总量减排统计、监测、预警和考核制度以及区域联防联控机制，加强对大城市环境污染的综合治理。实行供给管理与需求管理相结合，采取牌照拍卖、车辆限行、设计单行道、提高停车费、征收拥挤费、设立公交专线、整治交通秩序等措施，加大汽车拥有成本和使用成本，适当控制和减少汽车出行量，优化交通流向和布局，提高疏导通行能力，从而缓解乃至根除大城市交通拥挤状况。

第五节　全面建设新型城市

新型城市建设是提高城市建设与管理水平的重要抓手。《国家新型城镇化规划（2014—2020 年）》提出了建设绿色城市、人文城市、智慧城市的任务。从国家现有的示范城市建设来看，主要包括国家园林城市、国家森林城市、国家下一代互联网示范城市、国家智慧城市试点、低碳省区和低碳城市试点、国家低碳生态示范市、国家生态文明示范城市、国家生态文明建设试点示范区、国家循环经济示范城市、新能源示范城市等（见表 8-4）。现有的示范城市主要强调智慧性、生态性两个方面，还缺乏对文化性的重视。未来推进新型城镇化，需要在整合现有各类绿色城市、智慧城市建设的基础上，积极推进人文城市建设。需要强调的是，这三类城市的建设并不是孤立的，一个城市的建设需要生态性、智慧性和文化性并重，比如，北京提出建设"绿色北京、人文北京、科技北京"，实际上就是绿色、人文、智慧理念的统一。

表 8-4　中国现有主要示范城市基本情况

主要示范城市名称	负责部委	实施时间	主要城市或数量
国家园林城市	住建部	1992 年	16 批,包括 150 个城市、126 个县、36 个镇
国家森林城市	国家林业局、全国绿化委员会	2004 年	23 个省（区、市）的 58 个城市
低碳省区和低碳城市试点	国家发展改革委	2010 年 8 月	第一批 5 省 8 市;第二批 29 个城市和省区
国家循环经济示范城市（县）	国家发展改革委	2013 年 12 月	第一批:19 个城市和 21 个县
新能源示范城市	国家能源局	2014 年 1 月	第一批:81 个城市和 8 个产业园区
国家低碳生态示范市	住建部与深圳市	2010 年 1 月	深圳:第一个国家低碳生态示范市
国家生态文明示范城市	国家发展改革委	2012 年 12 月	贵阳:国家发展改革委批复的第一个生态文明示范城市

续表

主要示范城市名称	负责部委	实施时间	主要城市或数量
国家生态文明建设试点示范区	国家发展改革委、财政部、国土资源部、水利部、农业部、林业局	2013 年 12 月	福建:国务院确定的全国第一个生态文明先行示范区
国家智慧城市试点	住建部	2012 年 12 月	第一批 90 个;第二批 103 个
国家下一代互联网示范城市	国家发展改革委、工信部、科技部、新闻出版广电总局	2013 年 8 月	第一批 22 个城市

资料来源:作者整理。

一 全面建设绿色城市

绿色城市是现有的低碳、生态文明、循环经济、新能源等理念的融合,其主旨都是要构建绿色的生产生活方式,将生态文明理念全面融入城市发展。世界主要城市绿色发展的经验,体现在能源、交通、绿化、产业、环保、建筑等领域(见表 8-5)。结合国外绿色城市发展经验,重点可以从绿色产业、绿色能源、绿色交通、绿色建筑、绿色生活方式、环境综合治理 6 大方面全面推进中国绿色城市建设。

一是推进产业绿色升级。从产业发展方向来看,要严格控制高耗能、高污染、高排放行业发展。积极推进产业园区的循环化、生态化改造,加强循环经济示范园区、生态工业示范园区等建设,实现园区土地集约利用、废物交换利用、能量梯级利用、废水循环利用和污染物集中处理。

表 8 – 5　世界主要城市的绿色发展举措

城　市	主要举措
阿姆斯特丹	环保交通:37%市民骑车出行,限制旧汽车进入市中心
芝加哥	新能源:氢气燃料、风力发电、太阳能 立体绿化:植树、屋顶绿化 绿色交通:自行车
库里提巴	独特的公交系统 绿色产业:禁止市区和近郊兴建工厂
弗赖堡	新能源:太阳能发电,屋顶或顶棚都安装太阳能电池板 绿色交通:1/3 市民自行车出行 垃圾回收
加德满都	屋顶绿化、建筑限高 新能源:太阳能
伦　敦	绿色交通:征收车辆"环保税",自行车出租服务 节能系统
雷克雅未克	新能源:氢燃料巴士、地热
波特兰	绿色建筑 绿色交通:轻轨、巴士、自行车,建设绿地和散步汽车专用道
新加坡	零能耗建筑:屋顶采用太阳能板供电并与各个公共电力网连接
多伦多	LED 照明系统、深层湖水冷却系统、屋顶绿化

资料来源：根据相关资料整理。

　　二是优化能源使用结构。加快建设可再生能源体系,推动分布式太阳能、风能、生物质能、地热能多元化、规模化应用,提高新能源和可再生能源利用比例。借鉴第三次工业革命的理念（里夫金,2012）,推进新能源示范城市建设和智能微电网示范工程建设,依托新能源示范城市建设分布式光伏发电示范区。

　　三是大力发展绿色建筑。实施绿色建筑行动计划,完善绿色建筑标准及认证体系、扩大强制执行范围，加快既有建筑节能改造，大力发展绿色建材，推进住宅产业化。推进既有建筑供热计量和节能改造，基本完成北方采暖地区居住建筑供热计量和节能改造，积极推进夏热冬冷地区建筑节能改造和公共建筑节能改造。逐步提高新建建筑能效水平，严格执行节能标准，积极推进建筑工业化、标准化，提高住宅工业化比例。

四是积极倡导绿色交通。加快新能源汽车推广应用，改善步行、自行车出行条件，倡导绿色出行。加快发展新能源、小排量等环保型汽车，加快充电站、充电桩、加气站等配套设施建设，加强步行和自行车等慢性交通系统建设，积极推进混合动力、纯电动、天然气等新能源和清洁燃料车辆在公共交通行业的示范应用。继续严格实行运营车辆燃料消耗量准入制度，加快淘汰黄标车。

五是推行绿色生活方式。在衣食住行游等方面，加快向简约适度、绿色低碳、文明节约方式转变，培育生态文化，引导绿色消费，推广节能环保型汽车、节能省地型住宅。健全城市废旧商品回收体系和餐厨废弃物资源化利用体系，减少一次性产品，抑制商品过度包装。

六是加强环境综合治理。节约集约利用土地、水和能源等资源，促进资源循环利用，控制总量，提高效率。实施大气污染防治行动计划，开展区域联防联控联治，改善城市空气质量。完善废旧商品回收体系和垃圾分类处理系统，加强城市固体废弃物循环利用和无害化处置。合理划定生态保护红线，扩大城市生态空间，在城镇化地区合理建设绿色生态廊道。

二 加快建设人文城市

以往的城市建设缺乏对文化传承的重视，导致大量的历史遗迹和文化建筑被破坏。在推进新型城镇化过程中，"文化传承"具有与以人为本、生态文明同等重要的地位。人文城市建设则是文化传承的重要抓手。

当城市越来越趋同，千城一面让人们感觉到生活的无趣与单调时，强调城市的文化差异与个性发展，将是城市发展的必然趋势。南方报业集团（2011）从城市宜居性、人文环境、人文积淀和成长性、知识群体和市民人文素养、言论空间和舆论力量、人文个性、人文教育、人文事件8个方面评价了城市的人文性。台北被评价为人文城市的完美典范，主要表现在其对传统文化的传承、自由表达的权利、文化地标和文化盛宴、国际性与民俗性的完美结合等方面，"它有迷人的旧街道，它的民风有民国、儒家风味"。而北京的人文性则极具争议，虽然有着强大的文化底蕴、文化积淀和文化创新力，但由于在城市建设的过程中对传统建筑和传统文化的破坏，以及交通拥堵、雾霾等宜居问题，北京被形容为一个有文化无人性的城市。

建设人文城市，要尽快制定国家层面的人文城市规划和建设标准，推进人文示范城市申建工作。从典型人文城市来看，文化传承，既要注重有形文化资源的保护和融入，又要注重传统文化的传承和发扬。未来建设人文城市重点需要从两方面着手，促进建筑的融合、文化的融合，把现代城市建设成为历史底蕴厚重、时代特色鲜明的人文魅力空间。

一方面，需要注重对有形文化资源的保护和建设。根据不同地区的自然历史文化禀赋，体现区域差异性，提倡形态多样性，防止千城一面，发展有历史记忆、文化脉络、地域风貌、民族特点的美丽城镇，形成各具特色的城市风貌。注重在旧城改造中保护历史文化遗产、民族文化风格和传统风貌，促进功能提升与文化文物保护相结合，加强历史文化名城名镇、历史文化街区、民族风情小镇文化资源挖掘和文化生态的整体保护，传承和弘扬优秀传统文化，推动地方特色文化发展，保存城市文化记忆。

另一方面，注重传统文化的传承和发扬。除了有形的历史建筑之外，人文城市建设还应当注重传统文化的传承。按照《国家新型城镇化规划（2014—2020年）》的要求，培育和践行社会主义核心价值观，加快完善文化管理体制和文化生产经营机制，建立健全现代公共文化服务体系、现代文化市场体系。鼓励城市文化多样化发展，促进传统文化与现代

文化、本土文化与外来文化交融，形成多元开放的现代城市
文化。

三　稳步推进智慧城市

智慧城市是工业化、信息化、城镇化深度融合的产物，
是继数字城市和智能城市后的城市信息化高级形态。自 2008
年 IBM 首先提出智慧地球的理念之后，2010 年全球掀起智慧
城市建设热潮。据世界银行测算，一个百万人口以上的智慧
城市的建设，在投入不变的情况下，实施全方位的智慧管理，
将能增加城市的发展红利 2.5～3 倍，这意味着智慧城市可促
进实现 4 倍左右的可持续发展目标，并引领世界城市的发展
方向（辜胜阻等，2013）。随着物联网、云计算等新一代信
息技术列入战略性新兴产业，中国智慧城市建设自 2010 年以
来快速推进。截至 2013 年 8 月国家智慧城市试点已达 193
个，无锡、浦东新区、宁波、上海、杭州、北京、深圳、广
州、佛山、厦门等城市是中国智慧城市建设的代表，在智慧
产业的发展、智慧基础设施建设、智慧应用等方面处在国内
领先水平。

由于发展较快，中国智慧城市建设在顶层设计、核心技
术、规范标准等方面的问题比较明显。辜胜阻等（2013）也
指出目前中国智慧城市建设存在"重项目、轻规划"，"重建
设、轻应用"，"重模仿、轻研发"，资源整合难度大等问题。

一是缺乏国家层面的规划。中国智慧城市建设一直与物联网、云计算等新一代信息技术产业发展相联系，还缺乏国家层面的智慧城市建设规划，各地对智慧城市的理解、规划和建设的差距较大。二是缺乏自主核心技术。智慧产业链中的高端芯片、关键组件、基础软件等核心技术欠缺，大部分核心技术和产品依赖国外。核心信息技术的对外依赖既不利于产业健康发展，又会造成国家信息安全隐患。三是缺乏统一标准和规范。智慧城市建设覆盖诸多领域，目前还缺乏统一的行业标准、建设标准和评估标准等，不同系统之间接口复杂，不易实现系统互联互通和信息的共享协同。

在未来的智慧城市建设中，重点需要从顶层设计、标准制定、技术研发等方面推进智慧城市建设。一是要加强顶层规划设计。按照《国家新型城镇化规划（2014—2020年）》的要求，加快制定国家层面的智慧城市建设规划纲要，明确中国智慧城市中长期发展目标和主要任务，统筹推进，指导各级政府、企业和社会各方面有序开展智慧城市建设。二要加快制定和完善标准体系。国家出台规范智慧城市建设的行政法规，各相关部委建立相应制度规范；加快在物联网、云计算、通信与网络等领域相关技术、应用和管理标准的完善和实行；建立智慧城市评价指标体系。三要强化自主创新，掌握核心关键技术。加大技术创新投入，突破高端芯片、关键组件、基础软件等核心技术，强化技术支撑体系，降低对国外技术和产品的依赖；夯实信息安全基础，确保城市信息安全总体可控。通过战略引领和各方面支撑体系建设，逐步推进中国智慧城市建设，建设综合全面的智慧城市，打造包含智慧公共服务、智慧城市综合体、智慧政务城市综合管理运营平台、智慧安居服务、智慧教育文化服务、智慧服务应用、智慧健康保障体系建设、智慧交通等方面的完善的智慧城市应用体系。

第九章

完善城镇化体制机制

城镇化是一个涉及城与乡、农业与非农产业、城镇居民与农村居民的复杂的综合过程，推进城镇化需要在城乡一体化的整体框架下进行顶层设计和统筹考虑。为此，走中国特色的新型城镇化道路，必须突破城乡二元体制障碍，加快统筹城乡综合配套改革步伐，建立完善城乡统一的户籍登记管理制度、土地管理制度、就业管理制度、社会保障制度和政区管理制度，促进城乡区域要素自由流动、平等交换和公共资源优化配置，实现人口城镇化和土地城镇化、城镇化和市民化的协同推进，全面提高城镇化质量。

第一节　加快户籍制度改革步伐

当前，户籍制度改革严重滞后，城镇化与市民化严重分离，已经成为制约城镇化质量提升的主要障碍。中国现行的

《户口登记条例》是 1958 年颁布实施的，其中大部分内容已与实际情况脱节，不适应目前社会管理的需要。2011 年 2 月，发布了《国务院办公厅关于积极稳妥推进户籍管理制度改革的通知》，提出"分类明确户口迁移政策"，把"有合法稳定职业并有合法稳定住所（含租赁）"作为落户基本条件。中共十八大和十八届三中全会都提出了加快户籍制度改革的要求，2014 年中央城镇化工作会议则明确提出要"解决已经转移到城镇就业的农业转移人口落户问题"。根据中央、国务院的精神，近年来各地相继取消了农业户口和非农业户口的划分，并不同程度地放宽了农村人口落户城镇政策，尤其是中小城市和小城镇普遍放开了落户限制，一些大城市也适当降低了落户门槛。其中，广东、上海、天津等地探索建立了积分落户制度；重庆、成都、苏州等地实行本地人户口自由迁移政策；大部分省份探索建立了居住证制度和城乡统一的户口登记制度。2010～2012 年，全国共办理"农转非"户口 2505 万人，为前三年的 2.2 倍。

但总的来看，当前户籍制度改革仍停留在放开户籍层面，并未触及深层次的社会福利制度改革，各项配套制度改革严重滞后。各地社会保障制度仍以户籍制度为依据制定，一些地方学校招生仍以本地户口作为前置条件，计划生育、义务兵退役优抚安置和交通肇事死亡赔偿等均对城乡不同户籍人口实行差别政策，许多大城市都制定了限制外来人口购车购房的措施，有的还对就业提出户籍条件的要求。一些特大城市外地大专毕业生进驻落户仍需要指标，按条件审批。一些地方虽然取消了农业户口和非农业户口的划分，但不同性质户口上原有的权益并未统一，仍会加以标识区分，城乡户籍一元化改革有名无实。从各地积分落户制的实践看，由于落户门槛设计偏高和实行总量控制，近年来真正通过积分正式落户的比例很少。各地推行的居住证制度，虽然部分解决了农业转移人口的市民待遇，但城市居民最低生活保障、公租房保障等普遍没有纳入。由于全国《居住证管理办法》尚未出台，各地"自行其是"，收费标准不一，对办证条件、持证人权利与义务以及转为户籍人口的具体年限，缺乏统一的管理规范。因此，以人为核心推进新型城镇化，破解城乡之间、城市内部两个二元结构，提升城镇化质量，必须以加快户籍制度改革为突破口。

一　明确户籍制度改革的基本方向

户籍制度是依法收集、确认、提供住户人口基本信息的国家行政制度，其基本功能是身份证明、人口统计和社会管理。推进户籍制度改革，就是要打破城乡分割，按照常住居住地登记户口，实行城乡统一的户口登记管理制度，同时剥离户籍中内含的各种权利和福利，实现公民身份和权利的平等。户籍制度改革涉及面广、关注度高，一定要统筹规划，搞好顶层设计，坚持自愿、分类、有序的原则，积极稳妥推进。要改变目前完全由地方主导的做法，充分发挥中央政府的主导作用，推动户籍制度改革由地方主导向中央主导转变。要从全局战略高度，尽快制定颁布全国户籍制度改革总体方案，包括最终目标、制度安排、改革路线图和时间表。当前，有关部门已提出到2020年基本形成以合法稳定住所和合法稳定职业为户口迁移基本条件，以经常居住地登记户口为基本形式，城乡统一、以人为本、科学高效、规范有序的新型户籍制度。这种新型户籍制度虽然以经常居住地登记户口为基本形式，但仍然把合法稳定住所和合法稳定职业作为户口迁移的基本条件。显然，这种做法沿袭了现有的"放宽落户条件"的思路，并非是户籍制度改革的终极目标，而只能是一种中短期的过渡性目标。从长远看，户籍制度改革的最终目标只能是按照常住居住地登记户口这一唯一标准，实行城乡统一的户口登记管理制度，而不应该附加诸如就业、住所等其他条件。

二　尽快剥离户籍的福利分配功能

户籍制度改革能否成功，关键在于能否剥离户籍内含的福利分配功能。目前，与户籍挂钩的各项权利和福利达20多项，包括民主权利、就业机会、子女教育、社会保障、计划生育、购车购房、义务兵退役就业安置、交通事故人身损害赔偿和各种补贴等。因此，加快户籍制度改革，必须尽快清理与户籍挂钩的各项政策，剥离现有户籍中内含的各种权利和福利，以常住人口登记为依据，实现基本公共服务常住人口全覆盖，而不单纯是城镇常住人口全覆盖。公民一律在常住居住地即户籍登记地依照当地标准，行使公民的各项基本权利，享受各项公共服务和福利，包括选举权、被选举权和公共福利享有权等。首先，禁止各地新出台的各项有关政策与户口性质挂钩，除国务院已经明确规定的就业、义务教育、技能培训等政策外，要把范围扩大到社会保障和公共服务各领域。即使是北京、上海等特大城市，新出台的人口规模调控政策，也不应与户口性质挂钩，而应研究制定其他非歧视性的标准。其次，对就业、教育、计划生育、医疗、养老、住房等领域现有各种与户口性质挂钩的政策进行一次全面清理，取消按户口性质设置的差别化标准，研究制定城乡统一的新标准，使现有政策逐步与户口性质脱钩。凡条件成熟的，应尽快调整相关政策，并修订完善相关法律法规；暂时不具备条件的，应研究制定分步实施的办法，提出完全脱钩的时间表。这样通过新政策不挂钩、旧政策脱钩，逐步建立城乡统一的社会保障制度和均等化的基本公共服务制度。

三　建立全国统一的居住证制度

尽快出台《居住证管理办法》，规范和完善居住证制度。居住证申办要从低门槛逐步走向无门槛，严禁将学历、职称、无犯罪记录等作为申办的前置条件。各地应对常住外来人口无限制统一发放居住证。持证人在选举权、就业权、义务教育、技能培训、临时性救助、基本医疗保险、基本养老保险和失业保险等方面，享受与当地户籍人口同等待遇，以保障其公民基本权益。除了基本保障外，其他方面的社会保障和公共服务，如住房保障、一般性社会救助等，由各地方政府根据实际情况确定，中央不做具体规定。在此基础上，根据持证人在当地居住年限、务工经商情况、有无稳定收入来源、社保缴纳情况、缴税情况等，建立与之挂钩的积分落户制度。当持证人达到一定的积分时，应给予落户。积分落户的门槛不能太高。由于居住证是一个过渡性的临时措施，过渡期不宜太长。当条件成熟时，应取消居住证，完全按常住居住地登记户口，在全国实现由居住证向统一户籍的并轨。所谓条件成熟，就是要建成均等化的基本公共服务制度和城乡一体的体制机制，实现基本公共服务常住人口全覆盖。当前，可以考虑用 10 年左右时间，在全国实现由居住证向统一户籍的并轨。

四　因地制宜分阶段积极稳妥推进

推进户籍制度改革是一项长期的艰巨任务，必须长短结合，明确各阶段的目标、任务和具体措施，制定切实可行的实施方案，分阶段积极稳妥推进。从全国看，户籍制度改革应采取"双管齐下"的办法，力争在 2025 年前，逐步建立城乡统一的户籍登记管理制度、城乡一体的体制机制和均等化的基本公共服务制度。一方面，按照现有的"放宽落户条件"的思路，实行存量优先、分类推进，逐步解决有条件如合法稳定住所和合法稳定职业的常住农业转移人口落户城镇问题；另一方面，通过剥离现有户籍中内含的各种福利，逐步建立均等化的基本公共服务制度以及城乡统一的社会保障、就业管理、土地管理和社会管理制度，以常住人口登记为依据，实现基本公共服务常住人口全覆盖。前者实质上是一种户籍政策调整，后者才是真正意义上的户籍制度改革。因此，从根本上讲，户籍制度改革最终能否成功，关键在于能否建立均等化的基本公共服务制度和城乡一体的体制机制。一旦这种城乡一体的体制机制形成，"放宽落户条件"的改革思路也就失去其意义了。在这种情况下，两条改革路径将最终接轨。

各地要根据自身的综合承载能力和发展潜力，在符合全国改革目标和大方向的前提下，因地制宜地制定切合实际的具体改革方案，分类型分步骤有序推进户籍制度改革。党的十八届三中全会和中央城镇化工作会议均明确指出："全面放开建制镇和小城市落户限制，有序放开中等城市落户限制，合理确定大城市落户条件，严格控制特大城市人口规模"。这就意味着，户籍制度改革将按照先易后难、从小到大的顺序梯次展开，首先是中小城市和小城镇，其次是大城市，最后才是特大城市。对于中小城市和小城镇，要在农民自愿的基础上，尽快把符合条件的城镇常住农业户口人口转变为城镇户口，使其享受与城镇居民同等的待遇。对于大城市和特大城市，由于农业转移人口多，市民化压力大，当前要重点解决稳定就业的农民工、举家迁移的农民工和新生代农民工三类群体的市民化和落户问题。

第二节　完善城乡土地管理制度

长期以来，中国实行的是城乡二元的土地管理制度。在城市市区，土地所有权归国家所有，由国家或城市进行集中统一管理。近年来，一些地方对城市规划区范围内的土地实行了统一规划、统一征用、统一储备、统一开发、统一出让和统一管理。而在农村和城市郊区，土地所有权归集体所有，使用权和经营权归农民所有，由集体经济组织或村民委员会经营、管理。这种城乡二元的土地管理制度，导致了城乡土地市场的分割和地政管理的分治，在城镇化过程中引起了较多的社会矛盾，同时也造成了土地资源的低效利用。由于农村建设用地不能直接入市交易，需要通过政府征地才能变为城镇建设用地，因而容易引发社会矛盾。现行的征地补偿标准较低，既损害了农民的利益，又助推了城镇蔓延，造成城镇土地低效利用。同时，农村土地市场不完善，导致了农民进城务工之后的农村土地荒废，同时也不能有效转化为农民进城的资本。为此，必须消除土地制度障碍，重点从土地登记确权、完善土地市场、土地征用制度、城镇土地利用等方面，严格、规范土地管理秩序。

一 健全土地统一登记制度

实行统一的土地权属登记，以法定形式明确土地使用权的归属和土地使用的用途，是建立城乡统一的土地管理制度的基础。按照现行的《土地管理法》，农村集体所有的土地，由县级人民政府确权、登记和发证，城市国有土地由县级以上人民政府确权、登记和发证；中央国家机关使用的国有土地，由国务院确定具体登记发证机关。同时，根据土地上附着物的不同，其确权发证部门和所依据的法律也不相同。林权证由林业部门根据《森林法》颁发，草权证由农业部门根据《草原法》颁发，而养殖权证由水产部门根据《渔业法》颁发。这种分级多头管理的做法，与《土地管理法》总则中提出的"国务院土地行政主管部门统一负责全国土地的管理和监督工作"是相矛盾的，而且还造成了各部门间职责不清、相互掣肘，给城乡居民办证领证带来不便。为此，必须尽快修订《土地管理法》及相关法律，建立健全城乡土地统一登记制度。首先，要明确土地行政主管部门为唯一的土地权属登记机构，对城乡土地进行统一确权、登记和颁证。其次，要统一土地登记标准。无论城镇国有土地还是农村集体土地，无论耕地、林地、草地还是非农建设用地，都要纳入统一的土地登记体系，发放统一的土地登记簿和权利证书，建立城乡统一的土地登记信息系统。最后，以土地为核心，把目前分散在各部门的土地、房屋、草原、林地和海域等不动产统筹起来，建立不动产统一登记制度。

二　建立完善城乡土地市场

当前，要进一步深化农村土地制度改革，加快建立城乡统一的土地市场，尤其是城乡统一的建设用地市场。第一，要统一城乡建设用地制度。尽快抓紧修订《土地管理法》《物权法》《担保法》《城市房地产管理法》等相关法律，对阻碍农村集体经营性建设用地同等入市的条文进行修改，加快建立统一、规范的建设用地制度。对《宪法》第十条关于"城市的土地属于国家所有"的规定，也应根据新形势进行修订。第二，坚持同等入市、同权同价。这就意味着，以乡镇企业为主的农村集体经营性建设用地可以与国有建设用地以平等的地位进入市场，享有与国有建设用地相同的权能，在一级市场中可以出让、租赁、入股，在二级市场中可以租赁、转让、抵押等（姜大明，2013）。允许农村集体经营性建设用地同等入市，其前提是符合规划和用途管制。"小产权房"因不符合规划和用途管制，目前建设、销售和购买均不受法律保护，应尽快研究制定分类政策措施，提出"小产权房"的具体处置办法。第三，规范农村集体经营性建设用地的流转。在吸收广东、浙江等地经验的基础上，尽快制定出台《农村集体经营性建设用地流转条例》，对农村集体经营性建设用地流转的前置条件、交易方式和程序、土地收益、法律责任等进行统一规范。要将农村集体经营性建设用地交易纳入统一的交易平台，并采取招标、拍卖、挂牌方式进行交易。第四，切实保障农民宅基地用益物权。党的十八届三中全会已明确提出，要"改革完善农村宅基地制度，选择若干试点，慎重稳妥推进农民住房财产权抵押、担保、转让，探索农民增加财产性收入渠道"。宅基地属于非经营性建设用地，目前暂未纳入"同等入市"的范围。但从长远看，应通过试点积累经验，将农民宅基地逐步纳入城乡统一的建设用地市场。第五，建立城乡统一的土地交易平台。在确权登记发证的基础上，将农民承包地、集体建设用地、宅基地、林地使用权等纳入统一的土地交易平台，规范交易程序，促进农村集体土地合理有序流转。

三　进一步完善农村土地征用政策

长期以来，在推进城镇化过程中，政府征用农地按照被征用农地的农业用途给予补偿，其中土地补偿费和安置补助费均按农地被征用前三年的平均年产值倍数计算，农民得到的补偿费偏低。政府征地之后，通常按照城市建设用途的市值高价出让。低价征用、高价出让已成为各地政府增加财政收入的重要途径。土地征用补偿标准偏低，征地范围过宽，既造成城镇土地空间粗放扩张，又产生了大量失地农民和征地纠纷，导致涉及征地的信访居高不下，群体性事件时有发生。为此，要缩小征地范围，规范征地程序，改变现行按农业生产价值进行补偿的办法，实行以市场价值为补偿标准的土地征用政策，完善对被征地农民的合理、规范、多元保障机制，让失地农民共享城镇化收益。第一，缩小征地范围。严格界定公益性和经营性建设用地，将征地界定在公益性范围内，逐步减少强制征地数量。对于非公益性用地要禁止采用国家强制征地方式，主要依靠完善农村集体经营性建设用地市场来解决。第二，规范征地程序。改革完善征地审批、实施、补偿、安置、争议调处裁决等程序，切实保障被征地农民的知情权、参与权、收益权、申诉权、监督权，进一步规范和约束政府的征地行为，防止地方政府滥用征地权（姜大明，2013）。第三，完善保障机制。要提高征地补偿标准，按照土地市场价值而非农业生产价值进行补偿，完善征地补偿价格公开机制，实行同地同价，切实保障农民的合法收益。要从扶持就业、职业培训、住房保障、社会保障、留地安置等方面，采取综合政策措施，切实保障被征地农民权益和长远生计。

四　加强城镇土地挖潜

长期以来，粗放扩张的发展模式导致城镇土地大量闲置和低效利用。当前中国城镇土地低效利用主要表现为基础设施建设存在重复或超标建设、工业用地低效利用、批而未供闲置土地大量存在等问题。在前一阶段城镇土地快速扩张之后，未来中国土地供应将日趋紧张，而且不会缓解，这个紧张过程将一直伴随着中国的城镇化、工业化、现代化全过程。实际上，当前各地政府已经开始尝试采用各种方式提高土地供给水平，比如推山填海造地、盘活农村建设用地、再开发利用"二手地"、节约用地等。未来推进新型城镇化，要进一步加强城镇土地挖潜，对城镇闲置和低效利用土地实现清理置换，以提高城镇土地利用效率。一方面，政府要建立相应的闲置或低效利用土地的退出机制、惩罚机制或再开发机制，通过协议收回、鼓励流转、"退二优二""退二进三"等方式对闲置和低效利用的城镇土地实行清理或置换，在不破坏传统文化的条件下积极实施"三旧改造"（旧城镇、旧村庄、旧厂房），提高城镇土地利用效率；另一方面，要着力改变以往以低价工业用地招商引资的局面，采取更加合理的建设用地价格水平、更高的产业土地准入门槛等措施，提高用地效率（苏红键、魏后凯，2013）。

五　实行城乡地政统一管理

长期来看，推进新型城镇化，还要实行城乡统一的地政管理，建立城乡统一的土地管理制度。在地政管理方面，目前中国对城镇和农村土地采用不同的管理方式和手段，实行城乡分治。农村地政管理主要针对土地利用现状管理，而城镇则主要偏重权属管理（吴勇、吴耿，2009）。譬如，至今为止，地籍管理仍局限于城镇，广大农村仍采用土地利用管理模式，以资源性管理为主，主要针对土地利用现状、分布、变化进行管理，农村地籍调查最近几年才刚刚开始。因此，打破城乡分治的局面，实行城乡地政统一管理势在必行。一是加强地籍调查。结合土地调查，以"权属合法、界址清楚、面积准确"为原则，以农村地籍调查尤其是农村集体土地所有权和建设用地使用权地籍调查为重点，全面摸清城乡每一宗土地的利用类型、面积、权属、界址等状况。二是建立统一的地籍信息中心。在地籍调查的基础上，整合各部门相关资源以及城乡土地图形数据和属性数据，建立城乡统一、全国联网的地籍信息中心，向全社会开放，实现资源共享。三是建立统一的土地统计制度。由土地行政主管部门和统计部门负责，建立城乡统一的土地分类标准、统计口径和指标体系，统一发布土地数据，改变目前统计数字不实、不准的状况。四是对城乡地政实行统一管理。土地的地政管理权限不能分散，更不能以城乡差别、权属性质和土地上附着物的不同作为"分治"的依据。城乡地政业务应依法由土地行政主管部门实行统一管理，国有的森林、草地和农业用地也只能由土地行政主管部门代表国务院颁发土地使用证，只是其土地使用的类型不同而已。

第三节　完善城乡就业管理制度

　　建立完善城乡劳动力市场和就业管理制度，是农业转移人口市民化的重要保障，是提高人口城镇化质量的关键。早在 2006 年 3 月，《国民经济和社会发展第十一个五年规划纲要》就提出要"统筹城乡就业"。同年 7 月，劳动保障部等四部（委）联合发布了《统筹城乡就业试点工作指导意见》，在全国开展统筹城乡就业试点工作，其目标是"建立城乡一体化的劳动力市场，形成保障城乡劳动者平等就业的制度，促进城乡劳动者实现比较充分的就业"。2008 年 10 月，中共十七届三中全会进一步提出，"统筹城乡劳动就业，加快建立城乡统一的人力资源市场"。2013 年 11 月，十八届三中全会又明确提出，"消除城乡、行业、身份、性别等一切影响平等就业的制度障碍和就业歧视"，"完善城乡均等的公共就业创业服务体系"。在中央的统一部署下，近年来各地积极探索，城乡就业一体化取得了显著成效，农民工就业歧视问题已得到初步解决。但是，劳动力市场的城乡分割状况至今仍未根本消除，城乡就业不平等问题依然突出。为此，必须深化劳动就业制度改革，促进城乡区域间劳动力自由流动，彻底消除对农民工的各种就业限制和歧视，以促进城乡平等充分就业为目标，建立城乡统一的就业失业登记制度和均等的公共就业创业服务体系，推动形成平等竞争、规范有序、城乡一体的劳动力市场。

一　消除影响城乡平等就业的一切障碍

城乡平等就业是指城乡劳动者享有平等的就业权利和平等的就业机会。长期以来，城乡分割的二元户籍制度和劳动力市场，造成了严重的城乡就业歧视。最为突出的是对农民工的就业歧视问题。这种歧视主要表现在两个方面：一是就业机会不平等。时至今日，一些地方对农民工就业的行业和工种仍设有准入限制，一些岗位往往以户籍作为准入条件。比如，一些地方明确禁止、限制外来农民工从事公务员、事业单位职员、客运出租车驾驶员、商业银行职员等行业、工种；有些地方的公共就业服务仍按户籍和来源地来区分劳动者，将就业创业培训等公共服务项目优先提供给本地劳动者，而将外来农民工排斥在外（王阳，2013）。二是就业待遇不平等。主要表现为农民工劳动报酬权、休息休假权、劳动保护权、社团待遇不平等，非法强迫劳动时有发生，就业补贴存在差别，社会保障程度较低。与城镇国有单位职工相比，劳动时间长，工资待遇低，各项福利保障缺失，相关权利无法保证，是农民工面临的普遍问题。2012 年，41.3% 的农民工雇主或单位不提供住宿也没有住房补贴（国家统计局，2013），农民工在工资收入和参与城镇社会保障等方面，与城镇单位职工也有较大的差距。

一般认为，城乡二元的户籍制度是造成对农民工就业歧视的主要因素。蔡昉等（2003）的研究表明，城乡工人工资差异中有76%是由城乡户籍造成的；胡建国（2007）的研究也表明，户籍制度对城乡工人工资差异的贡献达到66.9%。但是，近年来随着各项改革的不断深入，户籍因素的影响已经日益下降。为此，要进一步深化户籍制度改革，完善体制机制和相关政策，彻底消除影响城乡平等就业的一切障碍，尤其是对农民工的各种就业限制。各单位要面向城乡劳动者统一招聘，禁止对农民工的各种形式的就业歧视，赋予和保障农民工同等的就业权益，依法保障农民工同工同酬和同等福利待遇，建立完善城乡平等的一体化就业政策体系，包括就业机会、创业支持、职业培训、劳动保护和就业管理等方面的政策。

二　建立城乡统一的就业失业登记制度

自20世纪80年代初以来，中国实行的一直是城镇就业失业登记制度，而没有把农村劳动力纳入就业失业登记范畴。各级政府的就业援助和就业服务政策也主要针对城镇劳动者制定实施。这种城乡二元的就业管理制度，将农村有就业能力和就业要求但没能就业的劳动者排除在外，既是对农村劳动者的歧视，又难以真实反映全社会的就业失业状况，不利于宏观调控和社会稳定。有关部门至今仍只发布城镇新增就业人数和城镇登记失业率数据。由于未包括进城务工的农村劳动力，加上并非所有城镇失业人员都愿意去登记，所以城镇登记失业率数据往往偏低，不能较好地反映社会总体失业状况（杨宜勇、顾严，2011；蔡昉、王美艳，2009）。为此，应借鉴江苏、山东青岛、四川成都等地的经验，尽快在全国范围内推广建立城乡统一的就业失业登记制度，将农村劳动力统一纳入就业失业登记范围，统一发放"就业失业登记证"，定期发布城乡统一的社会登记失业率。目前，成都已将法定劳动年龄内有劳动能力和就业要求，在农村没有土地承包经营权和林地使用权，或者土地承包经营权和林地使用权已转让、处于无业状态的城乡居民，统一纳入全市失业登记管理服务范围。这一经验值得借鉴和推广。在条件成熟时，要采用调查失业率指标取代登记失业率指标。

三 完善城乡均等的公共就业创业服务体系

公共就业创业服务是指各级政府提供的公益性就业和创业服务，它是基本公共服务的重要内容之一。其目的是为有劳动能力和就业创业愿望的劳动者提供平等的就业创业机会。长期以来，中国公共就业创业服务政策存在明显的城市偏向，政府的就业目标主要是降低城镇登记失业率，资金和政策支持也以城镇下岗失业人员的再就业为重点；而对农村就业失业状况的监测一直是空白，没有纳入宏观管理目标体系，资金投入和支持政策也较少，造成城乡劳动者在就业机会上的不平等。近年来，虽然各地均把农村劳动者纳入公共就业创业服务范围，但城乡就业创业不公平、不充分、不平衡的难题并未根本解决。为此，应坚持城乡一体、公平公正的原则，以农村地区为重点，以公共服务平台建设为突破口，统筹城乡就业创业，建立城乡均等的公共就业创业服务体系。首先，要对劳务市场、人才市场等各类劳动力市场进行整合，将城乡分割、行业分割、部门分割的劳动力市场统一起来，构建城乡统一、公平开放、规范有序的公共就业服务体系。其次，打破城乡界限，在求职登记、职业介绍、就业指导、就业训练、创业支持等公共就业创业服务方面，对城乡劳动者同等对待，实行统一的标准。要加大资金投入力度，加强对农业转移人口的职业培训，并将其纳入国民教育培训体系。最后，要将失地农民、农村失业和就业困难人员等统一纳入就业扶持和就业援助范围，各种社会保险补贴、失业保险金、创业补贴等就业援助政策和就业困难人员认定要实现城乡全覆盖和无缝对接。

第四节　完善城乡社会保障制度

近年来，随着社会保障体制改革的深入推进，中国城乡居民基本养老保险和基本医疗保险总体实现了全覆盖，以养老、医疗、低保为重点的基本社会保障体系框架基本建成（胡晓义，2012），这标志着中国已经进入了"全民社保"的新阶段。但是，应该看到，目前中国社会保障还存在着统筹层次不高、城乡发展不平衡、转接机制不完善、农村保障水平低等诸多问题，长期形成的社会保障城乡分割状况尚未根本改变。2009 年，全国 90% 以上的财政社会保障支出投向了城镇居民，农村社会保障资金投入仍相对不足（王晓东，2012）。与此同时，这种城乡分割的社会保障制度，由于缺乏合理的流转衔接机制，给城乡区域间流动人口的社会保障带来巨大挑战，特别是农业转移人口的社会保障非常薄弱。打破城乡分割，建立城乡统一的基本社会保障制度是发达国家的普遍做法，也是全面建成小康社会和推进中国特色社会主义建设的需要。推进新型城镇化，应坚持广覆盖、保基本、多层次、可持续的方针，以增强公平性和适应流动性为重点，着力完善机制，扩大覆盖面，提高保障水平和统筹层次，分阶段逐步建立"全民覆盖、普惠共享、城乡一体、均等服务"的基本社会保障体系，最终实现人人享有基本社会保障的目标。

一　建立城乡统一的基本医疗保险制度

中国的基本医疗保险制度包括城镇职工基本医疗保险制度、城镇居民基本医疗保险制度和新型农村合作医疗保险制度（见表 9 - 1）。城镇职工基本医疗保险制度是 1998 年年底在全国推行的，参保对象为城镇所有的从业人员，带有强制性质，2012 年全国参保人数达 2.65 亿人；新型农村合作医疗保险制

表 9-1   中国现行三项基本医疗保险制度比较

制度形式		城镇职工 基本医疗保险制度	城镇居民 基本医疗保险制度	新型农村 合作医疗保险制度
参保 要求	指导性文件	《国务院关于建立城镇职工基本医疗保险制度的决定》（国发〔1998〕44号）	《国务院关于开展城镇居民基本医疗保险试点的指导意见》（国发〔2007〕20号）	《国务院办公厅转发卫生部等部门关于建立新型农村合作医疗制度意见的通知》（国办发〔2003〕3号）
	参保范围	城镇所有用人单位的职工、无雇工的个体工商户、未在用人单位参加职工基本医疗保险的非全日制从业人员以及其他灵活就业人员	不属于城镇职工基本医疗保险制度覆盖范围内的中小学阶段居民和其他非从业城镇居民	农村居民
	参保是否强制	强制参加	自愿参加	自愿参加
资金 筹集	单位	单位和个人按照国家规定共同缴纳基本医疗保险费。灵活就业参保人员按照国家规定缴纳基本医疗保险费	有条件的用人单位可以对职工家属参保缴费给予补助	—
	个人		以家庭缴费为主，由统筹地区根据当地经济发展水平自行确定筹资水平	政策制定初期，每人每年缴费 10 元，经济条件好的地区可相应提高缴费标准
	财政	不予补助	政府给予适当补助	2012 年财政补助 240 元
待遇 水平	统筹基金支付比例	2011 年在 70% 左右	2011 年在 60% 左右	2011 年在 60% 左右
	统筹基金最高支付限额	提高至相当于当地平均工资或居民平均收入的 6 倍以上	提高至相当于当地居民可支配收入的 6 倍左右	提高至相当于当地农民人均纯收入的 6 倍
经办 管理	管理及经办部门	各级人力资源和社会保障部门及经办机构	各级人力资源和社会保障部门及经办机构	各级卫生行政部门及经办机构
	统筹层次	部分地区已实现市级统筹	以市、县为单位进行统筹，2011 年基本实现市级统筹	一般以县（市）为单位进行统筹，条件不具备的地方在起步阶段可以乡（镇）为单位进行统筹

资料来源：林森：《城乡医疗保险制度整合的实践与思考》，《长春大学学报》2013年第 1 期。

度是在 2003 年试点的基础上建立的，参保对象为农村居民，2011 年参保人数为 8.32 亿人，参合率达 97.5%；而城镇居民基本医疗保险制度是 2007 年建立的，主要针对城镇中小学学生和其他非从业居民，2012 年参保人数为 2.72 亿人。目前，中国已经实现了社会医疗保险制度的全覆盖。但是，制度全覆盖并不代表城乡居民都参加了医疗保险，而且现行制度城乡二元、群体分割，呈现"碎片化"的特征。三项基本医疗保险制度参保人群不同，管理机构有别，筹资方式、保障水平、运作模式、报销比例等也各异，城乡互不衔接。城镇职工基本医疗保险和城镇居民基本医疗保险由人力资源和社会保障部门主管，而新型农村合作医疗保险由卫生行政部门管理。这种"碎片化"状况，既带来了城乡居民之间和不同群体之间的不公平，又造成了居民重复参保、财政重复投入、管理上互相掣肘等问题。为此，必须加大力度整合资源，统筹城乡医疗保障，建立城乡统一的基本医疗保险制度，使城乡居民享受均等化的基本医疗保障服务。

2013 年 5 月，国家发展和改革委员会在《关于 2013 年深化经济体制改革重点工作的意见》中指出，"整合城乡基本医疗保险管理职能，逐步统一城乡居民基本医疗保险制度，健全全民医保体系"。《中共中央关于全面深化改革若干重大问题的决定》进一步指出，"整合城乡居民基本养老保险制度、基本医疗保险制度"。建立城乡统一的基本医疗保险制度是一项长期的艰巨任务，要坚持顶层设计与摸着石头过河相结合，分阶段稳步推进。总体上看，大体可以分三步走：第一步，整合现有的城镇居民基本医疗保险制度和新型农村合作医疗保险制度，建立统一的城乡居民基本医疗保险制度。第二步，逐步取消各级机关、事业单位职工公费医疗，将机关、事业单位职工和农民工全部纳入职工基本医疗保险，建立统一的城镇职工基本医疗保险制度。第三步，整合城乡居民基本医疗保险制度和城镇职工基本医疗保险制度，建立城乡统一的基本医疗保险制度，实现城乡居民在制度上的公平和公共资源上的共享。不同地区因发展条件不同，应因地制宜采取不同的整合模式。例如，东莞采取将现有三项基本医疗保险制度整合为一的"三合一大统一模式"，天津采取将城镇居民基本医疗保险和新型农村合作医疗保险整合为城乡居民基本医疗保险的"二合一渐进模式"（林森，2013）。

二 建立城乡统一的基本养老保险制度

中国现行的基本养老保险制度包括城镇职工基本养老保险制度、城镇居民社会养老保险制度、新型农村社会养老保险制度以及原有的机关事业单位离退休制度（见表 9 - 2）。新中国成立以来，国家对机关事业单位人员实行离退休制度，离退休人员的离退休金由国家财政支出，个人不缴费。为配合国有企业改革，1986 年建立了城镇职工基本养老保险制度，经过 20 多年

表9－2　中国现行城乡社会养老保险制度比较

	城　镇			农　村
保险制度	城镇职工基本养老保险制度	机关事业单位离退休制度	城镇居民社会养老保险制度	新型农村社会养老保险制度
参保方式	强制	强制	自愿	自愿
参保对象	城镇各类企业职工、个体、灵活就业人员	公务员、事业单位工作人员	城镇无业或就业不稳定人群	农村16岁以上居民
筹资模式	现收现付与完全积累相结合	现收现付	完全积累	完全积累
资金来源	企业、个人、政府	政府财政	个人、政府补贴	个人、集体、政府
缴费模式	缴费确定型	待遇确定型	缴费确定型	缴费确定型
缴费及政府补贴方式	工资比例制。基数：上年职工月平均工资；比例：个人8%、企业20%；财政兜底	个人不缴费，完全由财政负担	定额制。100～1000元之间10个档次；政府补贴：缴费补贴至少每人每年35元；基础养老金每人每月55元	定额制。100～500元之间5个档次；政府补贴：缴费补贴至少每人每年35元；基础养老金每人每月55元
统筹层次	省	国家	市	县
给付水平	养老金＝基础养老金＋个人账户养老金；基础＝（上年在岗职工月平均工资＋本人指数化月平均缴费工资）÷2×累计缴费年限（含视同缴费年限）×1%；个人账户＝个人账户总额÷计发月数	退休前工资的一定比例	养老金＝基础养老金＋个人账户养老金；基础＝55元；个人账户＝个人账户总额÷139	养老金＝基础养老金＋个人账户养老金；基础＝55元；个人账户＝个人账户总额÷139

资料来源：邵文娟、刘晓梅：《我国城乡居民社会养老保险制度体系的整合研究》，《长春大学学报》2013年第11期。

的不断完善，现已覆盖城镇各类企业、个体工商户和灵活就业人员，2012年参保人数达到3.04亿人，参保退休人员月人均基本养老金达1721元。相比之下，新型农村社会养老保险制度是 2007 年之后才建立的，参保对象为农村 16 岁以上居民；
而城镇居民社会养老保险制度则是在 2011 年试点的基础上建
立的，主要针对城镇无业或就业不稳定人群。2012 年，全国
城乡居民养老保险参保人数已达 4.84 亿人。总体上看，目前
中国已经实现基本养老保险制度全覆盖，每个符合退休条件的
老年人均能按月领取数额不等的养老金，这是一个了不起的成
就。但是，应该看到，目前中国基本养老保险制度城乡分割严
重，不同群体保险待遇相差悬殊，各种保险统筹层次差别大，
政府财政负担沉重，不可持续的风险加大。特别是，在参保方
式、筹资和缴费模式、资金来源、统筹层次、待遇水平、享受
资格条件等方面，城乡养老保险制度都存在巨大差距（邵文
娟、刘晓梅，2013）。因此，从公平公正的角度看，整合各类
养老保险项目，建立城乡统一的基本养老保险制度将是今后改
革的大方向。

2013 年 2 月 7 日召开的国务院常务会议决定，"合并新型农
村社会养老保险和城镇居民社会养老保险，建立全国统一的城
乡居民基本养老保险制度。"2014 年 2 月，国务院正式发布《关
于建立统一的城乡居民基本养老保险制度的意见》（国发
〔2014〕8 号），提出按照全覆盖、保基本、有弹性、可持续的
方针，"十二五"时期末在全国基本实现新型农村社会养老保险
制度和城镇居民社会养老保险制度合并实施，并与职工基本养
老保险制度相衔接；2020 年前全面建成公平、统一、规范的城

乡居民基本养老保险制度。新合并的城乡居民基本养老保险基金筹集采取个人缴、集体助、政府补的方式,中央财政按基础养老金标准,对中西部地区给予全额补助,对东部地区给予50%的补助。目前,全国已有15个省份建立了统一的城乡居民基本养老保险制度,预计在2015年前完成这一合并难度不大。从长远发展看,还必须打破职业界限,突破"养老双轨制",加快机关事业单位基本养老保险制度改革,构建由机关事业单位、城镇职工和城乡居民三项保险构成的基本养老保险体系,并在此基础上再适时整合三项保险制度,最终建立全国统筹、城乡统一的基本养老保险制度,使全体人民公平地享有基本养老保障。

三 完善城乡统一的社会救助制度

社会救助包括经常性救助、专项分类救助和临时性救助,它是政府为困难群众提供的必需的基本公共服务,属于基本社会保障的范畴。近年来,中国积极推进城乡社会救助体系建设,先后建立完善了城乡居民最低生活保障、城乡医疗救助、农村五保供养、临时救助等社会救助制度,初步实现了救助范围覆盖城乡、困难群众应保尽保的目标。然而,受传统的城乡二元体制的影响,长期以来中国在城市与农村实行了相互独立的社会救助制度,城乡割裂和不均衡现象严重。目前,城市社会救助对象范围广,覆盖面高,实施内容繁多,如城市低保、医疗救助、住房救助、教育救助、就业救助、司法救助、流浪乞讨人员救助等；而农村社会救助对象范围窄，覆盖面窄，实施内容单一，除了农村低保、五保供养、灾害救助外，其他形式的社会救助进展缓慢，落实不到位。同时，在城乡有别的社会救助制度和政策下，农村社会救助标准、水平和资金投入也普遍低于城市，而且没有制度化。2010 年，城市社会救助人均转移支付高达 5091.90 元，而农村只有 452.92 元，相差十倍之多（朱常柏，2012）。2012 年，全国农村最低生活保障平均标准和平均支出水平分别只有城市的 52.2% 和 43.5%（见表 9-3），农村医疗救助人均水平也低于城市。

表 9-3   中国城乡最低生活保障平均标准和平均支出水平

单位：元/人·月

指　　标		2006	2007	2008	2009	2010	2011	2012
最低生活保障平均标准	城　市	169.6	182.4	205.3	227.8	251.2	287.6	330.1
	农　村	70.9	70.0	82.3	100.8	117.0	143.2	172.3
	农村/城市（%）	41.8	38.4	40.1	44.2	46.6	49.8	52.2
最低生活保障平均支出水平	城　市	83.6	102.7	143.7	172.0	189.0	240.3	239.1
	农　村	34.5	38.8	50.4	68.0	74.0	106.1	104.0
	农村/城市（%）	41.3	37.8	35.1	39.5	39.2	44.2	43.5

资料来源：根据《中国民政统计年鉴》（2013）计算整理。

加快推进基本社会保障服务均等化，就必须按照均等化的要求，打破城乡界限和制度壁垒，尽快建立完善城乡统一的社会救助制度。首先，统一城乡社会救助政策。除了少数具有城乡特色的救助项目，如农村五保供养、城市流浪乞讨人员救助等，城市与农村应按照统一的制度框架，实行统一的标准和政策，建立涵盖基本生活、医疗、教育、住房、就业、法律等救助在内的社会救助体系，为城乡困难群众提供均等化的社会救助服务。尤其要加快建立城乡统一的最低生活保障制度和医疗救助制度。其次，统一城乡社会救助对象。要按照统一的标准，并考虑到城乡的特殊性，统一确定城乡社会救助的对象。要进一步完善临时救助制度，将常住非户籍人口和外来务工人员等流动人口统一纳入社会救助范围。最后，加大对农村的支持力度。中央和各级地方财政要加大对农村社会救助的投入力度，进一步落实和完善农村医疗救助、教育救助、就业救助、住房救助、法律救助等，不断提高农村社会救助标准和水平，促进城乡社会救助资源配置均衡化。

第五节　完善城市政区管理制度

当前，中国城市政区管理制度还存在设市制度冻结、行政管理层级较多等问题，与城市行政等级对应的行政权力严重扭曲了地区资源配置，制约了部分发展潜力大但行政级别不高的城市的发展。相对宏观的层面来看，当前城乡分治①的管理体

---

① 所谓城乡分治，就是按照城乡人口或城乡地域标准，在人口登记管理、规划建设、公共服务、社会保障、财政体制、行政管理等方面实行二元治理。它引发了一系列问题（陆学艺，2000）。

制也制约了城乡一体化进程，不利于城镇化质量的提升。推进新型城镇化，要积极完善城市政区管理制度，近期应重点优化城市行政区划设置和行政管理层级，长期应积极构建城乡同治的管理格局。

一 优化行政区划设置

为适应城乡经济发展的需要，1986 年 4 月发布《国务院批转民政部关于调整设市标准和市领导县条件报告的通知》（国发〔1986〕146 号），1993 年 5 月发布《国务院批转民政部关于调整设市标准报告的通知》（国发〔1993〕38 号）。在这些政策的引导下，全国县改市工作快速推进，建制市数量从 1986 年的 353 个快速增长到 1997 年年底的 668 个。建制市数量的增加，既为新增城镇人口提供了重要载体，又诱发了各地盲目追求设市目标的倾向。为此，1997 年中共中央、国务院在《关于进一步加强土地管理切实保护耕地的通知》（中发〔1997〕11 号）中提出"冻结县改市的审批"。之后，中国建制市发展进入以撤地设市、撤市（县）设区、县下乡镇合并与撤乡设镇为主的宏观控制和整合发展的新阶段，至 2012 年全国建制市减少到 657 个，其中县级市减少到 368 个。然而，随着 1996 年以来中国城镇化进入加速推进时期，建制市数量的不断减少与城镇化的加速推进形成鲜明的对比。国家对新设建制市的冻结导致设市工作严重滞后，远不能适应城镇化的需要，还制约了经济强镇的发展。目前，全国已有一批建制镇镇区人口规模超过 20 万人，有的甚至超过 50 万人。这些建制镇尽管人口规模已经突破中等城市甚至大城市的界限，但其规划和管理仍沿用建制镇的体制，远不能适应城镇发展的需要。

当前应尽快恢复设市工作，重启县改市，并推行"镇改市"，积极探索中国特色的市镇体制，建立符合社会发展要求的政区体系。一是研究制定新的设市标准。现阶段，应以建成区人口和用地规模、人口密度、城区建设水平（公共基础设施建设情况）为核心指标，以非农产业发展等经济指标为辅助指标，尽快制定完善设市标准，尤其是县改市、镇改市的标准。对西部边境和民族地区人口较少、经济发展水平较低但地位突出的城镇，其设市标准应相应低一些。二是因地制宜推进县改市（区）工作。县改市（区）要以是否有利于调动地方的积极性，是否有利于城镇经济又好又快发展为出发点。对于紧邻地级及以上城市中心区，且经济联系紧密、人口密度大、城镇化率较高、经济实力较强的县，确实需要时可考虑改为区。县改区一定要从严掌握，禁止将县级市改为市辖区，防止大城市"摊大饼式"蔓延扩张，出现"城市区域化"的态势。三是稳妥开展"镇改市"工作。目前，浙江、广东、山东等省已开始进行扩权强镇试点。要认真总结经验，采取切块设市的方式，稳妥开展"镇改市"工作。"镇改市"与县改市不同，县改市是整县改市，行政级别没有变化，而"镇改市"

是"撤镇改市",设市后其行政级别将发生变化,由建制镇升为建制市,享受县级市管理权限。

二 积极探索简化行政管理层级

中国的行政管理层级之多为世界之首。改革开放初期,为发挥中心城市的作用,中国进行了市领导县即市管县体制改革。1983 年 3 月,国务院肯定了辽宁等省实行市领导县体制的经验,并批准在江苏全省开展市领导县体制试点,之后市管县体制在全国迅速展开。实行市管县体制后,中国的行政管理层级发展为中央、省(自治区、直辖市)、地级市(州、盟)、县(市、区)、乡(镇)五级。市管县体制在发挥集聚经济效益、密切城乡关系方面起到了一定的积极作用,但由于资源配置的行政中心偏向,地级中心城市往往利用行政优势,大规模"吸纳"所辖县域的人口、产业和资源,在某种程度上剥夺了县域的发展机会,而当初设想的辐射带动作用则没有得到应有的发挥。目前,在许多地级市,所辖县域人才、资金和建设用地指标向地级中心城区集聚或"转移"已成为一种普遍现象。在中国行政区划中,县级行政区域是一个重要的层次,其在经济社会发展尤其是统筹城乡发展中起着重要作用。当前,要在认真总结各地经验的基础上,按照财权与事权相对应、权力与责任相统一的原则,扩大县级政府的经济社会管理权限,推进省直接管理县财政体制,积极探索省直接管理县(市)的体制。同时，要适应统筹城乡发展的需要，赋予重点镇部分领域的县级经济社会管理权限，逐步将建设、规划、路政管理、市容环卫、环境保护等公共管理职能延伸到乡镇。

三　实现从城乡分治到城乡同治

过去，中国实行的是城乡分治的管理体制，农村工作主要由农村工作办、农委、扶贫办以及农业、畜牧、林业、水利等涉农部门承担，而其他部门则大多把工作重点放在城镇地区，"重城轻乡"的倾向明显。这种城乡分治的管理体制，严重制约了城镇化和城乡一体化进程，不利于城镇化质量提升。近年来，为有效推进城乡统筹工作，协调各部门之间的关系，许多地方相继成立了城乡统筹发展办公室。但统筹城乡发展涉及方方面面，并不是单个部门能够解决的。从长远发展看，应将城乡统筹的理念融入经济社会发展各个领域和全过程，把城乡统筹的职能融入各级部门的常规职能中，形成既管城又管乡的长效机制，实现覆盖城乡的全域规划、全域服务、全域管理，促使行政管理从城乡分治到城乡同治转变。要改变过去"重城轻乡"的传统观念，打破"城乡分治""镇村分治"的体制障碍，按照全域规划、全域管理、城乡同治的思路，把各级政府部门的管理职能由城镇向农村延伸和覆盖，尤其要把规划、土地、交通、通信、科教、文化、环卫、防疫、城管、水务、安全、消防等经济社会管理和公共服务职能由城镇向农村延伸，实行城乡统一规划、建设、保护和管理，制定覆盖城乡的统一政策，推动形成权责一致、分工合理、决策科学、执行顺畅、监督有力的城乡一体的行政管理体制。在推进城乡发展一体化过程中，今后新出台的政策，除与土地承包、集体经济、农业生产、城镇建设等直接相关的外，均应取消城镇与农村的区分，实行统一标准、统一政策、统一管理、统一服务。

参考文献

[1] 阿马蒂亚·森、王燕燕：《论社会排斥》，《经济社会体制比较》2005年第3期。

[2] 爱德华·格莱泽：《城市的胜利》，上海社会科学院出版社，2012。

[3] 埃比尼泽·霍华德：《明日的田园城市》，商务印书馆，2000。

[4] 岸根卓郎：《迈向21世纪的国土规划——城乡融合系统设计》，科学出版社，1990。

[5] 保罗·诺克斯、琳达·迈克卡西：《城市化》，科学出版社，2009。

[6] 蔡昉、都阳、王美艳：《劳动力流动的政治经济学》，上海三联书店、上海人民出版社，2003。

[7] 蔡昉、王美艳：《金融危机对就业的冲击及应对建议》，载中国经济前景分析编委会编《中国经济前景分析——

2009 年春季报告》，社会科学文献出版社，2009。

[8] 蔡昉、王德文：《中国经济增长可持续性与劳动贡献》，《经济研究》1999 年第 10 期。

[9] 蔡继明：《切勿重蹈小城镇遍地开花的覆辙》，《经济纵横》2010 年第 7 期。

[10] 蔡继明、王栋、程世勇：《政府主导型与农民自主型城市化模式比较》，《经济学动态》2012 年第 5 期。

[11] 蔡翼飞、张车伟：《地区差距的新视角：人口与产业分布不匹配研究》，《中国工业经济》2012 年第 5 期。

[12] 曹刚：《中国城镇化模式举证及其本质差异》，《改革》2010 年第 4 期。

[13] 陈彦光、周一星：《城市化过程的非线性动力学模型探讨》，《北京大学学报》（自然科学版）2007 年第 43（4）期。

[14] 陈书荣：《中国城市化现状、问题及发展前景》，《城市问题》2000 年第 1 期。

[15] 成德宁：《城镇化与经济发展》，博士学位论文，武汉大学，2000。

[16] 池忠仁、王浣尘、陈云：《上海城市网格化管理模式探讨》，《科技进步与对策》2008 年第 1 期。

[17] 丁祖昱：《中国房价收入比的城市分异研究》，《华东师范大学学报》（哲学社会科学版）2013 年第 3 期。

[18] 方创琳:《改革开放 30 年来中国的城市化与城镇发展》,《经济地理》2009 年第 29(1)期。

[19] 方创琳、刘海燕:《中国快速城市化进程中的区域剥夺行为及调控路径》,《地理学报》2007 年第 62(8)期。

[20] 方创琳、姚士谋、刘盛和等:《2010 中国城市群发展报告》,科学出版社,2011。

[21] 费孝通:《小城镇大问题》,《江海学刊》1984 年第 1 期。

[22] 冯海燕、张昕、李光永、穆乃君、陈瑾:《北京市水资源承载力系统动力学模拟》,《中国农业大学学报》2006 年第 6 期。

[23] 冯惠:《城市化中的城中村建设》,《中华建设》2014 年第 2 期。

[24] 高春亮、魏后凯:《中国城镇化趋势预测研究》,《当代经济科学》2013 年第 35(6)期。

[25] 高佩义:《中外城市化比较研究》,南开大学出版社,1991。

[26] 高新才、周毅、徐静:《走中国特色城市化道路的历史必然性》,《生产力研究》2010 年第 1 期。

[27] 顾朝林:《中国城市地理》,商务印书馆,1999。

[28] 辜胜阻:《非农化及城镇化的理论与实践》,武汉大学出版社,1993。

[29] 辜胜阻、李正友:《中国自下而上城镇化的制度分析》,

《中国社会科学》1998 年第 2 期。

[30] 辜胜阻、杨建武、刘江日：《当前我国智慧城市建设中的问题与对策》，《中国软科学》2013 年第 1 期。

[31] 关兴良、方创琳、罗奎：《基于空间场能的中国区域经济发展差异评价》，《地理科学》2012 年第 9 期。

[32] 国家人口和计划生育委员会流动人口服务管理司：《中国流动人口发展报告 2012》，中国人口出版社，2012。

[33] 国家统计局：《2011 年我国农民工调查监测报告》，2012。

[34] 国家统计局：《2012 年全国农民工监测调查报告》，2013。

[35] 国家统计局农村司：《2009 年农民工监测调查报告》，2010。

[36] 国务院发展研究中心课题组：《农民工市民化：制度创新与顶层设计》，中国发展出版社，2011。

[37] 国务院研究室课题组：《中国农民工调研报告》，中国言实出版社，2006。

[38] 郭万达、辛华：《深圳要突破"承载力局限"，加快转变发展方式》，《开放导报》2011 年第 1 期。

[39] 胡焕庸：《中国人口之分布》，《地理学报》1935 年第 2 期。

[40] 胡晓义：《加快推进社会保障城乡统筹》，《社会保障研究》2012 年第 1 卷。

[41] 胡兆量：《大城市人口的超前发展规律》，《社会调查与

研究》1985 年第 2 期。

[42] 胡兆量：《大城市的超前发展及其对策》，《北京大学学报》（哲学社会科学版）1986 年第 5 期。

[43] 胡建国：《中国城镇劳动力市场工资差异的城乡户籍歧视问题探讨》，《统计与决策》2007 年第 1 期。

[44] 建设部城乡规划司、中国城市规划设计研究院：《国外城镇化模式及其得失》，《城乡建设》2005 年第 5、7、8 期。

[45] 建设部调研组：《农民工进城对城市建设提出的新要求》，载国务院研究室课题组：《中国农民工调研报告》，中国言实出版社，2006。

[46] 简新华：《走好中国特色的城镇化道路——中国特色的城镇化道路研究之二》，《学习与实践》2003 年第 11 期。

[47] 简新华、黄锟：《中国城镇化水平和速度的实证分析与前景预测》，《经济研究》2010 年第 3 期。

[48] 简新华、刘传江：《世界城市化的发展模式》，《世界经济》1998 年第 4 期。

[49] 简新华、何志扬、黄锟：《中国城镇化与特色城镇化道路》，山东人民出版社，2010。

[50] 金三林：《农业转移人口市民化制度创新与对策》，《东方早报》2013 年 4 月 2 日。

[51] 金中夏、熊鹭：《农业转移人口市民化道路怎么走》，《经济日报》2013 年 1 月 31 日。

[52] 姜爱林：《"城市化"和"城镇化"基本涵义研究述评》，《株洲师范高等专科学校学报》2003 年第 8（4）期。

[53] 姜爱林、任志儒：《网格化：现代城市管理新模式》，《上海城市规划》2007 年第 1 期。

[54] 姜大明：《建立城乡统一的建设用地市场》，《人民日报》2013 年 12 月 19 日。

[55] 里夫金：《第三次工业革命》，中信出版社，2012。

[56] 李贵成：《社会排斥视域下的新生代农民工城市融入问题研究》，《理论探讨》2013 年第 2 期。

[57] 李克强：《在改革开放进程中深入实施扩大内需战略》，《求是》2012 年第 4 期。

[58] 李强、陈宇琳、刘精明：《中国城镇化"推进模式"研究》，《中国社会科学》2012 年第 7 期。

[59] 李铁：《城镇化是一次全面深刻的社会变革》，中国发展出版社，2013。

[60] 梁达：《城镇化对扩大内需有较大提升作用》，《上海证券报》2012 年 3 月 26 日。

[61] 梁汉媚、方创琳：《中国城市贫困的基本特点与脱贫模式探讨》，《人文地理》2011 年第 6 期。

[62] 林森：《城乡医疗保险制度整合的实践与思考》，《长春大学学报》2013 年第 1 期。

[63] 刘传江、程建林、董延芳：《中国第二代农民工研究》，

山东人民出版社,2009。

[64] 刘纯彬:《中国城市化要以建设中等城市为重点》,《财经科学》1988年第7期。

[65] 刘易斯·芒福德:《城市发展史》,中国建筑工业出版社,2008。

[66] 刘淑妍:《当前我国城市管理中公众参与的路径探索》,《同济大学学报》(社会科学版)2009年第3期。

[67] 刘勇:《中国城镇化发展的历程、问题和趋势》,《经济与管理研究》2011年第3期。

[68] 陆大道:《我国的城镇化进程与空间扩张》,《城市规划学刊》2007年第4期。

[69] 陆大道、姚士谋:《中国城镇化进程的科学思辨》,《人文地理》2007年第4期。

[70] 陆铭、陈钊:《城市化、城市倾向的经济政策与城乡收入差距》,《经济研究》2004年第7期。

[71] 陆学艺:《走出"城乡分治 一国两策"的困境》,《读书》2000年第5期。

[72] 罗宏斌:《"新型城镇化"的内涵与意义》,《湖南日报》2010年2月20日。

[73] 马凯:《转变城镇化发展方式,提高城镇化发展质量 走出一条中国特色城镇化道路》,《国家行政学院学报》2012年第5期。

[74] 马克思、恩格斯:《德意志意识形态》,载《马克思恩格斯选集》第 1 卷,人民出版社,1972。

[75] 马兴杰、陈通:《城市化影响经济增长作用机制研究》,《现代管理科学》,2009 年第 2 期。

[76] 梅建明:《进程农民的"农民市民化"意愿考察》,《华中师范大学学报》(人文社会科学版) 2006 年第 6 期。

[77] 《南方都市报》特别报道组:《洪流:中国农民工 30 年迁徙史》,花城出版社,2012。

[78] 南方报业集团:《2011 十大人文城市榜》,《南方周末》2011 年 12 月 14 日。

[79] 倪鹏飞:《新型城镇化的基本模式、具体路径与推进对策》,《江海学科》2013 年第 1 期。

[80] 牛凤瑞:《多样化:我国城镇化的基本特征》,《人民日报》2003 年 5 月 13 日。

[81] 牛凤瑞:《中国特色城市化之路》,《理论参考》2010 年第 2 期。

[82] 牛凤瑞、白津夫、杨中川:《中国中小城市发展报告 (2010)》,社会科学文献出版社,2010。

[83] 皮埃尔·雅克、拉金德拉·帕乔里:《城市:改变发展轨迹》,社会科学文献出版社,2010。

[84] 仇保兴:《六个转变推进新型城镇化》,《城市开发》2010 年第 7 期。

[85] 仇保兴:《科学规划,认真践行新型城镇化战略》,《规划师》2010 年第 26 (7) 期。

[86] 仇保兴:《中国历史文化名城保护形势、问题及对策》,《中国名城》2012 年第 12 期。

[87] 仇保兴:《新型城镇化:从概念到行动》,《行政管理改革》2012 年第 11 期。

[88] 仇怡:《城镇化的技术创新效应——基于 1990~2010 年中国区域面板数据的经验研究》,《中国人口科学》2013 年第 33 (1) 期。

[89] 邱鹏旭:《对"农业转移人口市民化"的认识和理解》,人民网-理论频道,2013 年 3 月 13 日。

[90] 单菁菁:《农民工市民化的成本及其分担机制》,载潘家华、魏后凯主编《中国城市发展报告 No. 6》,社会科学文献出版社,2013。

[91] 施子海、欧阳进、曲永冠、王晓丽、高贺、李佳晟:《城镇化的国际模式及其启示》,《宏观经济管理》2013 年第 4 期。

[92] 盛广耀:《城市化模式转变:从城乡分割到城乡统筹》,《城市》2005 年第 6 期。

[93] 石敏俊、张卓颖、周丁扬:《京津水资源承载力研究》,载文魁、祝尔娟主编《京津冀发展报告 (2013)》,社会科学文献出版社,2013。

[94] 世界环境与发展委员会：《我们共同的未来》，吉林人民出版社，1997。

[95] 世界银行：《2020 年的中国：新世纪的发展挑战》，中国财政经济出版社，1997。

[96] 世界银行：《2009 年世界发展报告：重塑世界经济地理》，清华大学出版社，2009。

[97] 邵文娟、刘晓梅：《我国城乡居民社会养老保险制度体系的整合研究》，《长春大学学报》2013 年第 11 期。

[98] 时慧娜：《中国城市化的人力资本积累效应》，《中国软科学》2012 年第 3 期。

[99] 宋刚、唐蔷：《现代城市及其管理——一类开放的复杂巨系统》，《城市发展研究》2007 年第 2 期。

[100] 宋俊岭、黄序：《中国城镇化知识 15 讲》，中国城市出版社，2001。

[101] 苏红键、魏后凯：《密度效应，最优城市人口密度与集约型城镇化》，《中国工业经济》2013 年第 10 期。

[102] 孙跃兰、刘红、沈苏琴、林莉莉：《中国城市内涝状况的调研分析——基于武汉、上海、杭州、北京的调研》，《金田》2012 年第 8 期。

[103] 陶然：《加快城中村改造与推进保障性住房建设的思考》，《行政管理改革》2012 年第 1 期。

[104] 唐钧：《当前中国城市贫困的形成与现状》，《中国党政

干部论坛》2002 年第 3 期。

[105] 唐钧:《"城市门槛"与社会排斥》,《绿叶》2009 年第
7 期。

[106] 田德文:《欧洲国家城镇化的三点启示》,《人民日报》
2013 年 1 月 20 日。

[107] 童玉芬:《北京市水资源人口承载力的动态模拟与分
析》,《中国人口·资源与环境》2010 年第 9 期。

[108] 王大伟、王宇成、苏杨：《我国的城市病到底多严
重——城市病的度量及部分城市的城市病状况定量对
比》,《中国发展观察》2012 年第 10 期。

[109] 王大用:《中国的城市化及带来的挑战》,《经济纵横》
2005 年第 1 期。

[110] 王桂新、沈建法、刘建波：《中国城市农民工市民化研
究——以上海为例》,《人口与发展》2008 年第 1 期。

[111] 王建军、吴志强：《城镇化发展阶段划分》,《地理学
报》2009 年第 64（2）期。

[112] 王小鲁:《中国城市化路径与城市规模的经济学分析》,
《经济研究》2010 年第 10 期。

[113] 王小鲁、夏小林：《优化城市规模，推动经济增长》,
《经济研究》1999 年第 9 期。

[114] 王小鲁、夏小林：《城市化在经济增长中的作用》,载
王小鲁、樊纲主编:《中国经济增长的可持续性》,经

济科学出版社，2000。

[115] 王小刚、王建平：《走新型城镇化道路——我党社会主义建设理论的重大创新和发展》，《社会科学研究》2011 年第 5 期。

[116] 王永苏、欧继中、厚实：《新型城镇化引领"三化"协调科学发展研究报告》，《河南日报》2011 年 10 月 14 日。

[117] 王伟波、向明、范红忠：《德国的城市化模式》，《城市问题》2012 年第 6 期。

[118] 王伟光、魏后凯：《走共享型融合发展之路——莱芜市统筹城乡发展研究》，社会科学文献出版社，2013。

[119] 王晓东：《城乡统筹下我国社会保障财政体制的改革》，《宏观经济管理》2012 年第 12 期。

[120] 王阳：《加快健全城乡劳动者平等就业制度》，《宏观经济管理》2013 年第 10 期。

[121] 王业强：《倒"U"型城市规模效率曲线及其政策含义——基于中国地级以上城市经济、社会和环境效率的比较研究》，《财贸经济》2012 年第 11 期。

[122] 魏后凯：《区域承载力·城市化·城市发展政策》，《学术界》1989 年第 6 期。

[123] 魏后凯：《面向 21 世纪的中国城市化战略》，《管理世界》1998 年第 1 期。

[124] 魏后凯：《对产业集群与竞争力关系的考察》，《经济管

理》2003 年第 6 期。

[125] 魏后凯：《怎样理解推进城镇化健康发展是结构调整的重要内容》，《人民日报》2005 年 1 月 19 日。

[126] 魏后凯：《现代区域经济学》，经济管理出版社，2006。

[127] 魏后凯：《新时期中国国土开发的新方略》，《绿叶》2009 年第 9 期。

[128] 魏后凯（2010a）：《多元化：中国特色的城镇化道路》，《中国社会科学报》2010 年 9 月 16 日。

[129] 魏后凯（2010b）：《我国镇域经济科学发展研究》，《江海学刊》2010 年第 2 期。

[130] 魏后凯（2011a）：《论中国城市转型战略》，《城市与区域规划研究》2011 年第 4（1）期。

[131] 魏后凯（2011b）：《我国城镇化战略调整思路》，《中国经贸导刊》2011 年第 7 期。

[132] 魏后凯（2013a）：《加快户籍制度改革的思路和措施》，《中国发展观察》2013 年第 3 期。

[133] 魏后凯（2013b）：《东亚国家城镇化模式及其得失》，《人民日报》2013 年 1 月 20 日。

[134] 魏后凯（2013c）：《关于城市型社会的若干理论思考》，《城市发展研究》2013 年第 5 期。

[135] 魏后凯：《走中国特色的新型城镇化道路》，社会科学文献出版社，2014。

[136] 魏后凯等:《中国迈向城市时代的绿色繁荣之路》,载潘家华、魏后凯主编《中国城市发展报告 NO.5》,社会科学文献出版社,2012。

[137] 魏后凯等:《中国区域协调发展研究》,中国社会科学出版社,2012。

[138] 魏后凯、苏红键:《中国农业转移人口市民化进程研究》,《中国人口科学》2013 年第 5 期。

[139] 魏后凯、张燕:《全面推进中国城镇化绿色转型的思路与举措》,《经济纵横》2011 年第 9 期。

[140] 吴勇、吴耿:《建立城乡统一土地管理体制的"213"构想》,《中国房地产报》2009 年 7 月 27 日。

[141] 伍江:《中国特色城市化发展模式的问题与思考》,《未来城市》2010 年第 25'(3) 期。

[142] 邬彬、车秀珍、陈晓丹、谢林伸:《深圳水环境容量及其承载力评价》,《环境科学研究》2012 年第 25(8)期。

[143] 项光勤:《发达国家旧城改造的经验教训及其对中国城市改造的启示》,《学海》2005 年第 4 期。

[144] 肖金成、史育龙、申兵、袁朱、李忠、欧阳慧:《中国特色城镇化道路的内涵和发展途径》,《宏观经济管理》2008 年第 11 期。

[145] 肖金成、袁朱:《中国十大城市群》,经济科学出版社,

2009。

[146] 谢志强：《新型城镇化：中国城市化道路的新选择》，《社会科学报》2003年7月3日。

[147] 严重敏：《试论我国城乡人口划分标准和城市规模等级问题》，《人口与经济》1989年第2期。

[148] 袁东振：《国外如何应对"城市病"》，《科学决策》2005年第8期。

[149] 杨保军：《巨型城市：是天堂，也是地狱》，《商务周刊》2009年第1期。

[150] 杨明生：《建筑短命是"城市病"也是"权利病"》，《中华建筑报》2013年11月22日。

[151] 杨伟民：《推进形成主体功能区，优化国土开发格局》，《经济纵横》2008年第5期。

[152] 杨宜勇、顾严：《建议在"十二五"规划纲要中采用城镇调查失业率为约束性指标》，《中国发展观察》2011年第3期。

[153] 姚士谋、王成新、解晓南：《21世纪中国城市化模式探讨》，《科技导报》2004年第7期。

[154] 姚士谋、陈振光、朱英明等：《中国城市群》，中国科学技术大学出版社，2006。

[155] 郇彦辉：《农民市民化程度测量指标体系及评估方法探析》，《学习与实践》2009年第8期。

［156］张纯元：《具有中国特色的城镇化道路的探讨》，《北京大学学报》（哲学社会科学版）1985 年第 6 期。

［157］张道航：《地方政府棚户区改造的模式及方略》，《福建行政学院学报》2010 年第 1 期。

［158］张桂文：《农业转移人口市民化的困境与出路》，《光明日报》2013 年 2 月 22 日。

［159］张丽艳、陈余婷：《新生代农民工市民化意愿的影响因素分析》，《西北人口》2012 年第 4 期。

［160］张剑涛：《旧城改造须借鉴国际经验》，《改革》2009 年第 10 期。

［161］张占斌：《新型城镇化的战略意义和改革难题》，《国家行政学院学报》2013 年第 1 期。

［162］翟宝辉、李婵、杨芳：《现代城市综合管理的本质、功能与体系再认识》，《上海城市管理》2011 年第 6 期。

［163］郑秉文：《拉美城镇化："赶超"与"过度"》，《人民日报》2013 年 1 月 20 日。

［164］赵新平、周一星：《改革以来中国城市化道路及城市化理论研究述评》，《中国社会科学》2002 年第 2 期。

［165］智联招聘、北京大学社会调查研究中心：《2012 年度中国职场人平衡指数调研报告》，http: // wh. house. sina. com. cn/2012 - 04 - 26/1720130761. shtml, 2012。

［166］中国发展研究基金会：《中国发展报告（2010）：促进人的发展的中国新型城镇化战略》，人民出版社，2010。

［167］周干峙：《城市及其区域——一个典型的开放的复杂巨系统》，《城市发展研究》2002 年第 1 期。

［168］周干峙：《探索中国特色的城市化之路》，《国际城市规划》增刊，2009。

［169］周一星：《论中国城市发展的规模政策》，《管理世界》1992 年第 6 期。

［170］周一星：《城市地理学》，商务印书馆，1995。

［171］周一星：《城镇化速度不是越快越好》，《科学决策》2005 年第 8 期。

［172］周一星：《关于中国城镇化速度的思考》，《城市规划》增刊，2006。

［173］周一星：《城市地理学》，商务印书馆，2007。

［174］周元、孙新章：《中国城镇化道路的反思与对策》，《中国人口·资源与环境》2012 第 22（4）期。

［175］总报告编写组：《关注新时期城市发展中的民生问题》，载潘家华、魏后凯主编《中国城市发展报告 NO.4》，社会科学文献出版社，2011。

［176］祝辉：《新形势下特大城市概念的再解析》，《区域经济评论》2013 年第 2 期。

［177］朱常柏：《包容性增长与社会救助城乡二元特征的一体

化——基于机会平等的视角》,《求索》2012 年第 12 期。

[178] Au,C. C. , Henderson, J. V. , "Are Chinese Cities Too Small?" *Review of Economic Studies* 73 (3), 2006, pp. 549 – 576.

[179] Gugler, J. , "Overurbanization Reconsidered", *Economic Development and Cultural Change* 31 (1), 1982.

[180] Henderson, J. V. , "The Urbanization Process and Economic Growth: The So-what Question", *Journal of Economic Growth* (8), 2003.

[181] The World Bank, World Development Report 2012: Gender Equality and Development, Washington DC, 2011.

[182] United Nations, World Population Prospects-The 2010 Revision, New York, 2011.

[183] United Nations, Word Urbanization Prospects-The 2011 Revision, New York, 2012.

图书在版编目（CIP）数据

中国城镇化：和谐与繁荣之路/魏后凯等著． —北京：
社会科学文献出版社，2014.6
（全面深化改革研究书系）
ISBN 978 - 7 - 5097 - 6042 - 0

Ⅰ．①中… Ⅱ．①魏… Ⅲ．①城市化 - 研究 - 中国
Ⅳ．①F299.21

中国版本图书馆 CIP 数据核字（2014）第 106703 号

·全面深化改革研究书系·
中国城镇化
——和谐与繁荣之路

著　者／魏后凯　等

出　版　人／谢寿光
出　版　者／社会科学文献出版社
地　　　址／北京市西城区北三环中路甲 29 号院 3 号楼华龙大厦
邮政编码／100029

责任部门／经济与管理出版中心（010）59367226　　　责任编辑／陈凤玲
电子信箱／caijingbu@ ssap. cn　　　　　　　　　　　责任校对／岳爱华
项目统筹／恽　薇　陈凤玲　　　　　　　　　　　　　责任印制／岳　阳
经　　　销／社会科学文献出版社市场营销中心（010）59367081　59367089
读者服务／读者服务中心（010）59367028

印　　　装／三河市尚艺印装有限公司
开　　　本／787mm×1092mm　1/20　　　　　　　　　印　　张／16.8
版　　　次／2014 年 6 月第 1 版　　　　　　　　　　　字　　数／206 千字
印　　　次／2014 年 6 月第 1 次印刷
书　　　号／ISBN 978 - 7 - 5097 - 6042 - 0
定　　　价／49.00 元